AF883413

Veröffentlichungen
der Vereinigung der Deutschen Staatsrechtslehrer

Heft 7

Entwicklung und Reform des Beamtenrechts

Die Reform des Wahlrechts

Berichte

von

Hans Gerber, Adolf Merkl,
Heinrich Pohl und **Gerhard Leibholz**

Verhandlungen der Tagung der Deutschen Staatsrechtslehrer zu Halle am 28. und 29. Oktober 1931

Mit einem Auszug aus der Aussprache

Berlin und Leipzig 1932

Walter de Gruyter & Co.

vormals G. J. Göschen'sche Verlagshandlung — J. Guttentag, Verlagsbuchhandlung
Georg Reimer — Karl J. Trübner — Veit & Comp.

Archiv-Nr. 24 89 32.

Druck von Walter de Gruyter & Co., Berlin W 10.

Inhalt.

I. Eröffnung.

Der Vorsitzende Sartorius, Tübingen, eröffnete die Tagung am 28. Oktober mit einer Ansprache, in der er zunächst die zahlreich erschienenen Teilnehmer begrüßte. Er legte sodann die Gründe für die Verlegung der Tagung von Breslau nach Halle dar, dankte den Mitgliedern der Rechts- und Staatswissenschaftlichen Fakultäten in Breslau und Halle für ihr gastfreundliches Entgegenkommen und sprach dem leider durch schwere Erkrankung an der Teilnahme verhinderten Kollegen Fleischmann die besten Wünsche für seine baldige Wiedergenesung aus. Er widmete dann den seit der letzten Tagung verstorbenen Mitgliedern der Vereinigung Joseph Lukas, Heinrich Pohl und Günther Holstein, einen ehrenden Nachruf. Als neue Mitglieder wurden begrüßt die Herren: Graf zu Dohna, Forsthoff, Hettlage, Heyer, Huber, Laforet, Löwenstein, Sander, Scheuner, Schindler, Schüle und Wolff.

Den Geschäfts- und Kassenbericht erstattete der Schriftführer Kœllreutter, Jena.

Die Versammlung trat sodann in die sachliche Beratung ein, deren Gegenstand am 1. Tage »Entwicklung und Reform des Beamtenrechts«, am 2. Tag »Die Wahlrechtsreform und ihre Grundlagen« waren.

Außerhalb der Tagesordnung fand auf eine Anregung aus der Mitte der Versammlung am Vormittag des zweiten Tages eine Aussprache über die Handhabung des sogenannten Notverordnungsrechts statt. Das Ergebnis der Aussprache wurde in einer an die Presse gegebenen Mitteilung niedergelegt, in der die Vereinigung als ihre Überzeugung ausspricht: »Daß es die Aufgabe der Regierungen des Reiches und der Länder sei, strenger als bisher darüber zu wachen, daß das Mittel der Notverordnung nicht mißbraucht werde durch die Einfügung von Bestimmungen, welche weder mit dem Schutze der öffentlichen Sicherheit und Ordnung, noch mit der Behebung der gegenwärtigen Notlage auch nur in mittelbarem Zusammenhange stehen.«

II. Erster Beratungsgegenstand:

Entwicklung und Reform des Beamtenrechts.

1. Bericht von **Professor Dr. Hans Gerber**, Tübingen.

Auf das Beamtenrecht wird in der Gegenwart das Augenmerk in gleicher Weise aus praktischen Erfahrungen wie aus theoretischen Erwägungen gelenkt. Wie wir alle wissen, hat sich die Regierung unseres Reiches im letzten Jahre veranlaßt gesehen, zur Einschränkung des öffentlichen Haushaltes wiederholt in den Stand der Bezüge der Beamten aller Art einzugreifen. Eine Fülle von Fragen nach der rechtlichen Zulässigkeit dieses Verfahrens im ganzen und einzelner angeordneter Maßnahmen hat sich aufgetan; die Wissenschaft ist aufgerufen, zu ihrer Beantwortung beizutragen. Aber wir wissen auch, daß die gespannten politischen Verhältnisse unseres Staates schwerwiegende beamtenrechtliche Probleme erzeugt haben, über die der wissenschaftliche Meinungsstreit nun ebenfalls lebhaft hin und her geht. Schließlich ist bekannt, daß bei dem Umsturz der bisherigen deutschen Staatsform auch die Frage aufklang, ob im neuen demokratischen Staate überhaupt ein besonderes Beamtenrecht werde aufrechterhalten werden können, eine Frage, die ebenso von einem am Erfurter Programm ausgerichteten Sozialismus wie von angesehenen demokratischen Kreisen, wenn auch mit ganz verschiedener Begründung, verneint wurde. Andererseits ist die Wissenschaft auf ihrem eigenen Wege auf das Beamtenproblem gestoßen. Einmal verlangte sie von sich selbst Rechenschaft über den Sinn und die Tragweite der beamtenrechtlichen Grundrechtsbestimmungen. Zum anderen fand sie sich genötigt, bei der geistigen Durchdringung und Klärung des parlamentarischen Prinzips auch zum Phänomen des Beamtentums grundsätzlich Stellung zu nehmen. Es besteht also Anlaß genug, bei unserer Tagung das Beamtenrecht zum Gegenstande der Erörterung zu machen. Der Referent hat nun allerdings die Pflicht, demgegenüber sich stark zu beschränken. Ich möchte mich deswegen zunächst den von der Praxis aufgeworfenen Fragen gegenüber zurückhalten und im Gedankenbereiche der Wissenschaft bleiben. Ich glaube das unbeschadet der Bedürfnisse der Praxis tun zu können, weil die Wissenschaft ja keine eigenen Ziele verfolgt, vielmehr mit ihren Fragestellungen doch auf die Praxis hinzielt, ferner auch deshalb, weil mir die von der Staatslehre in jüngster Zeit herausgearbeiteten Fragestellungen besonders geeignet erscheinen, die Fülle der von der Praxis aufgeworfenen beamtenrechtlichen Einzelprobleme zu einer geschlossenen Problematik zu verbinden und damit die Aussicht einer befriedigenden Lösung zu eröffnen.

I. Im letzten Abschnitte der Entwicklung unserer Wissenschaft, der zeitlich und inhaltlich mit den durch die Revolution herbeigeführten Wandlungen der deutschen Verfassungszustände zusammenfällt, hat sich die Art der wissenschaftlichen Behandlung des Beamtenrechts bedeutsam geändert. Während früher fast ausschließlich das individuelle Beamtenverhältnis zum Gegenstande der Untersuchung genommen wurde und die Beamtenrechtsproblematik in erster Linie eine solche subjektiver, mehr ins Verwaltungsrecht gehöriger öffentlicher Rechte und Pflichten war [1]), ist sie heute zu einer verfassungsrechtlichen gemacht worden; im Mittelpunkte des wissenschaftlichen Interesses steht die Frage: wie fügt sich das Beamtentum als eine wichtige Grundeinrichtung des Staates in den Gesamtzusammenhang der staatlichen Verfassung ein? [2]) [3]). Diese Frage ist in einem doppelten Sinne gestellt worden: einmal wurde

---

1) Vgl. etwa die Arbeiten von Brand, Beamtenrecht, 3. Aufl. 1928, derselbe in Nipperdeys Grundrechte und Grundpflichten Bd. II, 1929 S. 210 ff.; ferner Otto Mayer, Deutsches Verwaltungsrecht, 3. Aufl. Bd. 2 S. 135 ff.; W. Jellinek, Verwaltungsrecht, 3. Aufl. S. 352 ff.

2) Es ist jedoch bemerkenswert, daß dies bisher nur in Einzeluntersuchungen geschehen ist, während die systematischen Gesamtdarstellungen des deutschen Staatsrechts das Beamtenproblem fast völlig vergessen. Nur Wittmayer, Die Weimarer Reichsverfassung 1922 spricht unter dem Gesichtspunkte »Demokratisierung der Staatsverwaltung als Aufgabe« S. 82—90 eingehender darüber; Bredt, Der Geist der deutschen Reichsverfassung 1924 bespricht S. 151 ff. gewisse entwicklungsgeschichtliche Probleme des Beamtentums; Giese weist in der neuesten Auflage seines Kommentars zur RV. in Anm. 1 zu Art. 129 kurz darauf hin, daß die Beamtengrundrechte zugleich und vor allem eine verfassungsmäßige Verankerung des deutschen Berufsbeamtentums als staatsrechtlicher Einrichtung begründen; L. Waldecker, Deutsches Verfassungsrecht (Jedermanns Bücherei), 1926 behandelt in einem besonderen Abschnitte auch »Staatsbehörden und Staatsdienst« (S. 83 ff.); und das Handbuch des Deutschen Staatsrechts bringt nunmehr in Bd. 2 als Einleitung des 4. Hauptstückes, das dem Beamtenrecht des Reichs und der Länder gewidmet ist, eine Abhandlung von Köttgen über die Entwicklung des Deutschen Beamtenrechts und die Bedeutung des Beamtentums im Staate der Gegenwart.

3) Aus dem Schrifttum seien besonders genannt: L. Waldecker, Entwicklungstendenzen im Deutschen Beamtenrecht, ArchöR. N. F. 7 S. 129 ff. (1924). — Nawiasky, Die Stellung des Berufsbeamtentums im

unter dem Einflusse bestimmter beamtenfeindlicher politischer Strömungen der Revolutionszeit zur Erwägung gestellt, ob das Beamtentum nicht mit dem Verfassungswandel sinn- und bedeutungslos geworden sei und deswegen praktisch schleunigst abzubauen wäre. Andererseits wurde positiv nach dem besonderen Sinn gefragt, der dem Beamtentum innerhalb einer parlamentarisch-demokratischen Verfassung zukomme, und es wurden die Folgen erwogen, die sich aus ihm etwa für die Änderung und weitere Ausgestaltung des Beamtenrechts zu ergeben hätten. Das Ergebnis war, um es kurz anzudeuten: Der Sinn des Beamtentums hängt nicht mit einem bestimmten Staatsformprinzip zusammen, nicht mit den Grundsätzen der Monarchie, unter der es historisch entstanden ist, sondern mit dem modernen Staatsdenken schlechthin. Deswegen kann der Sturz der Monarchie und die Aufrichtung der Demokratie die Institution des Beamtentums grundsätzlich nicht in Frage ziehen [4]). Die Änderung unserer Verfassungszustände kann das Beamtenrecht nur insofern beeinflussen, als dem Beamtentum im systematischen Zusammenhange der Kräfte, die den Staat tragen und gestalten, eine gegen früher etwas veränderte Stellung zuzuweisen ist.

Eine solche Feststellung ergibt sich nun nicht ohne weiteres aus dem Wortlaut der geltenden Verfassungsgesetze. Die Weimarer Verfassung hat sich, obwohl es sich bei dem Beamtentume doch um eine organisatorische Grundfrage handelt, in ihrem organisatorischen Teil ausdrücklich damit nicht befaßt. Auch die Landesverfassungen lassen es daran fehlen, wenn auch einige,

---

parlamentarischen Staat 1926. — Köttgen, A., Das Deutsche Berufsbeamtentum und die parlamentarische Demokratie 1928; Beamtenrecht in Jedermanns Bücherei 1929; Die Entwicklung des Deutschen Beamtenrechts und die Bedeutung des Beamtentums im Staat der Gegenwart, im Handbuch des Deutschen Staatsrechts Bd. 2 S. 1 ff. — Zweigert, E., Der Beamte im neuen Deutschland, in Volk und Reich der Deutschen, hersg. von C. Harms, 1929 Bd. 2 S. 461 ff. — Giese, Fr., Das Berufsbeamtentum im Deutschen Volksstaat 1929, 2. Aufl. 1930. — Gerber, Hans, Vom Begriff und Wesen des Beamtentums, ArchöR., N. F. 18 (1930) S. 1 ff. — Heller, H., Das Berufsbeamtentum in der Deutschen Demokratie, Neue Rundschau 1930 S. 721 ff. — Hartung und Leisegang, Berufsbeamtentum, Volksstaat und Ethik, zwei Vorträge 1931. — Anschütz und Glockner, Die politische Betätigung des Beamten, zwei Rechtsgutachten (Sonderdruck aus der »Badischen Schulzeitung« Nr. 50/51/52 von 1930). — v. Busse, Grundfragen des Beamtenrechts, besonders des preuß. Kommunalbeamtenrechts 1931. — Lassar, Hoheitsfunktion und Dienstverhältnis preuß. Kommunalangestellter in ihren gegenseitigen Beziehungen 1931.

[4]) Giese, Berufsbeamtentum S. 26; R. Schmidt, Volksstaat und Obrigkeitsstaat, Z. f. Pol. XV (1926) S. 193 ff. Wenn Heller behauptet: »Heute ist die Unentbehrlichkeit des Berufsbeamtentums in der deutschen Demokratie unbestritten« (S. 733), so mag das in bezug auf die theoretische Untersuchung der gegenwärtigen Verfassungszustände zutreffen; politisch beurteilt es die Gegenwartslage zu optimistisch. Vgl. auch Giese S. 16 f.

allerdings in sehr verschiedenartiger Weise, sich dazu äußern [5]). Aber die Prüfung des Verfassungszusammenhanges ergibt, daß die geltenden Verfassungen das Beamtentum als notwendigen Verfassungsbestand voraussetzen und behandeln [6]). Man hat zwischen den Zeilen der Verfassungsgesetze einen entsprechenden ungeschriebenen Verfassungssatz zu finden. Es ist bemerkenswert, daß für die früheren Verfassungszustände ganz entsprechendes von der staatsrechtlichen Literatur angenommen wurde, die sich ernsthaft mit den Eigenarten des konstitutionellen Prinzips beschäftigte; wir werden darauf zurückzukommen haben [7]). Augenblicklich wollen wir es bei der vorläufigen Feststellung bewenden lassen, daß vor allem nach geltendem Staatsrecht dem Beamtentum der Rang als verfassungsmäßig begründete Institution unseres Staates zukommt [8]) und es insoweit ebenbürtig neben den übrigen Verfassungseinrichtungen steht.

Zu diesem Ergebnis ist die Wissenschaft bisher auf einem Umwege gekommen. Sie hat in den beamtenrechtlichen Bestimmungen, die sich im 2. Hauptteile der Reichsverfassung finden und deren Form, Inhalt und systematischer Ort zunächst nur darauf hindeuten, daß sie als Regelungen des individuellen Beamtenverhältnisses zu werten sind [9]), auch eine institutionelle Gewähr des Beamtentums erblickt [10]). Dieser Auffassung ist zuzustimmen. Nicht nur, daß subjektive Grundrechte für Beamte sinnlos wären, wenn die Institution des Beamtentums

---

[5]) Es sei hingewiesen auf Preußen aa 7, 8, 77—80; Bayern §§ 4, 5, 57 ff.; Sachsen a 2; Württemberg Abschnitt IV §§ 39, 40; Hessen aa 5, 6, 46; Oldenburg Abschnitt IV §§ 93, 94; Lippe aa 25, 41, 42, 54.

[6]) Hubrich, Das demokratische Verfassungsrecht des Deutschen Reichs 1921, S. 218 spricht von dem »für ein wohlgeordnetes Staatswesen so fundamentalen Beamtenverhältnis«; Wittmayer a. a. O. sogar davon, daß die Reichsverfassung »das Beamtentum als gegebene Größe vorfand und durch die Übernahme mit seinem wesentlichen Habitus im Texte verankerte«. — R. Schmidt hält Parlament und Berufsbeamtentum für zwei sich ergänzende Faktoren, die sich mehr und mehr als unentbehrlich erweisen.

[7]) Vgl. unten S. 15 und die dort angeführten Schriftsteller.

[8]) Köttgen, Berufsbeamtentum S. 1 ff.

[9]) Köttgen, Berufsbeamtentum S. 4, Handbuch des Deutschen Staatsrechts, Bd. 2 S. 12, die Kommentare zur RV. von Anschütz, Pötzsch-Heffter.

[10]) Waldecker, Entwicklungstendenzen S. 134 ff.; C. Schmitt, Verfassungslehre S. 172, 181, 272; Giese, Kommentar zur Reichsverfassung, 8. Aufl. 1931, Art. 129 Anm. 1; Berufsbeamtentum S. 26 ff.; Brand in Nipperdey, Grundrechte Bd. 2 S. 212 f.; Lassar S. 42 ff. — Völlig in Vergessenheit geraten zu sein scheint es, daß bereits L. v. Stein genau den gleichen Standpunkt eingenommen hat. Vgl. »Die Verwaltungslehre«, I. T. 1. Abt. Die vollziehende Gewalt, 2. Aufl. 1869 S. 226: »In der That liegt die nothwendige Selbständigkeit der Beamteten wesentlich darin, daß seine individuellen Rechte den Charakter von Standesrechten haben; sie sind ein Gemeingut aller Beamteten, und obwohl dem Grade und Umfang, doch dem Wesen nach nicht verschieden; jede Sicherung

der willkürlichen Aufhebung oder Änderung preisgegeben wäre, handelt es sich bei allen Einzelheiten der beamtenrechtlichen Grundrechte, nicht nur bei Art. 130 Abs. 1 um Regelungen, die nur unter der Voraussetzung der verfassungsmäßigen Bedeutung der Beamteninstitution begreifbar werden. Nichts scheint mir irriger als der Satz von Brand: »Die Beamten haben durch die Reichsverfassung gegenüber anderen Staatsbürgern eine Sonderstellung erhalten, indem ihnen besondere Grundrechte über das Maß der den anderen Staatsbürgern verliehenen Rechte hinaus gewährt sind«[11]). Die beamtenrechtlichen Grundrechte bedeuten keine Privilegierung einer besonderen Staatsbürgergruppe, der Beamtenschaft als Kaste, ebensowenig aber auch, wie von Freytagh-Loringhoven unter Hinweis auf ihre Entstehungsgeschichte meint, ganz inhaltlose Vorschriften, die einerseits einem Wunsche der bürgerlichen Parteien nach Sicherung der Stellung der Beamtenschaft entsprechen, andererseits die Demokratisierung der Beamtenschaft anstreben sollen[12]). Sie haben vielmehr die Aufgabe, grundlegende Regelungen für die schwierige Lage zu treffen, in der sich der demokratische Staat befindet, in dem dieselben Personen einerseits als Glieder des Beamtentums, andererseits als Glieder der Aktivbürgerschaft Träger staatlicher Funktionen sind. Die Beamtengrundrechte grenzen ebensosehr die Stellung einer Person als Aktivbürger gegenüber seiner Beamtenstellung ab, wie sie umgekehrt das Beamtentum gegen Einflüsse sichern, die daraus drohen, daß seine Glieder Aktivbürger sind. Sie bringen damit die Lösung des Zweifels, über den Robert v. Mohl in seinen Erörterungen über den Einfluß des parlamentarischen Systems auf das Staatsdienerverhältnis noch nicht hinwegkommen konnte[13]). Darin liegt mit Sicherheit eine institutionelle Garantie des Beamtentums, als Voraussetzung dafür aber seine Anerkennung als verfassungsmäßige Einrichtung.

Hinsichtlich der Tragweite einer solchen Gewähr bleibe ich bei dem, was ich bei anderer Gelegenheit aus dem Wesen der Grundrechte abgeleitet habe[14]), daß derartige Bestimmungen

---

derselben ist eine Sicherung des ganzen Beamtenstandes, jede Bedrohung des Rechtes eines einzelnen ist eine Bedrohung des Rechts aller Beamteten, eine Gefährdung des für alle gültigen Rechtsprinzips und damit im Grunde eine Erschütterung des Prinzips der Verwaltung der staatsbürgerlichen Gesellschaft überhaupt.«

[11]) Brand a. a. O. S. 211.

[12]) Frhr. v. Freytagh-Loringhoven, Die Weimarer Verfassung in Lehre u. Wirklichkeit S. 322.

[13]) Robert v. Mohl, Staatsrecht, Völkerrecht, Politik Bd. 3, 1869, S. 394 ff.

[14]) Gerber, Minderheitenrecht im Deutschen Reich, ein Kommentar zur Art. 113 der RV. 1929, S. 42 ff.

jede gesetzgeberische[15]) Maßnahme, ja jeden Verwaltungsakt[16]) zur Unwirksamkeit verurteilen, mit Hilfe deren an den Grundlagen des Beamtentums gerüttelt werden soll. Jede Verfassung muß als ein Ganzes genommen werden, das aus einem konstituierenden Sinnprinzip bestimmt wird. Das Sinnprinzip der Weimarer Verfassung ist der Gedanke der nationalen parlamentarischen Demokratie, und dieser umfaßt das Beamtentum mit. Wie es nach diesem Prinzip unmöglich ist, etwa die Ministerverantwortlichkeit oder die Rechtsstellung des Reichstags und seiner Abgeordneten durch Gesetz, und sei es ein verfassungsänderndes, zu beseitigen oder grundsätzlich zu verändern, so muß es auch als rechtlich unmöglich betrachtet werden, das Beamtentum und seinen Funktionsbereich anzutasten, nachdem es die Verfassung nicht nur anerkannt, sondern durch die grundrechtliche Gewährleistung in die umfassende »Determinierung der deutschen Demokratie«, um mit Thoma zu sprechen[17]), mit einbezogen hat. Diese Determinierung kann nur eine einheitliche und geschlossene sein, soweit ihre Grundlagen in Frage stehen, da sie einer absolut begründeten Überzeugung Ausdruck gibt. Wollte man das freie Abänderungsrecht der Verfassung auch auf die einzelnen Elemente dieser Grundlage beziehen, so würde man zum Fundamente des Staates ein Prinzip erheben, das auf einen unbedingten einheitlichen Sinn verzichtete und damit seinen Wahrheitsgehalt selbst in Frage stellte. Ein solches Prinzip ist auch nicht der Relativismus, der, wie man ausgesprochen hat, die Wertüberzeugung der Demokratie bestimmt[18]). Denn mit der relativen Anerkennung der absoluten Werthaftigkeit anderer Grundanschauungen wird die absolute Beziehung der eigenen Gesamtanschauung nicht geleugnet oder in Frage gestellt, sondern im Gegenteil für den eigenen Lebensbereich erneut betont. Die Überzeugung von der absoluten Beziehung des eigenen Wertsystems bedeutet aber immer Intoleranz in bezug auf die eigenen Grundwerte im eigenen Bereich. Es erscheint daher sinnlos, ein Recht auf beliebige Abänderung der Elemente der Wertgrundlage eines Verfassungsbestandes anzuerkennen, das aus der Verfassung selbst hervorgeht. Die Grundlagen einer Staatsverfassung sind im Rechtsverfahren unabänderbar[19]) — was natürlich nicht

[15]) C. Schmitt, a. a. O. ;Lassar S. 44.

[16]) A. M. Lassar S. 44/45, dessen Ausführungen aber zu dem Ergebnis führen, daß, was dem Gesetzgeber unbedingt untersagt ist, der Regierung erlaubt ist, so daß mit Regierungsmaßnahmen auf legalem Wege eine Verfassungsgarantie umgangen werden kann!

[17]) Thoma, Die juristische Bedeutung der grundrechtlichen Sätze, in Nipperdey, Grundrechte Bd. 1 S. 11.

[18]) Kelsen, Vom Wesen und Wert der Demokratie 2. Aufl. 1929 S. 103.

[19]) Ich stimme insoweit grundsätzlich der Auffassung von C. Schmitt, Verfassungslehre S. 102 ff. über Verfassungsänderungen zu.

ausschließt, daß sie tatsächlich gelegentlich angetastet werden, wenn die politischen Gewalten versagen, denen die Hut der Verfassung anvertraut ist. Und so mag im politischen Kampfe auch die Gewähr des institutionellen Beamtentums gelegentlich verletzt werden. Ein Rechtstitel erwächst daraus nicht, und es darf nicht verwehrt sein, in bezug darauf von einem Bruch der Verfassung zu sprechen und sich mit Rechtsmitteln und politisch dagegen zur Wehr zu setzen.

Die Frage nach der Eigenart der verfassungsmäßigen Stellung der Beamten wird allgemein dahin beantwortet, sie seien Staatsorgane. Diese seit langer Zeit gemeine Meinung der Staatslehre ist jedoch, wie Köttgen [20]) richtig hervorgehoben hat, meist ohne nähere Überlegung hingenommen, im einzelnen nicht weiter wissenschaftlich ausgeführt und begründet worden. Köttgen selbst hat nunmehr eine Begründung gegeben [21]). Da ich selbst zu gleicher Zeit entsprechendes getan hatte [22]), sei mir gestattet, ausgehend von gewissen Abweichungen unserer Auffassungen das mir wesentlich Erscheinende dieses Problems noch einmal kurz zu entwickeln.

Richtig ist gewiß, daß die Bezeichnung der Beamten als Organe des Staates zum Ausdruck bringen soll, daß im Gegensatze zu den patrimonialen Verhältnissen heute sowohl das Staatshaupt wie die Staatsdiener im Staate stehen, nicht ihm gegenüber. Richtig ist auch, daß die Beamten als solche »Staatsdiener« nicht etwa privatrechtlich zu beurteilende Vertreter des Staates sind, wie die Fürstendiener Vertreter des Fürsten waren, sondern Glieder im organischen Staatszusammenhange, eben staatliche Organpersonen. Richtig ist auch, daß diese Feststellung noch ergänzt werden muß durch eine Klarstellung, inwiefern sich die Organstellung der Beamten von der Stellung derjenigen Personen unterscheidet, für welche die Staatslehre in ganz besonderem Sinne den Begriff »Staatsorgan« verwendet. Köttgen benutzt zu diesem Zwecke die vielfach gebrauchte Unterscheidung zwischen unmittelbarem und mittelbarem Staatsorgan, und zwar in der Gierkeschen Auffassung, nach der bekanntlich ein unmittelbares Organ ein solches ist, das keinem anderen Organe untergeben und verantwortlich ist, während das Kennzeichen der mittelbaren Organe die Abhängigkeit von einem unmittelbaren Organe ist. Für Köttgen ist nun das Beamtentum als ganzes, die Bürokratie, heute in einem besonderen politischen Sinne unmittelbares Staatsorgan. Im übrigen unterscheidet er zwischen Richtern und Verwaltungsbeamten. Jeder Richter für sich soll,

---

[20]) Köttgen, Berufsbeamtentum S. 12.

[21]) Ebendort S. 8 ff.

[22]) Gerber, ArchöR. N. F. 18 S. 32 ff.

da er unabhängig sei, die Rechtsstellung eines unmittelbaren Staatsorgans haben, während die Verwaltungsbeamten wegen ihrer Abhängigkeit nur mittelbare Staatsorgane seien [23]). Diese Auffassung muß vertieft und berichtigt werden. Unzulänglich erscheint sie mir zunächst insofern, als sie einen grundsätzlichen Unterschied zwischen Verwaltungsbeamten und Richtern als Beamten macht. Besteht ein solcher wirklich, dann kann unmöglich noch von der Einheit eines Berufsbeamtentums gesprochen werden, von der doch aber ausgegangen wird. Ferner darf weder der einzelne Beamte noch das Beamtentum als Organ angesprochen werden, sondern nur die Institution der Ämter, und den Beamten kann nur in Beziehung auf ihre Wirksamkeit in der Amtsinstitution Organstellung zuerkannt werden. Schließlich bedarf die Frage, was Abhängigkeit und Unabhängigkeit einer Organperson bedeutet, ebenso der Prüfung wie die andere, wie es mit der Abhängigkeit des Beamtentums tatsächlich beschaffen ist.

Daß die Organstellung des Beamtentums unlösbar mit der Institution der Ämter zusammenhängt, ist von den frühesten Darstellungen des Beamtenrechts an bis auf die Gegenwart immer neu hervorgehoben worden [24]). Indessen wurde eine verfassungstheoretische Begründung hierfür bisher nur angedeutet. Ohne daß ich bei der heutigen Gelegenheit eine solche Begründung ausführen könnte, will ich auf das Entscheidende hinweisen, das sie enthalten müßte. Der moderne Staat kennt nebeneinander zweierlei Organe, die man als persönliche und institutionelle Organe voneinander unterscheiden kann. Während bei den persönlichen Organen der Nachdruck auf der konkreten persönlichen Individualität des Organträgers ruht, liegt er bei den institutionellen Organen [25]) auf dem Bestand einer unter

[23]) Köttgen, Berufsbeamtentum S. 78 ff.

[24]) Seuffert, J. M., Von dem Verhältnisse des Staats und der Diener des Staats gegeneinander im rechtlichen und politischen Verstande, 1793, S. 20; von der Becke, F. A., Von Staatsämtern und Staatsdienern, Heilbronn 1797, S. 35; Gönner, N. Th., Der Staatsdienst, aus dem Gesichtspunkt des Rechts und der Nationalökonomie betrachtet, 1808, S. 30; Heffter, A. W., Beiträge zum Deutschen Staats- und Fürstenrecht, 1829 unter II: Über die Rechtsverhältnisse der Staatsdiener, S. 129; Zöpfl, Grundsätze des gemeinen Deutschen Staatsrechts, 5. Aufl., 2. Band, 1863, S. 777; von Seybold, F., Das Institut der Ämter, 1854, S. 10; L. v. Stein, Verwaltungslehre T. 1 (2. Aufl.) S. 224; Zorn, Ph., Das Staatsrecht des D. R., 2. Aufl., 1895, Bd. 1, S. 287; Schulze, Hermann, Das preuß. Staatsrecht, 2. Aufl., 1888, Bd. 1, S. 224 ff.

[25]) In Vermischung von Richtigem und Irrigem sagt v. Seydel, Bayr. Staatsrecht, 2. Abdr., Bd. 2, 1887, S. 260: »Insofern aber das öffentliche Recht das Vorhandensein der Behörden und deren Zuständigkeit dauernd festsetzt, erscheint die Behörde unbeschadet dessen, daß sie nur in Personen sich verkörpern kann, ähnlich wie der König als Institution.« — Vgl. auch H. Schulze, S. 328: »Verkörperung der Regierung im Orga-

sachlichen, sozialtechnischen Gesichtspunkten aufgerichteten organisierten Einheit von Personen und Verwaltungsmitteln, eben im Institutionellen. Das ist allerdings nur ein relativer Gegensatz; denn auch die persönlichen Organe können eines institutionellen Ausbaus nicht entbehren, wofür die Kanzlei des Reichspräsidenten und die Verwaltung eines Parlaments Beispiele abgeben. Umgekehrt wäre es irrig, das persönliche Moment bei den institutionellen Organen zu unterschätzen, worüber Smend in feinen Bemerkungen über die geistige Aufgabe der Bürokratie das Entscheidende gesagt hat [26]). Immerhin hebt die gegensätzliche Bezeichnung wesentliche Eigentümlichkeiten des modernen Verfassungsbestandes hervor.

Die institutionellen Organe sind nun die Ämter [27]), ihre bestimmungsmäßigen persönlichen Träger die Beamten [28]). Daß dies zutrifft, läßt sich daran nachprüfen, daß die

nismus der Ämter«; Laband, Das Staatsrecht des D. R., 5. Aufl., 1911, Bd. 1, S. 365: »Amt ist stets objektive Institution, auch als Behörde«; W. Jellinek, Verwaltungsrecht, 3. Aufl., S. 359: »Das Wesen der Behörde ist deren organisatorische Einheit«; Waldecker, Verfassungsrecht, S. 84: »Wenn wir von ‚Amt' sprechen, so brauchen wir das Wort in einer dreifachen Bedeutung. Man meint bald die institutionell einer physischen Person oder einem Kollegium übertragene oder noch zu übertragende Verpflichtung zur Besorgung bestimmter öffentlicher Aufgaben. Dann meint man aber auch den Inbegriff der zur Ausführung solcher Verpflichtung erforderlichen Einrichtungen persönlicher und sachlicher Natur. Schließlich meint man den Beauftragten selbst als Träger des Amts oder Staatsorgans.«

[26]) Smend, Verfassung und Verfassungsrecht, 1928, S. 30.

[27]) Meyer-Anschütz, Lehrb. d. Deutschen Staatsrechts, 7. Aufl., S. 381 f.; von Lympius in Bitter, Handwörterbuch der preuß. Verwaltung, 3. Aufl., Bd. 1, S. 30, der allerdings auch den Stadtverordneten ein Amt zuerkennt; Jellinek, Georg, der nur bei mittelbaren Staatsorganen von Ämtern spricht und bezeichnenderweise das unmittelbare Organ eines Verbandes, der kraft gesetzlicher Dienstpflicht Aufgaben des Staates zu erfüllen hat, ein »mittelbares Staatsamt« nennt wegen der hierbei bestehenden Unterordnung unter die Regierung. Allg. Staatslehre, 3. Aufl., S. 559 — Daß, wie Preuß, Artikel Beamte im Handwörterbuch der Kommunalwissenschaft, Bd. 1, S. 313 meint, die Begrenzung des Begriffes Amt auf die institutionellen Organe eine rein terminologische Frage sei, während das Entscheidende allein im Wesenhaften des Organs liege, kann nicht zugegeben werden. Die Begründung ergibt sich aus den Ausführungen des Textes.

[28]) Wenn hierbei bestimmter das Berufsbeamtentum gemeint ist, so kann nicht dagegen eingewendet werden, daß an den Ämtern doch auch Ehrenbeamte beteiligt sind. Denn wie das Berufsbeamtentum mit den Ämtern entstanden ist, so ist es auch heute noch der entscheidende Träger derselben; die Beteiligung der Ehrenbeamten ist immer nur eine ergänzende Mitwirkung; ferner geschieht sie unter rechtlichen Formen, die der Ordnung des Berufsbeamtentums entlehnt sind. Die Beteiligung von Ehrenbeamten an den Ämtern hat auch gerade im Hinblick auf die Eigentümlichkeit der verfassungsmäßigen Stellung der institutionellen Organe einen guten Sinn, da, wie sogleich im Texte auseinanderzusetzen sein wird, das Beamtentum in den Ämtern an zwei Funktionsbereichen beteiligt ist. Die Ehrenbeamten

oft erörterte Eigenart der Beamtenstellung sich zulänglich nur von der Eigenart der institutionellen Organschaft her bestimmen läßt. Erst von da aus gewinnen die wesentlichsten Züge des Beamtentums guten Sinn. Während der Parlamentarier oder der Reichspräsident als persönliche Organe rein nach persönlichen Würdigungen zu ihrer Organtätigkeit berufen werden, ist es die besondere und durch ein System amtlicher Prüfungen festgestellte sachliche Befähigung einer Person, die den Anlaß zu ihrer Betreuung mit Amtstätigkeit abgibt. Während ein persönliches Organ lediglich durch die Äußerung seines Willens in Funktion tritt, ist die Auswirkung persönlichen Wissens und Könnens an sachlichen Hilfsmitteln das Kennzeichen der Beamtentätigkeit. Während die persönlichen Organe periodischer Gesamterneuerung unterliegen und insoweit Organ und Organträger in ihrem Bestande unmittelbar voneinander abhängen, besteht das institutionelle Organ unabhängig vom Kommen und Gehen seiner verschiedenen Träger auf ununterbrochene Dauer. Während bei den persönlichen Organen Art und Ausmaß für den Unterhalt des Organträgers von der Eigenart und tatsächlichen Dauer der Organtätigkeit bestimmt werden, richtet sich die Unterhaltsfürsorge für den Beamten nach einem typisierten Bedürfnisstande des Organträgers, greift grundsätzlich über die Amtstätigkeit, ja sogar über seine Person hinaus und gewinnt so ihren Sinn aus der Daueranlage des institutionellen Organs, die wiederum ihr Korrelat in dem berufsmäßigen Amtsdienst und in der lebenslänglichen Anstellung des Beamten hat.

Aber bei diesen rein formellen Momenten darf man in der Beurteilung des Organcharakters des Beamtentums nicht stehenbleiben. Daneben müssen materielle Momente hervorgehoben werden. Der Begriff Organ hat Sinn nur von dem Begriffe einer Funktion innerhalb eines Lebensganzen aus [29]). Für den Begriff Staatsorgan ist also entscheidend, daß der Staat als ein solches Lebensganzes begriffen wird, das sich in funktionellen Äußerungen einzelner Menschen verwirklicht. So entsteht die Frage, in welcher Weise das Beamtentum als Staatsorgan in den staatlichen Funktionszusammenhang einzuordnen ist [30]). Diese Frage kann näher

---

haben die besondere Aufgabe, dem politischen Element der Amtstätigkeit zu dienen. Daraus erklärt sich die Ausgestaltung ihrer Rechtsstellung. Vgl. des näheren Peters, Art. Ehrenbeamte im Handb. d. Dtsch. Staatsr., Bd. 2, S. 100 ff.; Gerber, ArchöR., N. F. 18, S. 57 f.

[29]) Kelsen, Allgemeine Staatslehre, S. 270. — Die Gegenbehauptung daß es auch Beamte ohne Amt gäbe, ist nicht stichhaltig. Vgl. meine Ausführungen ArchöR., N. F. 18, S. 36 sowie Wolfstieg, Das Beamtenreichsrecht 1921, S. 21, der sehr richtig ausführt, daß in allen Fällen mindestens das Dienstverhältnis auf Amtsführung gerichtet sein muß.

[30]) Das meint wohl auch Heller, wenn er davon spricht »Seine ihm gebührende Stellung wird das deutsche Berufsbeamtentum aber nur

so gestellt werden: Kommt dem Beamtentum die Erfüllung einer eigenen Funktion zu, oder leistet es nur Hilfe bei der Funktionswirksamkeit anderer Organe?

Es scheinen nun Beamte mit einer spezifisch eigenen Funktion ebenso vorzukommen wie solche in funktioneller Unselbständigkeit. Darauf pflegt der Unterschied zwischen den Verwaltungsbeamten und den Richtern gegründet zu werden. Man bewegt sich dabei in den Gedankengängen der altüberlieferten Funktionstheorie von den drei Grundfunktionen des Staates. Man rechnet die Funktion der Exekutive persönlichen Organen unter Hilfeleistung der Bürokratie zu[31]), während man die der Justiz dem institutionellen Organe der Gerichte mit ihrem beamteten Richtertume zuerkennt[32]). Weiter ergibt die Überlegung, daß Berufsbeamte in allen Funktionskreisen tätig sind, in erster Linie allerdings in der Exekutive und in der Justiz, aber auch — man denke vor allem an den Erlaß von Rechtsverordnungen und an die Parlamentsbeamten[32a]) — in der Legislative. Daraus folgt, daß von der Grundlage der Gewaltenteilungslehre aus eine Klarheit über die Funktionsstellung des Beamtentums zunächst überhaupt nicht zu bekommen ist.

Unter monarchischen Verhältnissen konnte man versuchen, von dieser Grundlage aus zum Ziele zu kommen. Denn dem monarchischen Staatsrechte lag ja der Satz zugrunde (wenigstens in Deutschland): die Staatsgewalt ist in ihrer ganzen Fülle im Staatshaupte vereinigt[33]). Niemand konnte infolgedessen behaupten, daß ihm die Ausübung einer staatlichen Funktion zu eigenem Rechte zustehe. Außer vom Regenten konnte Organ

---

dann in der Demokratie zu erhalten vermögen, wenn es sich in das Volksganze entsprechend einzuordnen vermag«, a. a. O. S. 724 f.

[31]) So bezeichnend Hermann Schulze S. 224: »In seiner Verbindung mit den Staatsämtern bildet das Königtum die eine ungeteilte Staatsregierung.«

[32]) Vgl. etwa die hessische Verfassung a. 5: Die Vollziehungsgewalt wird ausgeübt durch das Staatsministerium und innerhalb ihrer Zuständigkeit durch die Verwaltungsbehörden. a. 6: die Gerichtsgewalt wird durch die Gerichte ausgeübt. — Aber auch die bayerische Verfassung: § 4: Das Staatsministerium ist die oberste vollziehende und leitende Behörde des Staats. (Was in sich schließt, daß andere Behörden als geleitete und untergebene an der Vollziehung beteiligt sind!) § 5: Die Rechtspflege wird durch unabhängige, nur den Gesetzen unterworfene Gerichte ausgeübt. — Ganz entsprechend die preußische Verfassung Art. 7 u. 8.

[32a]) Sehr bezeichnend auch a 8 Abs. 4 der Bismarckschen Verfassung »Den Ausschüssen (sc. des Bundesrats) werden die zu ihren Arbeiten nötigen Beamten zur Verfügung gestellt«. Wir finden hier also Beamte in spezifischer Mitwirkung bei der Tätigkeit eines politischen, wesentlich gesetzgebenden Organs.

[33]) Württ. Verfassungsurkunde vom 25. 9. 1819 § 4: »Der König ist das Haupt des Staates, vereinigt in sich alle Rechte der Staatsgewalt und übt sie unter den durch die Verfassung festgesetzten Bestimmungen aus.«

tätigkeit nur in abgeleiteter Weise ausgeübt werden. Im Hinblick auf das Berufsbeamtentum hat dieser Gedanke zur Entwicklung einer Theorie geführt, die ich die Vertretertheorie nennen möchte. Die Amtstätigkeit des Beamten wird darin als vertretungsweise Ausübung der dem Regenten zustehenden und allein zukommenden Staatsgewalt juristisch bestimmt. In scharfer Gegenüberstellung zu jeder privatrechtlich gedachten Stellvertretung, die der Fürstendiener unter patrimonialen Verhältnissen ausübte, wird hierbei zwar die Organstellung des Beamten betont; aber für das Verhältnis zwischen ihm und dem Fürsten als Inhaber der Staatsgewalt glaubt man doch nur den Begriff einer staatsrechtlich gedachten verfassungsmäßig vorgesehenen Stellvertretung verwenden zu können. Das ist ausdrücklich von Zachariae[34]), von Seybold[35]), Poezl[36]) und Georg Jellinek[37]) ausgesprochen worden. Zöpfl nennt diese Theorie sogar die gemeine Meinung[38]), lehnt sie allerdings persönlich ab; man versteht ihn aber, wenn man sich vergegenwärtigt, daß zur Vertretertheorie auch alle diejenigen Schriftsteller gerechnet werden müssen, die das Verhältnis des Beamten zum Fürsten als Mandat, Auftrag oder Gehilfenschaft öffentlichrechtlicher Natur ansehen. Hier sind hauptsächlich zu nennen Roth[39]), von der Becke[40]), Rehberg[40a]), Gönner[41]), Pö-

[34]) Zachariae, H. S., Vierzig Bücher vom Staate, Bd. 2, 1820, S. 342: »Den Staatsdienern gebührt Ehre, denn sie vertreten den Fürsten, ein jeder in der Sphäre seines Amtes«; ferner S. 313: »Staatsdienste in der engeren Bedeutung bestehen entweder in der Pflicht und in dem Recht zu gewissen Verrichtungen der Staatsgewalt oder den Herrscher zu vertreten«.

[35]) von Seybold S. 10: ». . . wir begegnen im Systeme der Staatsdienste denjenigen Organen, welche die Person des Regenten als Gehilfen im Umkreise des Staatsgebiets und seiner Bevölkerung zu vertreten haben.«

[36]) Poezl in Bluntschli-Prater, Deutsches Staatswörterbuch, Bd. 1, 1857, Art. Amt, S. 205: »Das Staatsamt ist bestimmt, die Staatsgewalt in gewissen Verhältnissen und in einem gewissen Umfange zu verteten, und zwar nicht in der Eigenschaft eines privatrechtlichen Mandatars, sondern in der selbständigen Eigenschaft eines politischen Repräsentanten.«

[37]) Jellinek, Georg, Ausgewählte Schriften und Reden 1911, Bd. 2, S. 178 ff.: »In dem Wirkungskreis aller Beamten ist auch ein Stück Stellvertretung (oder Repräsentation) enthalten. Es ist die geschichtliche Tradition gewesen, die dem Monarchen überall gestattete, seine Funktionen durch Stellvertreter wahrzunehmen.«

[38]) Zöpfl S. 777.

[39]) Roth, J. R., Staatsrecht Deutscher Reichslande, Teil I, 1788, S. 89: »Ausübung der Regierung durch andere . . . ein unstreitiges Hoheitsrecht des Regenten«.

[40]) von der Becke, S. 32: »Der Regent braucht Gehilfen«; S. 157: »Der Staatsdiener hängt vom Regenten ab« S. 162: »Der Regent vertraut dem Staatsdiener einen Teil der Regierung an; er nimmt ihn zum Gehilfen in seinen hohen Beruf auf«.

[40a]) Rehberg, A. W., Über die Staatsverwaltung deutscher Länder und die Dienerschaft des Regenten. 1807 S. 78: »Der Regent wählt oder

litz[42]), von Gerber[43]), von Rönne[44]), von Seydel[45]), Zorn[46]) Laband[47]). Daß man dabei nicht nur an die Verwaltungsbeamten dachte, sondern auch an die Richter, geht aus einer Bemerkung Carl Friedrich v. Gerbers hervor, daß der Begriff des Gehilfen in diesem systematischen Sinne auch dann gewahrt bleibe, wenn die Einwirkung des Monarchen bezüglich ganzer Klassen von Gehilfen auf die allgemeine Autorisation zum staatlichen Handeln beschränkt bleibe, für diese selbst aber keine anderen als die im Rechte liegenden Motive gestattet würden[48]). Auch die Ableh-

bestätigt, und S. bestellt die Beamten in seinem Namen und kraft seines Auftrages handeln sie. ... Sie müssen als Bevollmächtigte angesehen werden, denen die Ausführung der Maßregeln des obersten Anführers des gemeinen Wesens übertragen werden.«

[41]) Gönner, S. 30: »Jede Behörde muß innerhalb (eines bestimmten Wirkungskreises) aus Auftrag und im Namen des Regenten jene Handlungen vornehmen, welche der Staatszweck fordert. Ein Staatsamt besteht demnach in dem Auftrag des Regenten, in seinem Namen die zur Staatsverwaltung innerhalb einer bestimmten Sphäre notwendigen Handlungen vorzunehmen«.

[42]) Pölitz, K. H. L., Staatswissenschaftliche Vorlesungen für die gebildeten Stände im konstitutionellen Staate, 1831, S. 104: »Der Regent überträgt die Verwirklichung der einzelnen Zwecke im Staatsleben einzelnen Behörden, die, durch seine Ernennung, nach seinem Auftrage, in seinem Namen und ihm zur unmittelbaren Verantwortung verpflichtet, die einzelnen Zweige der Verwaltung leiten.«

[43]) von Gerber, C. F., Grundzüge eines Systems des Deutschen Staatsrechts, 2. Aufl. 1869, S. 225 ff.: »Monarch und Landstände . . . sind die ursprünglichen Vertreter des Staates im Gegensatze zu allen denjenigen zum staatlichen Handeln Berufenen, welche erst von jenen die Vollmacht ihrer Tätigkeit für den Zweck des Staates ableiten. Die allgemeine Kategorie, welche das Wesen ihres Zusammenhanges mit dem Monarchen juristisch präzisiert, ist offenbar die vom Gehilfen des letzteren, insofern damit ausgesprochen wird, daß die Tätigkeit aller als Staatsdiener wirkenden Personen in dem monarchischen Funktionskreise ihren prinzipiellen Ausgangs- und Haltepunkt findet.«

[44]) von Rönne, Preußisches Staatsrecht, 3. Aufl., 1871, Bd. 2, S. 40: »Zur Ausübung der öffentlichen Funktionen bedarf der König der Organe, welche in seinem Namen handeln, indem sie kraft ihrer vom Könige als Inhaber der Vollzugsgewalt erteilten Vollmacht die ihnen übertragenen Amtsfunktionen ausüben.«

[45]) von Seydel, S. 260: »Die Behörde . . . ist . . . im Verhältnis zum Herrscher . . . nur ein Werkzeug. Nach außen . . . wirken die lebendigen Personen der Amtsträger kraft persönlichen Auftrags.«

[46]) Zorn, S. 287, 297: »Die Beamten sind staatsrechtlich als Gehilfen des Monarchen zu betrachten. Der dauernde Träger der Staatsgewalt ist im monarchischen Staate der Monarch, alle Beamten sind demnach staatsrechtlich Gehilfen des Monarchen.«

[47]) Laband, S. 369: »Der Kaiser führt die Regierungsgeschäfte des Reichs, woraus folgt, daß alle Inhaber von Reichsämtern Gehilfen des Kaisers sind, da sie Geschäfte besorgen, welche ideell dem Kaiser obliegen ... Durch die Ernennung erteilt der Kaiser den Auftrag, diejenigen Geschäfte zu führen, welche zu dem gesetzlich bestimmten Wirkungskreise des verliehenen Amts gehören.«

[48]) von Gerber, S. 228.

nung eines besonderen Rechts am Amt ist von dieser Grundanschauung bestimmt worden [49]). So ist es zu verstehen, wenn Köttgen das Ergebnis seiner Untersuchungen über die staatsrechtliche Stellung des Beamtentums der Exekutive in der konstitutionellen Monarchie in den Satz zusammenfaßt: »Auf der einen Seite die rechtlich gesicherte persönliche Position des einzelnen Beamten, auf der anderen Seite die unbedingte Befehlsunterworfenheit der gesamten Bürokratie, die der Regierung in den durch die Gesetze gezogenen Schranken vollkommen zur Verfügung stand« [50]).

Wollte man jedoch diese Auffassung als die einzige in monarchischer Zeit vertretene annehmen, so würde man einen wesentlichen Ton überhören, der in den Stimmen, die sich im Laufe der letzten eineinhalb hundert Jahre zum Beamtenproblem geäußert haben, mit enthalten ist und immer stärker hervortrat.

Unter dem Einflusse der liberalen Strömungen seiner Zeit konnte schon Gönner am Ausgange des alten Reichs für den Erzkanzler und seinen Vertreter, den Vizekanzler, die juristische Qualifikation als Diener des Reichs und konstitutionelle Minister in Anspruch nehmen mit Rücksicht darauf, daß ihnen in der Wahlkapitulation eine gewisse selbständige Entscheidungsgewalt auch gegenüber dem Kaiser eingeräumt sei [51]). In der zu Anfang des neuen Jahrhunderts erfolgten besonderen Bearbeitung des Beamtenproblems durch Seuffert und von der Becke [52]) wird Nachdruck auf eine, auch dem Regenten gegenüber bestehende Freiheit und Selbständigkeit des Beamten gelegt, die trotz aller sonst zugegebenen oder sogar nachdrücklich vertretenen straffen Bindung an den fürstlichen Willen in der Natur der Staatsverfassung und der Staatsämter begründet sein soll. Bei späteren Schriftstellern (Emmermann, Heffter, Pölitz, von Mohl, L. v. Stein, Zachariae [53]) wird diese Selbständigkeit

---

[49]) So leugnen ein Recht am Amt in irgendeiner Form Gönner S. 195, 273 und Anhang, S. IV, XI, XIV; Zachariae, Bd. 2, S. 105 Bd. 4, S. 311, 340; Poezl in Bluntschli-Prater Bd. 1 S. 206, Bd. 9, S. 701, 714; G. Meyer, Lehrb. d. Deutschen Staatsrechts, 5. Aufl. 1899, S. 307, 7. Aufl. bearb. von Anschütz, S. 381; von Rönne, S. 40, von Seydel; Bd. 2, S. 260; Laband, S. 363.

[50]) Köttgen, Berufsbeamtentum, S. 28.

[51]) Gönner, N. Th., Deutsches Staatsrecht, 1805, S. 196 ff. — Vgl. übrigens auch die Bemerkung des offensichtlich unter starkem Eindrucke friderizianischer Grundsätze des Beamtenrechts stehenden J. R. Roth, S. 89, es sei nicht nur unmöglich, daß ein Fürst alle Regierungsgeschäfte selbst ausübe, sondern nicht einmal ratsam, daß er in seiner Regierung sich allein folge.

[52]) Seuffert, S. 23, von der Becke, S. 114, 157. — Vgl. später ganz entsprechend L. v. Stein, Verwaltungslehre I[1] (2. Aufl.) S. 226.

[53]) Emmermann in Pölitz' Jahrbüchern der Geschichte und Staatskunst 1828, Bd. 1, S. 227; Heffter, S. 146, 161; Pölitz, Bd. 1, S. 106, 339, Bd. 2, S. 84; von Mohl, Robert, Bd. 2, S. 358; L. v. Stein,

als eigene Verantwortlichkeit der Beamten bezeichnet, die eine notwendige Ergänzung der Unverantwortlichkeit des Fürsten darstelle und ein Grundprinzip des konstitutionellen Staates ausmache. Es verdient angemerkt zu werden, daß auch Hermann Schulze und Paul Laband [54]) sich in ähnlichem Sinne ausgesprochen haben. Schließlich wird so weit gegangen, zu behaupten, daß in dieser Eigenverantwortlichkeit der Bürokratie eine besondere Bürgschaft für die Gesetzmäßigkeit der Regierung liege [55]). Damit verbindet sich dann die Behauptung, daß zum Wesen des konstitutionellen Staates überhaupt eine Unterscheidung von Regierung und Verwaltung gehöre [56]) und ferner, daß mit einer solchen Unterscheidung zugleich eine grundsätzlich verschiedenartige Beurteilung der Minister einerseits, der übrigen Beamtenschaft andererseits stattzufinden habe [57]).

Das berührt sich nun aber unmittelbar mit den jüngsten Urteilen über das Beamtenproblem im heutigen Staate. Köttgen hat in allen seinen beamtenrechtlichen Arbeiten nachdrücklich betont, daß im parlamentarisch-demokratischen Staate dem Beamtentum eine eigene und selbständige Funktion zukomme [58]). Carl Schmitt hat in seiner Schrift über den Hüter der Verfassung in weit gespanntem Rahmen nachzuweisen unternommen, daß die Unabhängigkeit, die das Beamtentum in der parlamentarischen Demokratie habe und haben müsse, ein wesentliches Moment der neutralen Gewalt sei, die im pluralistischen Parteienstaat die letzte Gewähr der Verfassung bilde [59]). Auch von anderer Seite sind mehrfach entsprechende Gedanken geäußert worden [60]). So kann man sagen, daß die gegenwärtigen Anschauungen nur das Schlußglied einer langen Kette von Erörterungen darstellen, nur die letzte Folge aus den Grundsätzen des bürgerlichen Rechtsstaats ziehen und somit wissenschaftlich die liberale Durchbildung der Staatstheorie zu Ende führen, die

---

Verwaltungslehre T[1] (2. Aufl.) S. 225, 227; Zachariae, Deutsches Staats- und Bundesrecht, 1. Aufl. 1842, S. 21; 3. Aufl. 1867, Bd. 2, S. 18. — Vgl. auch Waldecker, Verfassungsrecht, S. 83: »Im konstitutionellen Staate wurden die Staatsämter zur notwendigen Einrichtung«; R. Schmidt a. a. O.

[54]) Schulze, Hermann, Preuß. Staatsrecht, Bd. 1, S. 224 ff., 241; Laband, S. 369, 373.

[55]) von Mohl, Bd. 2, S. 364; Zöpfl, S. 252; von Gerber, S. 106; Sarwey, O. von, Das Staatsrecht des Königreichs Württemberg, 1883, Bd. 2, S. 57.

[56]) Zachariae, Vierzig Bücher, Bd. 3, S. 72 ff.; Zöpfl, S. 252 ff.

[57]) Zachariae, a. a. O.; Pölitz, S. 215; von Gerber, S. 110 u. Anm. 13; Laband, S. 373; H. Schulze, S. 241.

[58]) Köttgen, Berufsbeamtentum, S. 18.

[59]) C. Schmitt, Der Hüter der Verfassung, Beitr. z. ö. R. d. Gegenw. 1931, Bd. 1, S. 149 ff.

[60]) Heller, S. 725 ff.; R. Schmidt a. a. O.

praktisch sich ja in den gegenwärtigen Verfassungszuständen vollenden wollte [61]).

Mit der Betonung einer selbständigen Funktion des Beamtentums stehen wir aber erneut vor der Frage, worin diese zu suchen sei, zumal, wie wir sahen, mit der Lehre von der Dreiteilung der Gewalten kein Ergebnis zu erzielen ist.

Das jüngste Schrifttum bezeichnet die Sonderaufgabe des Beamtentums damit, es habe den Staat zu stabilieren und die Kontinuität der Staatsleitung zu gewährleisten, es habe ein neutrales Element gegenüber den parteipolitischen Gewalten zu bilden, es sei mit anderen unabhängigen und parteipolitisch neu-

---

[61]) Es muß an dieser Stelle noch auf ein Drittes hingewiesen werden. Waldecker, ArchöR. N. F. 7, S. 129 ff. hat darauf aufmerksam gemacht, daß das Beamtentum im 19. Jh. als besonderer Stand verfestigt worden ist unter der Nachwirkung ständischer Verfassungsgrundlagen früherer Zeit, daß man den dadurch ausgelösten Selbständigkeitsanspruch des Beamtentums jedoch sich nicht hat auswirken lassen, sondern ständig zurückgewiesen hat. Er weist ferner darauf hin, daß die Fassung der beamtenrechtlichen Grundrechte der Weimarer Verfassung die Deutung erlaubt, daß damit heute der Beamtenstand institutionell gesichert sein soll. Die auf die Verfassungsbestimmungen gestützte gewerkschaftliche Beamtenbewegung unterstützt eine solche Auffassung. Aber es ist Waldecker zuzustimmen, wenn er das Anstreben einer solchen, hauptsächlich materiell bestimmten Selbständigkeit als eine sinnwidrige Fehlentwicklung ansieht, wenn er die Veränderungen im Beamtenrecht, die nach der Revolution vorgenommen wurden, als eine schlimme Degradation beurteilt, durch welche der Beamte heute nur noch als Bürger minderen Rechts erscheint, Eingriffen in seinen Rechtsbestand ausgesetzt, vor denen jeder private Arbeitnehmer geschützt ist. Und es trifft durchaus zu, wenn er schließlich ausspricht, daß der Weg in die Zukunft nicht über die Rückkehr zu den Halbheiten von Weimar und den Ausbau des alten Standesrechts mit seinen Gegensätzlichkeiten führen kann. An seine Stelle hätte zu treten der Aufbau eines Sonderrechtes, das einerseits den Dienst am Ganzen mit seinen Anforderungen hinsichtlich der Pflichtseite betont, andererseits die Bedeutung des Beamtentums und des einzelnen Beamten für das Ganze. — Diese 1924 geschriebenen Ausführungen verdienen angesichts der weiteren ungeheuren Eingriffe in den Status des Beamtentums gerade heute wieder neue Beachtung. Auf sie ist auch deswegen noch hinzuweisen, weil das Beamtentum unter dem Druck der sozialen Verhältnisse seine Standesorganisationen in der Zwischenzeit noch fester ausgebaut hat. Damit wird die Gefahr weiterer Fehlentwicklung noch mehr verstärkt. Ob durch den Ausbau der Beamtenvertretungen (vgl. den Entw. des Allg. D. B. B. §§ 86—132, Entw. e. Gesetzes über Beamtenvertretungen, Drucksachen des Reichstags, IV. Wahlperiode Nr. 1569), wie Köttgen (Berufsbeamtentum S. 159) meint, der Gefahr begegnet werden kann, mag dahingestellt bleiben. Solange rein materielle und sozialpolitische Erwägungen die Beamtenschaft zusammenhalten, führen wohl auch Beamtenvertretungen nur auf dem Irrweg weiter. Das Beamtentum ist, wenn es auch vom Staatsdienst lebt, kein »Nahrungsstand« (Gönner), sondern ein »Gesinnungsstand« (Zöpfl, S. 794)! Im übrigen verweise ich auf meine Ausführungen ArchöR., N. F. 18, S. 80 ff. und auf die Vorträge von Hartung und Leisegang, Berufsbeamtentum, Volksstaat und Ethik 1931.

tralen Gewalten berufen, Hüter der Verfassung zu sein, es sei zur Wahrung der nationalen Verantwortlichkeit bestimmt [62]).

Ich habe gegen diese Feststellungen grundsätzlich keine Bedenken, aber ich halte es für nötig, sie noch in eine bestimmter juristische Fassung zu bringen, die Funktion des Beamtentums verfassungsrechtlich noch genauer festzulegen. Zu diesem Behufe will ich auf Auseinandersetzungen von Zöpfl mich stützen, die in ihrer Gedankenführung völlig modern sind. Zöpfl sieht [63]) in dem Beamtentum eine Art politischer Mittelgewalt, deren Bedeutung daraus erwachse, daß der Souverän seinem Begriffe nach nur zu regieren habe, d. h. die Verwaltung zu leiten und zu befehlen, nicht aber zu verwalten. Der Beamte dagegen habe zu verwalten, d. h. pflichtmäßig das Befohlene, das, was ihm kraft seines Amtes obliege, auszuführen; und in dieser Verwaltung durch ein selbstverantwortliches Beamtentum liege eine besondere Bürgschaft für die Verfassungsmäßigkeit der Regierung.

Fragen wir, worin hiernach die besondere Funktion des Beamtentums zu finden ist, so läßt sich antworten: im Dienst am Staate als Rechtsgemeinschaft. Diese Feststellung kann mit Stimmen aus alter und neuer Zeit belegt werden [64]). Aus dem jüngsten Schrifttume sei auf Hubrich verwiesen, nach dessen Auffassung der Wille der Gesamtheit, als deren Diener sich der Beamte nach Art. 130 Abs. 1 RV. zu fühlen habe, in erster Linie in der Reichs- und Landesverfassung und in der Reichs- und Landesgesetzgebung niedergelegt sei [65]). Und wenn Heller [66]) der Bürokratie die Aufgabe der Ausführung im Gegensatze zur politischen Führung zuweist, so will er das, wie aus einem späteren Satze hervorgeht, dahin verstanden haben, daß der Beamte das gegebene Gesetz gleichmäßig und gerecht anzuwenden habe. Ich selbst habe mich früher in gleicher Richtung ausgesprochen [67]). Ich kann auch alle diejenigen, die dem Beamtentum die Wahrung der Stabilität und parteipolitischen Neutralität zuerkennen, nur im gleichen Sinne verstehen [68]). Denn das Wesen des Rechts

[62]) Köttgen, Berufsbeamtentum, S. 57 ff.; Heller, S. 726; C. Schmitt, Hüter der Verfassung, S. 149 ff.; Zweigert, S. 463; R. Schmidt a. a. O.; Nawiasky, S. 12.

[63]) Zöpfl, Bd. 2, S. 252 ff., 777 ff., 784. Bemerkenswert ist die ablehnende Stellung zur Begründung des Gegensatzes von Regierung und Verwaltung durch den französischen Grundsatz: »Le roi règne, mais il ne gouverne pas«, S. 253, Anm. 7.

[64]) von der Becke, S. 114; von Mohl, Bd. 2, S. 358; Laband, S. 369; vgl. auch den anschaulichen Vortrag von W. Jellinek, Der Beamte und das Recht, Jahrb. d. Verw.-Akad. Berlin, 1926, S. 30 ff.

[65]) Hubrich, Das demokratische Verfassungsrecht, S. 225.

[66]) Heller, S. 725, 729.

[67]) Gerber, ArchöR., N. F. 18, S. 43 ff.

[68]) Köttgen, Berufsbeamtentum, S. 58, 93 ff.; Heller, S. 726; C. Schmitt, Hüter der Verfassung, S. 150; Giese, Berufsbeamtentum, S. 31; Zweigert, S. 463.

ist unbedingte Entschiedenheit [69]), das aber ist wertbegründete Stabilität, das Wesen der Politik ist Bewegtheit im Widerstreite, das aber ist wertsuchende Labilität.

Mit diesen Stimmen vereinigen sich dann diejenigen, die dem Beamtentum das Berufensein zu politischen Entscheidungen absprechen. Entpolitisierung des Beamtentums ist heute geradezu zum Schlagwort geworden. Wie sehr und mit welchen Mitteln in der Praxis an dieser politischen Sterilisierung des Beamtentums gearbeitet worden ist, wird uns noch zu beschäftigen haben. Augenblicklich hat uns nur zu interessieren, daß die politische Neutralität, die man von dem Beamten fordert, nur verständlich ist, wenn man ihm den rechtlichen Funktionskreis im Staate zuweist und neben diesem einen besonderen politischen anerkennt, an dem das Beamtentum, jedenfalls als selbständiges Organ mit eigener Verantwortung, nicht beteiligt ist.

Nun gehört es wiederum zu den Hauptergebnissen der zeitgenössischen Staatslehre, nachgewiesen zu haben, daß jeder konkrete Staatsbestand notwendigerweise aus politischen und rechtlichen Elementen besteht [70]). Zur Begründung läßt sich noch der Hinweis beitragen, daß, wenn es uns geläufig geworden ist, den Staat als ein in der Selbstverwirklichung stehendes, individuelles soziales Lebensganzes anzusehen, nicht übersehen werden darf, daß alles Leben nicht nur dem Gesetze der Erhaltung, sondern auch dem der Entwicklung unterliegt, so daß also die Selbstverwirklichung, als welche der Staat erscheint, sowohl Selbsterhaltung wie Selbstentwicklung sein kann, und daß sie immer beides zugleich sein muß. Diese Einsicht ermöglicht es wiederum, den Gegensatz von Recht und Politik und ihre notwendige Zusammengehörigkeit [70a]) dahin zu bestimmen: sie dienen beide der Selbstverwirklichung individueller sozialer Gemeinschaft im Staat, jedes aber in eigener und ebenso notwendiger Weise. Das Recht verkörpert die Gemeinschaft unter der Annahme einer bestimmten historischen Lage nach Maßgabe eines in sich ruhenden, mit dem Anspruche auf unverletzbare und dauernde Geltung auftretenden Willens; es ist das Mittel dafür, daß die im Staate erscheinende Gemeinschaft während des Fortbestandes dieser historischen Lage, also rebus sic stantibus in ihrer Selbstdarstellung und Selbstgestaltung, also durch eine reiche Mannig-

---

[69]) Gerber, Geld und Staat 1926, S. 22 ff.

[70]) Triepel, Staatsrecht und Politik 1926; Smend, Verfassung und Verfassungsrecht 1928 mit der Unterscheidung Staat als politische und als rechtliche Einheit; Carl Schmitt, Verfassungslehre, mit dem Unterschied zwischen politischen und rechtsstaatlichen Bestandteilen der Verfassung.

[70a]) Wer Politik und Recht gegeneinanderstellt, muß um so mehr ihre notwendige Verbundenheit betonen, um die Einheit des Staates nicht aufzulösen. Aber diese Einheit ist eben eine dialektische; und der moderne Staat lebt aus dem Bewußtsein dieser Dialektik.

faltigkeit sozialer Lebensakte hindurch eine und die gleiche bleibt. Das Wesen der Politik dagegen ist, was schon Bluntschli aussprach, das Prinzip der Entwicklung[71]). Als einer freien Sozietät ist dem Staate sein eigenes Dasein in allen seinen Momenten stets neu aufgegeben. Der Austrag des im dialektischen Prozesse fortschreitenden Widerstreites der Überzeugungen von der zulänglichen Lösung dieser Aufgabe ist nun ebenso allgemein der Sinn der Entwicklung im Bereiche der Freiheit wie im besonderen der Sinn der Politik. So lassen sich Recht und Politik[71a]) als elementare Funktionsbereiche im staatlichen Dasein begreifen, und der Weg zur letzten Frage ist offen, ob aus der Notwendigkeit dieser beiden Funktionen auch die Notwendigkeit besonderer Organe gefolgert werden muß.

Mit kurzen Andeutungen, worauf ich bei der heutigen Gelegenheit angewiesen bin, läßt sich darauf antworten: Die Organunterscheidung des modernen Staates beruht in erster Linie auf der Gewaltunterscheidung im Sinne der klassischen Trias. Indessen wird diese ergänzt durch die Unterscheidung politischer und rechtlicher Gewalten. Nicht etwa in dem Sinne, daß neben die hergebrachten drei Gruppen der gesetzgebenden, vollziehenden und richtenden Organe noch zwei weitere Gruppen politischer und rechtlicher Organe zu setzen wären, vielmehr durch Differenzierung in den klassischen Gruppen. So liegt der Abscheidung der Regierung von der Verwaltung der Gedanke zugrunde, daß innerhalb der Vollziehung der politische vom rechtlichen Funktionskreise auch organisatorisch getrennt werden müsse. Aus entsprechenden Erwägungen rechtfertigt sich etwa im Gebiete der Justiz die Loslösung der staatsanwaltschaftlichen Strafverfolgung und des Begnadigungsrechts als politisch von der richterlichen Tätigkeit, die »nur dem Gesetz unterworfen« sein soll. Das Prinzip eines richterlichen Prüfungsrechts oder auch nur der Gedanke eines

---

[71]) Bluntschli, J. C., Politik als Wissenschaft 1876 S. 25: »Denn die Politik bestimmt das fortschreitende Leben des Volkes, welches der veralteten Regel der Vergangenheit entwachsen ist.« — Vgl. neuerdings auch die Ausführungen von Kroner über »Die dialektische Problematik des Staates« in seinem Buche: »Kulturphilosophische Grundlegung der Politik« (Fachschriften zur Politik und Staatsbürgerlichen Erziehung, hrsg. von M. von Hippel), 1931, S. 31 ff.

[71a]) Mit der üblichen Begriffsbestimmung »Politik ist das Prinzip des zweckmäßigen Denkens und Handelns im Staat« ist nichts auszurichten, insbesondere in Gegenüberstellung zum Recht, dem sicher die Zweckmäßigkeit seiner Regelung nicht abgesprochen werden kann! — Die neuerlich von C. Schmitt in seiner Schrift »Der Begriff des Politischen« 1931 gegebenen geistvollen Darstellungen lassen sich durch die im Text vertretene Meinung insofern ergänzen, als durch den Entwicklungsgedanken das materiale Prinzip angedeutet wird, in bezug auf das die Freund-Feind-Gruppierung, in der Schmitt das Wesentliche der Politik sieht, einen bestimmten Sinn erhält.

besonderen materiellen Prüfungsrechts des Reichspräsidenten gegenüber Gesetzen vor ihrer Verkündung kann damit gerechtfertigt werden, daß auch die Gesetzgebung nicht nur in formeller, sondern auch in materieller Hinsicht ein rechtliches Moment in ihrem sonst hochpolitischen Wesen hat [72]).

Diese Differenzierung trifft nun mit der Unterscheidung zwischen persönlichen und institutionellen Organen zusammen. Dem politischen Funktionskreise entspricht wesentlich das persönliche, dem rechtlichen das institutionelle Organ [73]). Da nun das Beamtentum der bestimmungsmäßige Träger der institutionellen Organe des Staates ist, so folgt seine Verweisung auf die Rechtsfunktion von selbst.

Schwierigkeiten erwachsen diesem Gedanken aus zwei Gründen. Einmal aus der Tatsache, daß das Verwaltungsbeamtentum, wenn auch nur stellvertretenderweise, unter den früheren Staatszuständen in den politischen Funktionskreis des Monarchen stark mit einbezogen war [74]), und daß überhaupt erst mit fortschreitender Verwirklichung des Gedankens der Gesetzmäßigkeit der Verwaltung im Bereiche der Exekutive eine Trennung des politischen und des rechtlichen Funktionskreises möglich wurde. Ferner aber ist eine radikale Trennung dieser Kreise innerhalb der Verwaltung überhaupt unausführbar; fast jeder Verwaltungsakt enthält ein Stück Politik. So entsteht die Frage, wie diese notwendige Unterscheidung und doch auch wieder Verbundenheit von Politik und Recht in der Verwaltung organisatorisch auszugestalten ist, wie, um es wirklichkeitsnäher zu sagen, innerhalb der institutionellen Organe, in der Rechtsstellung und persönlichen Haltung des Beamtentums Recht und Politik voreinander zu sichern sind. Das ist, wie schon Robert von Mohl in seinen scharfblickenden Untersuchungen über den Einfluß des parlamentarischen Systems auf das Staatsdienerverhältnis [75]) ausgesprochen hat, eine Kernfrage des parlamentarischen Staates, für die er allerdings noch keine Antwort wußte. Heute wird die Antwort dahin gegeben: das Beamtentum hat als der bestimmungsmäßige Träger der institutionellen Staatsorgane in diesen den rechtlichen Funktionskreis unter eigener Verantwortung und insoweit in verfassungsmäßig verbürgter Selbständigkeit und Unabhängigkeit zu betreuen [75a]); es ist andererseits, soweit sich ver-

[72]) Gerber, Gesetz und Verfassung, Z. f. Ostrecht 1929 S. 9.

[73]) Politische Eigenschaften einer Person sind reine Begnadung, zum Führer wird der Mensch geboren. Das Verwalten, das gesetzmäßige Handeln kann man in gewissem Ausmaße lernen und ausbilden.

[74]) Vgl. des näheren bei Köttgen, Berufsbeamtentum, S. 29 ff.

[75]) von Mohl, Bd. 3, S. 401.

[75a]) Nicht völlig klar sind über diese Zusammenhänge die Ausführungen von Nawiasky, S. 11. Er spricht von einer »sachlichen Un-

fassungsmäßig die Politik auch unmittelbar in den Wirkungskreis der institutionellen Organe erstreckt, an die ihm in rechtmäßigen Formen zugeleiteten politischen Vorentscheidungen der mit der Betreuung des politischen Funktionskreises befaßten Staatsorgane gebunden und insoweit unselbständig. Das Beamtentum ist also im Grunde als Träger der institutionellen Organe und Verwalter des rechtlichen Funktionskreises ein unabhängiger Faktor staatlichen Lebens [76]). Nur soweit es Maßnahmen zu treffen hat, bei denen sich politische mit rechtlichen Entscheidungen verbinden, ist es abhängig. Es ist wohl ein Unterschied in der Unabhängigkeit zwischen dem Richter und dem Verwaltungsbeamten vorhanden; aber er ist nur ein gradueller und beruht nicht in ihrer Eigenschaft als Beamte, sondern in der verschiedenartigen Durchführung und Durchführbarkeit der Trennung des rechtlichen und des politischen Funktionskreises bei der Organisation der Gerichtsbarkeit und der Verwaltung.

Der parlamentarisch demokratische Staat kann sich an der Gewaltentrennung im Sinne der herkömmlichen Auffassung nicht genügen lassen, er muß auch die politischen von den rechtlichen Gewalten trennen. Und wie zeitgenössische Untersuchungen des Problems der Gewaltentrennung besonders darauf hinweisen, daß im Prinzip der Trennung der Gewalten zugleich die Notwendigkeit von deren Balancierung liegt [77]), so müssen wir erkennen, daß das organisatorische Problem des Verhältnisses von rechtlicher und politischer Gewalt im heutigen Staate nicht etwa in der gegenseitigen, möglichst vollständig durchgeführten Abscheidung beider voneinander besteht, sondern in der Regelung eines der historischen

---

abhängigkeit des Beamtentums, soweit es sich um reine Rechtsanwendung handelt«, sieht diese aber nur bei der Verwaltungsgerichtsbarkeit gegeben, nicht dagegen bei der sog. »freien Verwaltung, die eine aktive Tätigkeit zur Verwirklichung der materiellen Staatsaufgaben entfalte, da der ganze Apparat hier unter einem einheitlichen leitenden Willen zusammengefaßt werden« müsse. Hier ist zweierlei vermengt: einmal das Ineinandergreifen des rechtlichen und des politischen Funktionskreises, zum anderen die instanzenmäßige Durchgliederung der Verwaltungsbehörden. Während das Beamtentum als Träger des rechtlichen Funktionskreises immer selbständig und unabhängig ist, dagegen zugleich bei den ihm zukommenden politischen Entscheidungen unselbständig und abhängig, berührt die innere Instanzengliederung die Selbständigkeit und Unabhängigkeit des Beamtentums als Ganzen im rechtlichen Funktionskreise gar nicht; sie erzeugt nur ein neues Problem der Selbständigkeit und Unabhängigkeit der einzelnen Behörde anderen Behörden gegenüber, des einzelnen Beamten anderen Beamten gegenüber innerhalb der Amtsinstitution. Das aber hat uns ganz und gar nicht zu beschäftigen.

[76]) Brand, S. 212; Köttgen, Berufsbeamtentum, S. 267; C. Schmitt, Der Hüter der Verfassung S. 150 ff.

[77]) C. Schmitt, Verfassungslehre, S. 186; Georg Jellinek, Allg. Staatslehre, 3. Aufl., 5. Neudr. S. 615.

Lage unseres Volkes und Staates angepaßten Optimums gegenseitiger Trennung und Verbindung, gesicherter Unabhängigkeit und Abhängigkeit voneinander.

Wollen wir schließlich noch kurz zu dem Meinungsgegensatz zwischen Köttgen und Carl Schmitt Stellung nehmen, ob, wie jener behauptet, das Beamtentum auch zur Repräsentation berufen, oder wie dieser meint, davon ausgeschlossen ist[78]), so ist zu sagen: Soweit dem Beamtentum Unabhängigkeit zukommt, hat es selbständig zu repräsentieren; soweit es abhängig ist, nicht, nimmt es höchstens an der Repräsentation anderer Organe teil. Denn Repräsentation ist von selbständiger Organschaft nicht zu trennen. Die Vergegenwärtigung der ideellen Gemeinschaft, die das Wesen der Repräsentation ausmacht, geschieht materiell in dem der Öffentlichkeit gegenüber geschehenden Tragen selbständiger Verantwortlichkeit für den Staat. Diese aber ist das Kennzeichen selbständiger Organschaft.

II. Von diesen grundsätzlichen Feststellungen aus ist es jetzt möglich, kritisch zu der im letzten Jahrzehnt eingetretenen Entwicklung des Beamtenrechts und zu den darüber hinaus geltend gemachten Reformwünschen Stellung zu nehmen.

Dabei ist zunächst daran zu erinnern, daß versucht worden ist, die am Ende des 18. Jahrhunderts so schwer erkämpfte öffentlich-rechtliche Grundlage des Staatsdienstes wieder zu beseitigen. Denn dazu führt die von gewissen Wissenschaftskreisen vertretene Meinung, das Beamtenrecht gehöre zum weiteren Bereiche des Arbeitsrechts[79]). Der Versuch ist gescheitert; namhafte Vertreter des Arbeitsrechts wie des Staatsrechts haben mit Entschiedenheit an dem grundlegenden Unterschiede von Arbeitsrecht und Beamtenrecht festgehalten[80])[81]); das preußische Oberverwaltungsgericht[82]) wie das Reichsgericht[83]) haben ihnen ebenso nachdrücklichst zugestimmt. Liest man in der Be-

[78]) Köttgen, Beamtenrecht, S. 21 f., Handb. d. Dtsch. Str. Bd. 2, S. 7 f., ArchöR. N. F. 19, S. 307 ff.; C. Schmitt, Verfassungslehre, S. 212 ff., Hüter der Verfassung, S. 150, Anm. 1; vgl. auch Smend, Verfassung und Verfassungsrecht, S. 94 f.; Stier-Somlo, Deutsches Reichs- und Landesstaatsrecht I, 1924, S. 4, 607. — Vgl. auch oben Anm. 36 die Bemerkung von Poezl.

[79]) Sinzheimer, Grundzüge des Arbeitsrechts, 1921, S. 6; Potthoff, Wesen und Ziel des Arbeitsrechts, S. 42, Grundfragen des künftigen Beamtenrechts, 1923; L. Richter, Arbeitsrecht als Rechtsbegriff, 1923, S. 26, Grundverhältnisse des Arbeitsrechts 1928, S. 17, 35.

[80]) Nawiasky S. 14; Köttgen, Beamtenrecht und Arbeitsrecht, Mitteilungen des Jenaer Instituts für Wirtschaftsrecht, November 1928; Giese, Berufsbeamtentum, S. 19 ff.; Brand, S. 214; Köllreutter, Beamtenjahrbuch, 1928, S. 341 ff.

[81]) Vgl. auch meinen Aufsatz ArchöR. N. F. 18, S. 5 ff.

[82]) OVG. Bd. 84, S. 120; vgl. hierzu Gerber, Grundzüge eines allmeinen Teils des öffentlichen Rechts, VerwArch. 36 S. 33 ff.

[83]) E. RGZ. Bd. 107, S. 190.

gründung des vom Allgemeinen Deutschen Beamtenbunde aufgestellten Entwurfs eines Beamtengesetzes [84]), der maßgebend von der erstgenannten Richtung der Arbeitsrechtswissenschaft beeinflußt worden ist, daß die Zugehörigkeit des Beamtenrechts zum Arbeitsrecht nirgends eine Widerlegung erfahren habe, so will mir doch scheinen, daß die Kaskelsche Verweisung [85]) darauf, der Beamte könne ebensowenig als Arbeitnehmer angesehen werden wie das Vorstandsmitglied einer juristischen Person [86]), da er ebenso wie dieses Organ sei, eine gerade mit arbeitsrechtlichen Gründen geführte zulängliche Widerlegung ist. Ihre Beweiskraft wird durch die von Hueck und Köttgen geltend gemachten Gründe [87]) noch unterstützt, während ich allerdings der Jacobischen Gedankenführung, der Beamte leiste seine Arbeit kraft eines besonderen Abhängigkeitsverhältnisses, das auf einer besonderen Gehorsams- und Treuepflicht beruhe, nicht folgen

[84]) Berlin 1926, Verlagsgesellschaft des Allg. Deutschen Beamtenbundes, S. 73.

[85]) Kaskel, Beamtenrecht und Arbeitsrecht 1926, Arbeitsrecht 1925, S. 1 ff.

[86]) Gegen den zu erwartenden Einwand, daß Beamte nicht nur in Vorstandsstellen tätig sind, könnte darauf hingewiesen werden, daß das Arbeitsrecht auch die leitenden Angestellten grundsätzlich nicht als Arbeitnehmer behandelt, da sie als Vertreter des Arbeitgebers anzusehen seien und dessen Interessen wahrzunehmen hätten. Da nun zweifellos jeder Beamte die Interessen des Staates, seines angeblichen Arbeitgebers, wahrzunehmen hat (vgl. § 31 Entwurf des Allg. Deutschen Beamtenbundes) würde es auch aus diesem arbeitsrechtlichen Gesichtspunkt heraus unmöglich sein, den Beamten als Arbeitnehmer zu behandeln.

[87]) Hueck-Nipperdey, Lehrbuch des Arbeitsrechts, 2. Aufl., Bd. 1, S. 42 f. stützt sein Urteil auf das öffentlich-rechtliche Anstellungsverhältnis des Beamten, Köttgen, S. 3 ff. mit vollem Recht darauf, daß nicht der Gegensatz Beamter — Arbeitnehmer zugrunde zu legen sei, sondern der Gegensatz Amt und Funktion eines privaten Funktionärs. — Daß auch der Beamte Arbeit leistet, ist eine allzu banale Feststellung, als daß man mit ihr etwas anfangen könnte. Schon Gönner, Staatsdienst, S. 28 ff. hatte diese Einsicht. Und Zachariae, Vierzig Bücher, S. 59 sagte pathetisch: »Auch das Regieren ist eine Arbeit; und die Verfassung ist die Werkstätte dieser Arbeit.« — Sehr beachtlich ist auch die Bemerkung von Rehberg, Staatsverwaltung S. 78: »Die Beamten heißen Diener des Regenten. Man kann sie deswegen aber nicht in dem allgemeinen Sinne des Ausdrucks, so wie Bediente eines Hausvaters, als Lohnarbeiter des Staats beurteilen ...« »Die öffentlichen Angelegenheiten bedürfen zwar in jedem ihrer Zweige unendlich viel Arbeit ... Dem Privatmanne sichert die freie Konkurrenz derer, die von solchen Dienstleistungen leben wollen, daß seine Angelegenheiten gut besorgt werden. Der Staat, der die Verwaltung seiner Geschäfte schicklicherweise nicht einzeln verdingen kann, sondern sie durch bestellte Beamte beschaffen läßt, kann durch strenge Aufsicht der höheren Autorität den nötigen Fleiß und die gemeine Berufstreue erzwingen. Aber die Verwaltung der öffentlichen Angelegenheiten bedarf noch etwas anderes, das sich nicht erkaufen und nicht erzwingen läßt. Dies ist die edlere Denkungsart, die in jedem einzelnen Geschäfte für das gemeine Wesen Beziehungen auf das größere Ganze fühlt.«

kann [88]); daß die Abhängigkeit des Beamten ein nur bedingt zu verwertendes Kriterium ist, wurde früher erörtert; Gehorsams- und Treuepflicht aber bilden nicht den Grund der Amtswirksamkeit, sondern sind Folgen der eigentümlichen Organstellung des Beamten als teils selbständigen teils unselbständigen Trägers der institutionellen Organe. Die Warnung, die der frühere Reichstagsabgeordnete Höfle, der im übrigen ja ein tatkräftiger Führer der Beamtenbewegung war, in einem 1912 veröffentlichten Aufsatz ausgesprochen hat, muß heute nachdrücklich wiederholt werden: »Es darf nicht so weit kommen, daß es einfach heißt: Auch wir Beamte sind Verkäufer unserer Arbeitskraft wie andere Arbeiter und Angestellte [89])«.

Der eben erörterte Meinungsstreit ist aber durch den Gesetzentwurf des Allgemeinen Deutschen Beamtenbundes mit den praktischen Reformbestrebungen in unmittelbare Beziehung gebracht worden, so daß noch einige Worte dazu erforderlich sind. Aus der ganzen Entwicklungsgeschichte des Beamtenrechts ergibt sich, wie ich an anderer Stelle nachzuweisen versucht habe [90]), daß das Wort Beamter in bezug auf deutsche staatliche Verhältnisse einen bestimmten begrifflichen Inhalt hat. Diesen Bedeutungsgehalt lehnt die arbeitsrechtliche Reformbewegung ab. Es wäre folgerichtig, daß sie sich dann auch auf den Standpunkt stellte, der Staat müsse sich seine Arbeitskräfte unter den Arbeitern und Angestellten suchen, daß sie also für die Zukunft den Beamtenstand beseitigt haben wollte [91]). Der genannte Gesetzentwurf beweist scheinbar [92]) das Gegenteil. In Wahrheit jedoch ist er ein Zeugnis für eine unter Deutschen weitverbreitete Geringschätzung sprachlicher Wahrheit. Ohne auf die tieferen Probleme der Sprache als Mittel der Begriffsbildung eingehen zu können [93]),

---

[88]) Jacobi, Grundlehren des Arbeitsrechts 1927, S. 57.

[89]) Höfle, Die Bestrebungen der Deutschen Beamtenschaft auf organisatorischem und gesetzgeberischem Gebiete. Hirths Annalen 1912, S. 814 — vgl. dagegen Guske in »Die neue Zeit«, Jahrg. 38, S. 320, der ausdrücklich betont, daß auch die Beamten nur vom Verkauf der Ware Arbeitskraft leben; ferner Lomeier in Pr. Verw.-Bl., 41. Jg., S. 249 ff., der über die praktische Auswirkung dieser Auffassung bei Berliner Besoldungsverhandlungen anschaulich berichtet.

[90]) ArchöR. N. F. 18, S. 2 ff.

[91]) Vgl. hierzu Giese, Berufsbeamtentum, S. 16 ff.

[92]) Das nimmt offenbar auch Heller an, wenn er S. 723 meint, »Heute ist die Unentbehrlichkeit des Berufsbeamtentums in der deutschen Demokratie unbestritten.«

[93]) Vgl. hierzu Schönfeld, Von der Rechtserkenntnis 1931, S. 23 ff.; Gerber, Minderheitenrecht im Deutschen Reiche, 1929, S. 49 ff.; Arch öR. N. F. 18, S. 8, Anm. 14. Historisch interessant von Seybold, S. 26: »Das, was seinem Begriffe nach kein Amt ist, kann man durch die bloße Benennung auch zu keinem Amte stempeln, und die Vermischung von Ausdrücken, welche man willkürlich bald in einem engeren, bald in einem weiteren Sinne miteinander verschwimmen läßt, würde nur einer babyloni-

möchte ich hervorheben, daß, wenn dieses Gesetz sich zwar »Beamtengesetz« nennt, aber den herkömmlichen Sinngehalt des Wortes Beamter in sein Gegenteil verkehrt, das nicht nur politisch, sondern auch rechtlich zu verwerfen ist. Denn wenn der Entwurf für sich in Anspruch nimmt, den Vorbehalt der Art. 10 Ziff. 3 und 128 Abs. 3 RV. zu erfüllen [94]), so ist er seinem Inhalte nach an die institutionelle Garantie des Beamtentums durch die Verfassung gebunden. Diese betrifft aber, wie anerkannt ist [95]) und allein Sinn haben kann, das Beamtentum in der überlieferten Bedeutung dieses Wortes. So sehr eine Sprache als ein Stück Leben dem Gesetze der Entwicklung unterliegt, so sehr gibt es auch ein Problem der Stabilität der Begriffe, vor allem für den Rechtsbereich. Diese Stabilität wirkt sich mindestens aus, sobald eine grundrechtliche Sicherstellung eines Begriffsinhalts erfolgt ist. In einem solchen Falle haben abhängige Gesetze sich an den festgelegten Bedeutungsgehalt zu halten, muß die Wissenschaft eine Abweichung als illegalen Bedeutungswandel feststellen. Walter Jellinek hat recht, wenn er in bezug auf solche Fälle von einer logischen Unmöglichkeit als Grenze der Verfassungsgesetzgebung spricht [96]).

Bedenklich und abzulehnen ist auch der Versuch des zweiten gegenwärtig vorliegenden, vom Deutschen Beamtenbund ausgehenden, von der demokratischen Fraktion des Reichstages mehrfach eingebrachten Beamtengesetzentwurfs [97]), eine Stabilisierung des Beamtenbegriffes durch eine gesetzliche Definition zu erreichen. Grundbegriffe lassen sich nicht rechtsnormativ bestimmen, denn sie sind Wahrheitszeugnisse, und solche entziehen sich jeder rechtlichen Verbindlichkeit. Der Begriff Beamter ist aber ein Grundbegriff unseres Verfassungsrechts. Es ist nun wohl möglich, daß ein Gesetz, auch ein Beamtengesetz, den Zusatz macht: »Beamte im Sinne dieses Gesetzes«. Aber damit verzichtet es nicht auf einen Grundbegriff Beamter, setzt ihn vielmehr voraus und bestimmt ihn für einen begrenzten Geltungsbereich näher. Ohne eine solche Rückbeziehung wirkt eine gesetzliche Definition zersetzend und ist deswegen höchst bedenklich.

Schließlich möchte ich mich noch einmal gegen die Bezeich-

---

schen Sprachverwirrung, womit wir leider schon übergenug geschwängert sind, Tür und Tor öffnen.«

[94]) Der Entwurf spricht in der Begründung S. 72 ausdrücklich aus, daß er dies will.

[95]) Köttgen, Berufsbeamtentum, S. 86; Brand, S. 112; Anschütz, Kommentar z. RV., Anm. 1 zu Art. 129; Giese, Kommentar z. RV., Anm. 1 und Art. 129.

[96]) W. Jellinek, Grenzen der Verfassungsgesetzgebung 1931, S. 22.

[97]) Sonderdruck des Deutschen Beamtenbundes, Berlin 1923, ferner Drucks. des Reichstags, zuletzt IV. Wahlperiode 1928, Nr. 24, Antrag Schuldt-Koch-Weser u. Gen. § 3.

nung Dienstherr im Beamtenrecht wenden [98]). War der Ausdruck im monarchischen Staatsrecht mit Rücksicht auf das grundsätzlich alleinige Anstellungs- und Anweisungsrecht des Regenten erträglich, so führt er heute, wo der Dualismus des Staates, wie Köttgen richtig hervorhebt, mitten durch die Exekutive geht, zu völlig falschen Vorstellungen. Die Anstellungsbehörde ist kein Dienstherr, sondern nur Kreationsorgan für ein anderes Organ, der Staat kann als Dienstherr [99]) nicht in Frage kommen, da der Beamte sein Organ ist, ihn gerade repräsentiert. Halten wir trotzdem an dem Ausdrucke fest, wie Walter Jellinek will [100]), dann leisten wir dem illegalen Bedeutungswandel Vorschub, den er selbst bekämpft, und entziehen uns der Notwendigkeit, die staatsrechtliche Auffassung des Beamtentums zu stärken.

Über eine solche Stärkung ist man sich einig, vor allem auch in der Hinsicht, daß die von der Verfassung aufgestellte institutionelle Garantie ausgebaut werden muß [101]). Daß die Fassung der bestehenden Grundrechtsbestimmungen unvollkommen und mißverständlich ist, wurde bereits gesagt. Eine Besserung würde deshalb hier gewiß am Platze sein. Aber da ja doch die dem Beamtentum gegenüber übernommene Gewähr in erster Linie gar nicht das individuelle Beamtenverhältnis betrifft, sondern die Institution der Ämter und die Tatsache, daß das Berufsbeamtentum der berufene Träger dieser Amtseinrichtung sein soll, so gehört die erforderliche institutionelle [101a]) Garantie in den organisatorischen Teil der Verfassungen. Wir können es hier bei dem ungeschriebenen Verfassungssatze, von dem früher die Rede war, nicht belassen. Es handelt sich vielmehr darum, im Wortlaute der Verfassung ausdrücklich festzulegen, daß die von der Beamtenschaft getragene Institution der notwendige organisatorische Ausdruck einer staatlichen Grundfunktion ist [102]).

---

[98]) Vgl. meine Ausführung ArchöR. N. F. 18, S. 61 f.

[99]) Stier-Somlo, Reichs- und Landesstaatsrecht, S. 458.

[100]) W. Jellinek im Handbuch des Deutschen Staatsrechts, Bd. 2, S. 22.

[101]) Köttgen, Berufsbeamtentum, S. 244 ff.; Giese, Berufsbeamtentum, S. 39 f.; Brand, S. 213.

[101a]) Die grundrechtliche Gewähr des individuellen Beamtenverhältnisses hätte also auch nach der hier vertretenen Ansicht bestehen zu bleiben. Es ist eben, wie es gelegentlich ausgedrückt worden ist, das beamtenrechtliche Innen- und Außenverhältnis zu unterscheiden. Inwieweit die Individualgarantie durch die institutionelle Garantie beschränkt wird — eine Streitfrage, die gegenwärtig lebhaft im Hinblick auf die Tragweite der Gewähr der wohlerworbenen Rechte erörtert wird, — kann hier dahingestellt bleiben. Vgl. hierzu die Ausführungen von Triepel, DJZ. 1931 Sp. 1537 ff., denen gegenüber den Ausführungen von C. Schmitt, DJZ. 1931 Sp. 917 ff. beigetreten wird.

[102]) Das kommt in der Reformliteratur nicht zur Geltung, man beschränkt sich darauf, eine gesetzmäßige Sicherstellung zu fordern, und denkt dabei wohl in erster Linie an das in der Reichsverfassung vorgesehene

So wäre in der Reichsverfassung den Abschnitten über Reichstag, Reichspräsident und Reichsregierung, Reichsrat ein selbständiger Abschnitt über Reichsämter und Reichsbeamte hinzuzufügen, in dem unter Aufnahme auch einzelner, jetzt in den Grundrechten sowie im 7. Abschnitte über die Gerichtsbarkeit getroffener Bestimmungen die Grundzüge der Amtsverfassung des Reiches festzulegen wären. Entsprechend hätten die Landesverfassungen zu verfahren [103]. Keineswegs darf die notwendige Regelung in das in Aussicht genommene Beamtenreichsgesetz abgeschoben werden. Das hieße wiederum das ganze Problem als ein zweitrangiges behandeln [104].

Hätte auf diese Weise sichergestellt zu werden, daß dem institutionellen Organ der Ämter und ihres Beamtentums grundsätzlich ein bestimmter Funktionskreis im Staate zukommt, nämlich der rechtliche, so müßte damit zugleich eine »Entpolitisierung« des Beamtentums Hand in Hand gehen. Diese oft ausgesprochene Forderung bedarf jedoch der genauen Prüfung. Es ist von dem Grundsatz auszugehen, daß die Beamten in ihrem

---

Beamtenreichsgesetz. So ausdrücklich Nawiasky S. 18. Nimmt man aber den Grundgedanken einer institutionellen Garantie des Beamtentums auf, dann ist die im Text gezogene Folge unausweichlich. — Den hier vertretenen Gedanken kommt es nahe, wenn Köttgen, ArchöR. N. F. 18, S. 233 f. fordert, es müsse dem Beamtentum künftig ein bestimmter Funktionskreis gesetzlich vorbehalten werden, und bei der Frage nach der praktischen Durchführbarkeit zu dem Ergebnis kommt: »Die Möglichkeit der Regelung im einzelnen würde hier die Reichsreform bieten.« Eine leise Andeutung, aber ohne Klarheit über das Wesentliche, findet sich auch bei Wolfstieg, Das Beamtenreichsrecht, 1921, S. 32 f.

[103]) Die oben Anm. 5 S. 5 angeführten geltenden landesrechtlichen Verfassungsbestimmungen reichen nicht aus. — Das österr. Bundes-Verfassungsgesetz v. 1. 10. 20 usw. macht einen Ansatz zu der für erforderlich gehaltenen Regelung, indem es im 1. Hauptstück »Allg. Bestimmungen« nach Anordnungen über die »obersten Organe der Vollziehung« im a. 20 Bestimmung über die Organe trifft, welche unter der Leitung der obersten Organe des Bundes und der Länder nach den Bestimmungen der Gesetze als auf Zeit gewählt oder zur berufsmäßigen Tätigkeit ernannt die Verwaltung zu führen haben.

[104]) Köttgen, Berufsbeamtentum, S. 1; trotzdem stellt er nur die Forderung, daß die neuen Beamtengesetze auf die organisatorische Seite des Problems zum mindesten den gleichen Wert legen müßten wie auf das Bestreben, dem einzelnen Beamten die erforderliche persönliche Sicherheit zu garantieren (S. 245). Ganz entsprechend Brand, S. 213. Die im Text vertretene Meinung führt, was vorsorglich bemerkt werden soll, keineswegs dazu, die Verfassungen durch Aufnahme einer Fülle beamtenrechtlicher Einzelbestimmungen aufzublähen. Auch macht sie besondere Beamtengesetze nicht unnötig. Das Verhältnis zwischen den angestrebten Verfassungsbestimmungen und besonderen Beamtengesetzen hätte dem zu entsprechen, das zwischen den Verfassungsbestimmungen über das Parlament und den Wahlgesetzen besteht. — Die bisher vorliegenden Beamtengesetzentwürfe enthalten nichts über eine institutionelle Garantie des Beamtentums.

Amtsbereiche zu eigenen politischen Entscheidungen nur nach Maßgabe besonderer Ermächtigung berufen sind, daß sie im übrigen — und darin liegt die oft besprochene Abhängigkeit und Gehorsamspflicht des Beamten — an die politischen Entscheidungen oder Vorentscheidungen der besonderen politischen Organe gebunden sind, wie sie ihnen nach Maßgabe der Amtsverfassung in Dienstanweisungen, Verwaltungs- und Rechtsverordnungen, Gesetzen und nicht zuletzt in den Grundrechtsbestimmungen der Verfassung entgegentreten. Das jüngste Schrifttum, das mit starkem Nachdruck von einer politischen Neutralität [105]) des Beamtentums spricht, ist in diesem Punkte ungenau. Es erweckt die Vorstellung, als stünden die Beamten bei ihrer Amtswirksamkeit überhaupt in keiner Beziehung zu politischen Entscheidungen [106]). Das anzunehmen wäre irrig. Alle Gestaltung vollzieht sich innerhalb der Entwicklung; und Entwicklung steht nie still. Alles Recht versucht zwar, einen bestimmten Entwicklungszustand auf Zeit zu erhalten, und ist insoweit konservativ, erreicht dieseses Ziel aber nur teilweise und kann es vernünftigerweise auch nur unter Einschränkungen wollen. Daraus folgt, daß auch derjenige, der nur dem Rechte zu dienen hat, notwendigerweise vor einem Maße politischer Entscheidungen steht. Das Problem der Entpolitisierung des rechtsgebundenen Beamtentums kann deshalb nur darin bestehen, Maßnahmen zu treffen, durch welche die unvermeidlichen eigenen politischen Entscheidungen der institutionellen Organe so geregelt werden, daß ein Widerstreit mit den politischen Grundentscheidungen der persönlichen Organe nach Möglichkeit vermieden wird, daß ferner trotz der Mannigfaltigkeit der Ämter eine Einheitlichkeit ihrer politischen Haltung gewährleistet wird [107]). Dies geschieht nun im modernen Staate durch ein vielfach durchgebildetes System der politischen Bindung der Sachentscheidungen des Beamtentums. Da jedes Gesetz die Lösung einer politischen Spannung darstellt, so verfolgt es neben seinem sachlichen Zweck auch einen bestimmten politischen. Es hat einen politischen Sinngehalt. Und dieser ist bei der Rechtsanwendung zu berücktsichtigen;

---

[105]) Köttgen, Berufsbeamtentum, S. 58 ff., Handb. d. Deutsch. Staatsrechts, Bd. 2, S. 10; Giese, Berufsbeamtentum, S. 31; Carl Schmitt Hüter der Verfassung, S. 149 ff.

[106]) Köttgen spricht dem Beamtentum allerdings die eigene politische Funktion zu, Wahrer des Nationalinteresses zu sein, C. Schmitt die des Ausgleichs im pluralistischen Parteienstaate, Nawiasky die der Vertretung des Allgemeininteresses gegenüber den parteiischen Sonderinteressen.

[107]) Ich leugne also nicht, wie Köttgen, Handb. d. Deutsch. Staatsrechts, Bd. 2, S. 5, Anm. 15 mich mißversteht, die politische Abhängigkeit des Beamten und den Unterschied in dieser Beziehung zwischen den persönlichen und den institutionellen Organen.

der Beamte hat bei der Anwendung des Gesetzes auch nach diesem politischen Sinn zu verfahren. Insofern kann davon gesprochen werden, daß von dem Beamten gerade wegen seiner Unterworfenheit unter das Gesetz auch eine »politische Loyalität« gefordert ist [108]). Weiter stehen die sogenannten Verwaltungsvorschriften zur Ausführung der Gesetze, sei es, daß sie bei Gesetzeserlaß gegeben werden oder aus besonderem Anlaß nachfolgen, ganz ausgesprochen auch im Dienste der politischen Bindung des Beamtentums, indem sie nicht nur zu Zweifeln und Unklarheiten der sachlichen Auslegung des Gesetzes Stellung nehmen, sondern auch der Wahrung des politischen Sinnes des Gesetzes dienen. Das gleiche hat von den allgemeinen Dienstanweisungen [109]) zu gelten, durch welche nicht nur die Wirksamkeit eines Amtes näher geregelt, sondern auch auf seine Stellung im politischen Zusammenhange Einfluß genommen wird. Eine ganz besondere Art der Bindung wird durch die Beteiligung persönlicher Organe an der Ausübung des Rechts zum Erlaß von Rechtsverordnungen durch Beamte verwirklicht. In diesem Verordnungsrechte steckt ja ein hohes Maß politischer Entscheidungsmacht. Auch an den Grundsatz der Abhängigkeit einer Verordnung von einer gesetzlichen Ermächtigung ist zu denken; er besagt nicht nur, daß die sachlichen Regelungen der Verordnung den Rahmen des ermächtigenden Gesetzes nicht überschreiten dürfen, sondern auch, daß der Verordnende nur eine beschränkte politische Entscheidungsmacht besitzt, deren Begrenzung, vor allem positiv, auch durch den politischen Sinn der Ermächtigung bestimmt wird. Demselben Zwecke dienen die Eingriffsmöglichkeiten der Minister und ihrer nachgeordneten politischen Beamten in den Rechtsbestand von Polizeiverordnungen [110]). Auch das Problem der Grundrechte spielt hier herein. Ich habe aus dem Erfahrungsbereiche des nationalen Minderheitenrechts darauf hinweisen können [111]), daß die politische Grund-

---

[108]) Das meint wohl auch Heller S. 752 f. mit seiner Forderung der politischen Entsagung und der Einordnung in das Volksganze. Insoweit hat es einen guten Sinn, von politischer Loyalität zu sprechen, und gehen die scharf absprechenden Bemerkungen von Zweigert, Der Beamte im neuen Deutschland (Volk und Reich der Deutschen, Bd. 2, S. 472) zu weit.

[109]) Ganz im gleichen Sinne müssen die Ausführungen des Staatsgerichtshofs f. d. Dtsch. Reich in dem bekannten Streite um die Teilnahme der Beamten am Volksbegehren und Volksentscheid über die Rundfunkrede des preußischen Ministerpräsidenten, seine Rede im Landtag und die Bekanntgabe derselben durch die Minister und nachgeordneten Dienststellen an sämtliche Beamte verstanden werden. Vgl. Bumke, Ausgewählte Entscheidungen des Staatsgerichtshofs, H. 1, S. 31 ff.

[110]) Jetzt erneuert im preußischen Polizeiverwaltungsgesetz § 38.

[111]) Gerber, Minderheitenrecht im Deutschen Reiche, S. 46: Beachtlich ist, daß die in den Minderheitsschutzverträgen wiederkehrende Bestimmung ». . . verpflichtet sich, die in den Art. . . . . enthaltenen Bestimmungen als Grundgesetze anzuerkennen, mit der Wirkung, daß kein Gesetz,

entscheidung, die der Art. 113 RV. enthält, bei der Auslegung und Anwendung beliebiger Verwaltungsgesetze, beispielsweise des Personenstandsgesetzes hinsichtlich der Namenwahl, schlechthin für die Bürokratie verbindlich ist. Dasselbe ließe sich auch für den Bereich der Auswirkung des Grundsatzes der Gleichheit vor dem Gesetz an bezeichnenden Beispielen nachweisen.

Der Beamte hat sich also innerhalb des ihm anvertrauten Rechtsbereichs nicht politisch neutral, d. h. apolitisch, zu verhalten, er hat nur — als Beamter! — keine eigene politische Meinung in den politischen Integrationsprozeß einzubringen, wie es geradezu die besondere Aufgabe jeder Person ist, die die Funktion eines persönlichen Organs wahrzunehmen hat, sondern ist an die Vorentscheidungen der politischen Staatsorgane gebunden[111a]). Aus begründetem Anlaß hat man geglaubt, ihn dabei vor parteipolitischen Einflüssen schützen zu müssen. Zutreffender dürfte es sein zu sagen: der Beamte darf sich nur solchen politischen Vorentscheidungen beugen, denen er nach der Ämterverfassung unterworfen ist. Ein hier nicht vorgesehenes Einwirken der politischen Mächte, insbesondere der politischen Parteien, auf die Ämter ist ebenso für ihn unverbindlich, weil verfassungswidrig, wie eine Einflußnahme einzelner Abgeordneter oder des Parlaments außerhalb der bestimmten parlamentarischen Kontrollmittel. Die politische Abhängigkeit des Beamtentums ist eine gesetzliche, keineswegs eine schrankenlose[111b]); und vor allem auch darin muß die institutionelle Garantie des Beamtentums gefunden werden.

---

keine Verordnung und keine amtliche Handlung im Gegensatz oder Widerspruch zu ihnen stehen und daß kein Gesetz, keine Verordnung und keine amtliche Handlung gegen sie Geltung beanspruchen darf« ganz in dem gleichen Sinne ausgelegt wird.

[111a]) In diesem Sinne kann man allein davon sprechen, der Beamte habe »sachliche Politik« im Gegensatze zu »Parteipolitik« zu treiben. Im übrigen muß betont werden, daß alle Politik sachlich sein muß, insofern sie eben auf eine bestimmte, konkrete Staatsgestaltung abzielt; daß andererseits aber auch jede Politik parteiisch sein muß, insofern sie einen bestimmten grundsätzlichen Standpunkt als Wertmaßstab für die sachlichen Bestimmungen voraussetzt. Entscheidend für die im Text behandelte Frage ist allein, ob die politische Meinung von dem, der sie zu vertreten hat, persönlich frei gebildet werden kann oder nicht. — Das übersieht Nawiasky S. 12, wenn er die besondere Aufgabe des Berufsbeamtentums in der unbedingten, restlosen Überparteilichkeit sieht.

[111b]) So ausdrücklich schon L. v. Stein, Verwaltungslehre I_1 (2. Aufl.) S. 226: »Allerdings ist der Staatsdiener der höheren Stelle gegenüber zum amtlichen Gehorsam verpflichtet, allein dieser Gehorsam ist jetzt durch das Wesen des Gesetzes selbst ein rechtlich begrenzter.« — Auch das sog. und früher vielerörterte Remonstrationsrecht (auf das neuerdings wieder Nawiasky S. 18 f. hinweist) setzt eine Gesetzmäßigkeit der politischen Anweisungen voraus.

Die Neigung zur Schrankenlosigkeit der Einflußnahme der politischen Organe ist dagegen eine große, vor allem gegenwärtig, ja sie liegt in gewisser Weise in der Eigentümlichkeit des parlamentarischen Systems begründet. In ihm ringen die politischen Gruppen ständig um die entscheidende Macht. Erfahrungsmäßig suchen deshalb die Parteien den politischen Sinn der Gesetze nicht nur bei der Entstehung zu bestimmen, sondern auch bei ihrer Anwendung in ihrem Interesse durch eine von ihnen gestellte oder ihnen ergebene Beamtenschaft umzudeuten. Das ließ sich kürzlich gut bei der Anwendung der Ausnahmeverordnung des Reichspräsidenten zur Bekämpfung politischer Ausschreitungen in Preußen beobachten; Beispiel kann aber auch die berüchtigt gewordene Agrarreform der Länder mit deutschen Minderheiten bilden. Ein neuerlich gebrauchtes Mittel der Parteien ist der Druck auf die Regierung, die Ermächtigungsgrundlage für Verordnungen in politischer Hinsicht zu verlassen, wie sich augenblicklich deutlich an der parteipolitisch beeinflußten Ausnutzung der reichsrechtlichen Ermächtigung zu außergewöhnlichen Sparmaßnahmen in den Ländern für die Durchsetzung sonst unerfüllbarer Wünsche zeigen läßt[111c]). Die Parlamentarier suchen auch, gestützt auf ihre Mitgliedschaft im Parlamente, persönlich illegale Einflüsse auszuüben; die Parlamente geben dem Kontrollrechte gegenüber der Verwaltung eine Wendung zur unmittelbaren Leitung der Bürokratie auf dem Wege über Verwaltungsverordnungen und Dienstanweisungen, die sie bei dem ihnen verantwortlichen Ministerium erzwingen[112]).

So illegal derartige Maßnahmen sind, so wenig können sie durch normative Bestimmungen oder organisatorische Maßnahmen verhindert werden. Helfen kann nur Klarheit über die verfassungsmäßige Aufgabe der Amtsinstitution und des Beamtentums, die von der Wissenschaft zu geben ist, und eine verantwortliche, sich ihres Wertes und ihrer Funktion bewußte Haltung der Bürokratie, aus der dann auch die Macht erwächst, die notwendig ist, um sich gegen die Machtausdehnung der politischen Organe durchzusetzen.

Zum Ausbau der institutionellen Garantie des Beamtentums gehört weiter ganz wesentlich eine Anerkennung, daß der Beamte der bestimmungsmäßige Träger der Amtsinstitution[113]) ist. Dies birgt mancherlei in sich. Vorangestellt

---

111c) Die Praxis zeigt hier allerdings auch das Gegenbild, daß die Bürokratie der Ministerien die außergewöhnliche Lage benutzt, um eigene politische Wünsche auf »legalem« Wege durchzusetzen.

112) In dem S. 30 Anm. 109 genannten Falle ist vom Staatsgerichtshof der Mißbrauch des Rechts zu Dienstanweisungen für parteipolitische Zwecke ausdrücklich festgestellt worden, a. a. O. S. 31 ff.

113) Vgl. Giese, Berufsbeamtentum, S. 22; Köttgen, ArchöR., N. F. 18, S. 232 ff.; Peters, Grenzen der kommunalen Selbstverwaltung, S. 142; Lassar, Hoheitsfunktion, S. 6 ff.

sei in Anknüpfung an eben Gesagtes die Forderung nach der verfassungsmäßigen Festlegung der Unvereinbarkeit von Amts- und Abgeordnetenstellung. Schon Carl Friedrich von Gerber sah darin einen entscheidenden Punkt der Entwicklung des deutschen Staatsrechts[114]). Heute herrscht darüber weitgehender Einverständnis [115]). Die Inkompatibilität folgt zwingend aus der Sicherung des eigenen Organbereichs des Beamtentums, aus der Anerkennung der Unabhängigkeit der institutionellen Organe bei der Betreuung des rechtlichen Funktionsbereichs. Diese Unabhängigkeit ist auf das schwerste bedroht, wenn zahlreiche Beamte nicht nur Träger von Ämtern, sondern zugleich Glieder politischer Organe sind und damit Exponenten der Parteien. Denn der Beamte ist freie Persönlichkeit auch bei der Rechtsanwendung, weswegen man sich hüten sollte, ihn, wie es nur allzu häufig geschieht, als Werkzeug zu bezeichnen [116]) — was übrigens schon Emmermann 1828 besonders zurückwies [117]). Wenn man als Gegengrund anführt, der Wert der Verwaltungserfahrung dürfe dem parlamentarischen Leben nicht verlorengehen, so gibt es ein Mittel, beiden Erfordernissen zu genügen: die Regelung, daß zwar eine gleichzeitige Ausübung eines parlamentarischen Mandats und eines Amtes unzulässig ist, daß aber der Beamte — wie der Beamtenminister nach württembergischem Landesrecht [118]) —

---

[114]) von Gerber, Grundzüge, S. 113, Anm. 5: »Dieser Punkt wird für die künftige Entwicklung des deutschen Staatsrechts entscheidend sein. Wollen wir unseren bisherigen deutschen Staatsdienst mit allen seinen Vorzügen als rechtlich gesicherten Lebensberuf festhalten, so werden wir auf die Forderung der Zulassung einer solchen Doppelrolle verzichten müssen, deren innerer Zwiespalt nur zufällig bei Personen von besonderer Mäßigung verdeckt wird; anderenfalls erscheint es mir unvermeidlich, daß unser deutsches Institut allmählich durch das Prinzip der englischen Parteiwirtschaft verdrängt wird. Dieser Prozeß wird sich zunächst in den deutschen Großstaaten vollziehen . . .«

[115]) Köttgen, Berufsbeamtentum, S. 110, 284 ff., Handb. d. Deutschen Staatsrechts, Bd. 2, S. 17 und die dort angegebenen Schriftsteller; Gerber, ArchöR. N. F. 18, S. 67 ff. Zurückhaltend Nawiasky S. 16 f. Grundsätzlich ausgesprochen ist eine solche Unvereinbarkeit in der schweizerischen Bundesverfassung a. 77. Über die Tragweite dieser Bestimmung vgl. Burckhardt, Kommentar der schw. BV., 3. Aufl. S. 653 ff.; zu beachten ist jedoch, daß in der Schweiz das Beamtenrecht stark von dem reichsdeutschen abweicht.

[116]) Giese, Berufsbeamtentum, S. 22, Laband, S. 365.

[117]) Emmermann in Pölitz' Jahrbüchern der Geschichte und Staatskunst, 1828, Bd. 1, S. 227.

[118]) Württ. Beamtengesetz, Art. 238: »Ein aus der Ministerstellung ausgeschiedener Beamter, bei dem die Voraussetzung der Versetzung in den Ruhestand nicht vorliegt, ist (a) verpflichtet, eine ständige Stelle zu übernehmen, wenn ihm deren Versehung unter Berücksichtigung aller Umstände billigerweise zugemutet werden kann; (b) berechtigt, seine Wieder-

mit Übernahme des Mandats von Rechts wegen in den Ruhestand tritt und nach Erlöschen des Mandats Anspruch und Pflicht hat, unter entsprechenden Verhältnissen erneut ins Amt zu treten. Jedenfalls gehört die Frage der Inkompatibilität zu den dringendsten Erfordernissen der Reform gerade des verfassungsmäßigen Beamtenrechts; sie ist keineswegs nur eine Frage des subjektiven Rechtsbereichs des Beamten.

Bei dem eigentlichen Problem des Vorbehalts der Ämter für Beamte herrscht noch starke Unklarheit über das Wesentliche. Es überschneiden sich die Fragen nach dem Wesen des Amts [119]), nach dem Unterschied hoheitlicher und nichthoheitlicher Verwaltung [120]), nach dem entscheidenden Kennzeichen der Beamteneigenschaft und der Möglichkeit der Amtsausübung auch durch Angestellte [121]) und nach der Einschätzung des historisch Gewordenen [122]). Es ist unmöglich, alle diese Fragen heute zu erörtern. Nur einige grundsätzliche Hinweise sollen die Lage beleuchten.

Einigkeit herrscht darüber, daß staatliche Einrichtungen, die ausschließlich dem Privatrecht unterstehen, keine Ämter sind, daß infolgedessen der Vorbehalt der Ämter für Beamte hier überhaupt nicht in Frage kommen kann. Ebenso dürfte man sich allgemein darüber klar sein, daß die Eigenart des modernen Staates, insbesondere sein Verhältnis zur Wirtschaft, Institutionen gemischten Charakters mit sich bringt [123]), deren Träger neben-

---

anstellung in einer ständigen Stelle zu verlangen, die von mindestens gleicher Art und Besoldung wie die frühere Beamtenstelle ist; in der Zwischenzeit eingetretene Beförderungsmöglichkeiten sind dabei zu berücksichtigen.«

[119]) Vgl. etwa Meyer-Anschütz, Lehrb. d. Deutschen Staatsr., 7. Aufl., S. 575, 382, besonders Anm. a.

[120]) Giese, Berufsbeamtentum, S. 21 f.; der Streit um die Rechtsprechung des Reichsgerichts zu § 1 des Preuß. Komm.- Beamtenges. (vgl. Anm. 121).

[121]) Vgl. die verschied. Rechtsprechung des Reichs- und des preußischen Oberverwaltungsgerichts und ihre kritische Behandlung, besonders durch Köttgen, Grundsätzliches zum Recht der Beamtenanstellung, Z. f. Selbstverw., 1929, S. 25 ff., Zur Frage des Erwerbs der Beamteneigenschaft, ArchöR. N. F. 18, S. 225 ff.; von Basse, Grundfragen des Beamtenrechts, 1931; Lassar, Hoheitsfunktion und Dienstverhältnis preuß. Kommunalangestellter, 1931. — Die zugrunde liegende Streitfrage ist neuerdings durch die preußische Notverordnung vom Sept. 1931 gesetzgeberisch zu erledigen versucht worden. — Beachtlich auch die Begründung zum Entwurf eines Beamtengesetzes des Allgemeinen Deutschen Beamtenbundes, S. 76.

[122]) Entwurf e. Beamtges. des Allg. Deutsch. Beamtenbd., Begründung S. 76: »Jedoch kann die geschichtliche Entwicklung nicht aus rein theoretischen Erwägungen jäh abgeschnitten werden.« Dem ist zu erwidern, daß auch dieser geschichtlichen Entwicklung theoretische Erwägungen zugrunde liegen und daß es gerade darauf ankommt, mit diesen jäh zu brechen!

[123]) Es scheint mir zu weit zu gehen, wenn Köttgen in seinem Referate über das Verwaltungsrecht der öffentlichen Anstalt, Veröff. d. Ver.

einander Beamte und Arbeitnehmer sind. Schließlich begegnet der Gedanke keinem großen Widerstande, daß auch innerhalb der reinen Ämter gewisse Wirkungskreise bestehen, in denen nur Hilfstätigkeit nichtamtlicher Art für die eigentlichen Amtsträger geleistet wird, die den Beamten vorzubehalten sinnlos wäre [124]). Indessen ist allenthalben die Grenzziehung im höchsten Maße streitig: ebenso zwischen Amt und fiskalischem Betrieb wie zwischen den zwei Wirkungsbereichen der staatlichen Einrichtungen gemischten Charakters, wie zwischen der eigentlichen Amts- und der bloßen Hilfstätigkeit in den Ämtern. Angesichts des Hin und Her der Meinungen und Vorschläge besteht die Frage: läßt sich ein grundsätzlicher Maßstab finden, an dem sich die Beurteilung der zahlreichen Einzelfälle gesetzespolitisch einigermaßen ausrichten kann? Ich halte das für ebenso nötig wie möglich [125]). Keineswegs darf man natürlich den Maßstab der Sparsamkeit anwenden, der offensichtlich heute nur zu häufig den Reichssparkommissar bei seinen Urteilen maßgebend bestimmt hat. Ausschlaggebend dafür, daß eine für den Staat oder eine öffentliche Körperschaft oder Anstalt zu leistende Tätigkeit als Amtstätigkeit anzusprechen und demzufolge die zu ihrer Ausübung bestimmte Person gerade als Beamter zu berufen ist, hat die Feststellung zu sein, daß diese Tätigkeit unter Berücksichtigung der gesamten Verhältnisse, in die sie sich einzuordnen hat, sinnvoll nur als Wahrnehmung staatlicher Funktion gedacht werden kann [126]). Das Wesen der sozialen Funktion aber ist

---

d. dtsch. Staatsrechtslehrer, Bd. 6, 1929, S. 138, als Träger der öffentlichen Anstalten nur Beamte zulassen will, andererseits sich gegen jedwede Verwendung von Beamten in erwerbswirtschaftlichen Unternehmungen auch aus öffentlicher Initiative ausspricht. Die Grenze zwischen den öffentlichen Anstalten mit reiner Amtsverfassung und dem der öffentlichen Finanzwirtschaft dienenden erwerbswirtschaftlichen Unternehmungen ist, wie das Referat von Richter in demselben Heft S. 69 ff. anschaulich gezeigt hat, heute doch sehr flüssig und wird, was ich in meinem Berichte darüber (Arch öR. N. F. 17, S. 253 ff.) zu begründen versucht habe, aus tief in den gegenwärtigen Verfassungszuständen wurzelnden Gründen auch auf absehbare Zeit praktisch nicht scharf gezogen werden können, woraus mit Notwendigkeit sich das Vorhandensein von Instituten gemischten Charakters ergibt.

[124]) Vgl. hierzu die grundsätzlichen Ausführungen von seiten des Deutschen Beamtenbundes durch Flügel und Lenz, Berufsbeamtentum und Besoldungsreform, kritische Anmerkungen zur Flugschrift Adam Stegerwalds, Berlin 1927.

[125]) A. M. Köttgen, ArchöR. N. F. 18, S. 233.

[126]) Diesen Standpunkt vertritt mit erfreulicher Deutlichkeit auch der Entwurf des Allg. Deutschen Beamtenbundes, Begründung S. 76 zu § 7 des Entwurfs. — Die Darstellung bei W. Jellinek, Verwaltungsrecht, 3. Aufl., S. 356 f. trifft für das geltende Recht wohl zu, berücksichtigt aber die weitverbreitete und auch vom RG. in seinen Entscheidungen zu § 1 des pr. Kommunalbeamtengesetzes geteilte Überzeugung nicht, daß die positive Rechtslage in vieler Hinsicht einfach sinnlos geworden ist. Denn das ist

Handeln innerhalb der Selbstverwirklichung eines Gemeinschaftsganzen und deswegen unter unmittelbarer Verantwortlichkeit für dieses Ganze. Als Ausübung staatlicher Funktion ist also anzunehmen jede Tätigkeit [127]), deren entscheidender Sinn die öffentliche Verantwortung ist. Daraus folgt, daß alle die Stellen des berufsmäßigen Dienstes für den Staat Beamten vorzubehalten sind, bei denen die in Frage stehende Tätigkeit in öffentlicher Verantwortung geleistet werden muß [128]), [129]), [130]). Nimmt man das zum Maßstabe, dann stützt man sich auf ein Moment, das auch von anderen Ausgangspunkten aus schlechthin als das Wesentliche für die Beurteilung des Beamtentums erkannt worden ist. Es ist gerade in neuester Zeit immer eindringlicher hervorgehoben worden, daß das Beamtenproblem im Kerne ein Gesinnungsproblem ist [131]). Wem diese besondere, als

---

sie doch, wenn die Feststellung zutrifft, daß die »Dienstherrenfähigkeit« öffentlicher Körperschaften sich nicht von selbst verstehe, sondern immer erst besonderer gesetzlicher Begründung bedürfe.

[127]) Smend, Verfassung und Verfassungsrecht, S. 96 ff.

[128]) Zu eng scheint mir die Auffassung Lassars zu sein, S. 23 ff., der z. B. in der preuß. Kreisverwaltung hoheitliche Anordnung nur dem Landrate und seinen gesetzmäßigen Stellvertretern zuerkennen will. Es braucht sich bei der vom Text gemeinten Tätigkeit unter öffentlicher Verantwortung gar nicht um unmittelbar nach außen getroffene Entscheidungen zu handeln. Es genügt völlig ein verantwortliches Handeln im Innenverhältnis einer Behörde, von dem mittelbar Wirkungen nach außen ausgehen, auf dessen zuverlässiges Funktionieren aber die Öffentlichkeit vertrauen soll.

[129]) Köttgen, Berufsbeamtentum, S. 149 ff., 272, 275; Hartung und Leisegang a. a. O.; Zweigert, S. 467; Gerber, ArchöR., N. F. 18, S. 59 ff., 83 ff.

[130]) Diese Einsicht bestimmt auch die Untersuchungen von Weisbart, Beamtenanstellung oder Dienstvertrag des bürgerlichen Rechts in Preußen, Verw.-Arch., 26, S. 387 ff. Sie gipfeln in der Feststellung (S. 389): »Das Bedürfnis nach geeigneter Verantwortlichkeit des Angestellten und nach gesteigertem Schutze seiner Tätigkeit ist die allein maßgebende Frage«. »Der wesentliche Unterschied zwischen den Diensten, die der Beamte und der Nichtbeamte leistet, liegt in seiner erhöhten Verantwortlichkeit im Disziplinar- und Strafrecht und in seinem erhöhten Schutze gegenüber Eingriffen der Zivil- und Strafrechtspflege«. (S. 430).

[131]) So übrigens deutlich schon L. v. Stein, Verwaltungslehre I_1 (2. Aufl.) S. 225: »In der That hat daher die staatsbürgerliche Gesellschaft erst das Amt geadelt, indem sie aus ihm einen sittlichen Beruf gemacht hat; sie hat das ethische Element in das Amt gelegt, und aus demselben sind nun alle diejenigen Folgen entstanden und zu einem förmlichen System von Rechten geworden, welche wir das Staatsdienerrecht nennen und das die ständische Ordnung nicht nur nicht kannte, sondern gar nicht kennen konnte.« — Vgl. auch die oben Anm. 87 angeführte Bemerkung von Rehberg. — Da es sich hier nur um die Abgrenzung zwischen Beamten und Arbeitnehmern handelt, kann die oft erörterte Frage, ob alle in öffentlicher Verantwortung zu leistende Tätigkeit nur Beamten zu übertragen ist, oder ob es auch eine andere Form des öffentlichen Dienstes noch gibt, dahingestellt bleiben. Vgl. wegen der Ehrenbeamten oben S. 10 Anm. 28. Der von Triepel herausgestellte Unterschied zwischen Staatsdienst und

öffentliche Verantwortlichkeit begrifflich zu erfassende Gesinnung für seine berufliche Beziehung zum Staat angesonnen werden muß und kann, der ist als Beamter an der institutionellen Organschaft zu beteiligen. Wo es auf solche Gesinnung nicht entscheidend ankommt, ist Raum für Privatangestellte.

Rein fiskalische Betriebe benötigen keine Beamten. Das auch bei ihnen obwaltende öffentliche Interesse hat das staatliche Organ zu vertreten, aus dessen Entschließung der Betrieb ins Leben gerufen ist, in dessen Willen sein Fortbestand ruht und unter dessen Aufsicht er wirkt.

Die Abgrenzung des fiskalischen Betriebs vom Amt läßt sich anschaulich etwa an der Postverwaltung klarmachen. Mit Recht sprechen wir von Postämtern; und folgerichtig hat das Reichspostfinanzgesetz trotz der neu eingerichteten eigenverantwortlichen Haushaltsverwaltung für das dem Betriebe der Post gewidmete Reichssondervermögen die Postverwaltung als Amtsinstitution in der herkömmlichen Weise bestehen lassen. Denn die Post verwaltet nicht nur einen dem Reiche monopolmäßig überlassenen Wirtschaftszweig als wirtschaftlichen Selbstwert, sondern sie dient dem öffentlichen Verkehr unter öffentlicher Verantwortung; wer sich der Post bedient, soll darauf vertrauen können, daß diese sich der öffentlichen Verantwortung stets bewußt ist. Deswegen schießen die vom Reichssparkommissar für die Post gemachten Entbeamtungsvorschläge, die eine Zahl von 43 000 Personen betreffen [132]), nicht nur weit über das Ziel hinaus, sondern gehen auch grundsätzlich in weitem Umfange fehl. Andererseits ist es zu begrüßen, daß der Entwurf der preußischen Staatsregierung über die Entbeamtung des gesamten Personals einschließlich der Leiter der Preußischen Staatsbank (Seehandlung) [133]), [134]) vom preußischen Landtag grundsätzlich abgelehnt wurde. Denn eine Staatsbank [134a]) ist keine

staatlich gebundenem Beruf kann unmittelbar zur Bekräftigung der hier vertretenen Meinung herangezogen werden. Denn Triepels Untersuchungen haben zu dem Ergebnis geführt, daß es sich bei den Personen, die dabei in Frage stehen, um solche handelt, die in ihrer Tätigkeit teils frei teils gebunden sind, gebunden aber in dem Sinne, daß sie, wie die Beamten, ihre Tätigkeit in einer dem Staate gegenüber bestehenden, also öffentlichen Verantwortlichkeit zu leisten haben (Festschrift f. Karl Binding, Bd. 2, 1911, S. 66).

[132]) Gutachten vom 1. Februar 1929.

[133]) Preuß. Landtag, III. Wahlperiode, 1. Tagung, 1928/29, Drucks. Nr. 2212.

[134]) Dagegen ist die Entbeamtung bei der Preuß. Zentralgenossenschaftskasse durch Gesetz vom 28. April 1928 Art. II restlos durchgeführt.

[134a]) Bemerkenswert ist jedoch, daß die Privatnotenbank für Württemberg (Württembergische Notenbank) auf Grund eines Gesetzes v. 24. 7. 71 als private Aktiengesellschaft errichtet ist, die in organisatorischer Hinsicht keinerlei besonderen Bestimmungen unterliegt. Ihre öffentlichrechtliche Bedeutung liegt nur in dem Notenausgaberecht, das auf Grund

der werbenden Anlage eines Stückes Staatsvermögen gewidmete privatkapitalistische Einrichtung, sondern eine staatskapitalistische Institution in dem Sinne, wie ich ihn anläßlich des Berichts über die letzte Staatsrechtslehrertagung klarzustellen versucht habe [135]). Ihr Zweck ist, wie es in der Satzung der Preußischen Staatsbank klar und deutlich steht, »die Interessen des preußischen Staates auf dem Kapital- und Geldmarkt wahrzunehmen«; die Interessen des Staates, nicht des Fiskus! Wenn nun gewiß darüber zu reden ist, ob ein solches Unternehmen etwa gemischten Charakter hat und deswegen in ihm auch für Angestellte Raum ist — ich lehne das wie bei der Reichsbank ab —, so ist unbestreitbar, daß die Leiter einer solchen Bank hervorragend öffentliche Verantwortung zu tragen haben und deswegen unmöglich, wie es § 8 des Entwurfs der Satzung vorsah, auf Privatvertrag angestellt werden können. Diese Bestimmung in Verbindung mit § 5 des Entwurfs des Gesetzes über die Staatsbank, wonach die Generaldirektion der Bank eine Behörde ist, und mit § 16 Abs. 3 und 4 des Entwurfs der Satzung, wonach der auf Privatvertrag angestellte Präsident vorgesetzte Dienstbehörde und Inhaber des Dienststrafrechts gegenüber dem im Beamtenverhältnis verbleibenden Personal während der Übergangszeit sein sollte, bedeutet eine Groteske, die von erstaunlicher Grundsatzlosigkeit zeugt. Angesichts ähnlicher mindestens mißverständlicher Regelungen der Rechtsstellung des Präsidiums der Reichsbank [136]) und der Generaldirektion der Reichsbahn [137])

besonderer gesetzlicher Ermächtigung verliehen ist, und in einer gesetzlich näher geregelten Gewinnbeteiligung des Landes. Sämtliche bei dieser Bank beteiligten Personen sind daher von jeher Privatangestellte. — Demgegenüber besteht die Tatsache, daß sowohl die Württembergische Landessparkasse wie der Württembergische Sparkassen- u. Giroverband als Körperschaften des öffentlichen Rechts begründet sind und demgemäß im wesentlichen durch Beamte (Ehren- und Berufsbeamte) geleitet und verwaltet werden. Vgl. hins. der Landessparkasse V. d. Min. d. I. betr eine neue Fassung der Grundbestimmungen der W. L.-Spk. v. 6. 4. 1920; hins. d. Sparkassen- und Giroverbandes § 92 der BezirksO. und Etzel, Körperschaftliche Verbände, insbes. die Bezirksverbände, WüZ. f. R. u. V. I S. 641 ff.

[135]) ArchöR., N. F. 17, S. 280 ff.

[136]) Reichsbankgesetz § 6 ff. Nach der Darstellung von Norden in Bitters Handwörterbuch der preuß. Verwaltung, 3. Aufl., Bd. 2, S. 406 ist wohl anzunehmen, daß er die Mitglieder des Direktoriums, da sie keine Beamten sind, als auf Privatvertrag angestellte Personen betrachtet. Aus den Darlegungen von Koch-Schacht, Die Reichsgesetzgebung über Münz- und Notenbankwesen, 7. Aufl., 1926 geht nur hervor, daß ausländische Vorbilder für die Ausgestaltung der Stellen des Reichsbankdirektoriums maßgebend waren, daß diese Personen nicht mehr zu den Beamten der Reichsbank gehören (S. 27—28), daß das Reichsbankdirektorium trotzdem auch fernerhin als Behörde, als Organ der Reichsgewalt anzusehen ist, wenn es auch eine Singularität bedeute, daß Träger eines solchen Organs keine Beamten seien. Indessen fehlt eine positive juristische Quali-

möchte ich ausdrücklich betonen, daß ich die Stellung dieser leitenden Persönlichkeiten als öffentliche persönliche Organstellung ansehe, deren Ausgestaltung sicher stark von dem Vorbilde des privaten Gesellschaftsrechts beeinflußt worden ist, indessen ebenso nach öffentlichem Rechte beurteilt werden muß wie die Stellung der Leiter der Träger der Sozialversicherung (unbeschadet dessen, daß diese nach geltendem Recht entweder Berufs- oder Ehrenbeamte [138]) sind). Die Unterhaltsregelung für die Bahn- und Bankdirektoren gehört, auch wenn sie jeweiliger Verständigung vorbehalten ist, dem öffentlichen Rechte an [138a]).

Diese Feststellung ist wichtig auch für die Beurteilung von Institutionen gemischten Charakters. Bei diesen muß mindestens die Leitung öffentlich-rechtlich ausgestaltet sein. Damit ist allerdings nicht gesagt, daß die Leiter Beamte sein müßten [139]), sie können ebenso wie bei der Reichspost, Reichsbahn und bei gewissen Versicherungsträgern wegen der ihnen obliegenden wirtschaftspolitischen Verantwortlichkeit persönliche Organstellung haben [140]). Keinesfalls jedoch wird man anerkennen dürfen, daß

---

fizierung auch hier; die Bemerkung S. 29, daß die Festsetzung der Bezüge des Direktoriums im Vertragswege erfolge, deutet in Verbindung mit dem früher Erwähnten ebenfalls auf eine privatrechtliche Auffassung.

[137]) Reichsbahngesetz § 18, Gesellschaftssatzung §§ 8, 17.

[138]) Ehrenbeamte: RVersO. § 21 für Krankenkassen, Berufsgenossenschaften und nichtbeamtete Vorstandsmitglieder der Versicherungsanstalten (§ 1346 RVersO.), AngestVersGes. §§ 99, 102 für die ehrenamtlichen Mitglieder des Direktoriums der Reichsversicherungsanstalt für Angestellte, A. u. AVersGes. §§ 12, 18 für die Beisitzer des Vorstands der Reichsanstalt für A. u. AVers. — Berufsbeamte: § 1343 RVersO. für die beamteten Vorstandsmitglieder der Versicherungsanstalten, §§ 99, 100, 101 AngestVersGes. für die beamteten Direktionsmitglieder der Reichsversicherungsanstalt, §§ 12, 34, 35 A. u. AVersGes. für die beamteten Vorstandsmitglieder der Reichsanstalt für A. u. AVers.

[138a]) Dies ist unzweifelhaft auch der Sinn des a. 34 der Grundbestimmungen für die Württbg. Landessparkasse (s. o. Anm. 134[a]). Diese erhalten die Regelung der »Dienst- und Besoldungsverhältnisse« der Direktoren einem besonderen Vertrag vor im Gegensatze zur Regelung der »Dienst- und Besoldungsverhältnisse« der Beamten der Sparkasse. Die Direktoren werden hier im Gegensatz zu den (Berufs-)Beamten der Sparkasse mit den Vorstehern, den Mitgliedern des Vorsteherrats und des Verwaltungsausschusses als »Leitung« bezeichnet. Sie nehmen insofern eine besondere Stellung ein, als sie berufsmäßig tätige persönliche, öffentliche Organpersonen sind, während die übrigen Mitglieder der Leitung nur ehrenamtlich tätig werden.

[139]) Entsprechend Eberhardt, Handkommentar z. Württ. Gemeindeordnung, 1930, S. 101, Anm. 2 zu Art. 102, Entwurf zu einem preuß. Selbstverwaltungsgesetz § 61 Abs. 1 f.

[140]) Das Schwergewicht der Tätigkeit der Leitung von Reichsbank und Reichsbahn ist wirtschaftspolitischer Art; deswegen hat es einen guten Sinn, ihre Stellung nach Art von persönlichen Organen auszugestalten. — Ebenso liegen die Verhältnisse bei den Krankenkassen und Berufsgenossenschaften und zum Teil bei den Versicherungsanstalten der Invalidenversicherung, der Reichsversicherungsanstalt für die Angestelltenver-

bei einem solchen Unternehmen diejenigen Personen, denen die Wahrung gerade des öffentlichen Interesses obliegt und die deswegen die öffentliche Verantwortung mitzutragen haben, im Privatverhältnis angestellt werden, wie das jetzt bei der Reichsanstalt für Arbeitsvermittlung vorkommen kann [141]). Zu völliger Verwirrung hat die Regelung der Rechtsstellung der sog. »Krankenkassenbeamten« geführt, die der Tendenz der Entbeamtung folgt, aber keineswegs einfach das Beamten- durch ein Anstellungsverhältnis ersetzt, sondern eine Sonderordnung geschaffen hat, für welche die Literatur bisher nur die negative Kennzeichnung gefunden hat: »keineswegs Beamte im staatsrechtlichen Sinne [142])«. Hier tut eine theoretische und gesetzgeberische Klärung dringend not [143])!

Daß innerhalb der reinen Ämter ein Unterschied zwischen eigentlichen Beamten und Hilfspersonen zu machen ist, entspricht altbewährter Auffassung [144]). Indessen dachte man,

---

sicherung und bei der Reichsanstalt für Arbeitsvermittlung und Arbeitslosenversicherung, die ehrenamtliche Beisitzer neben beamteten Präsidenten haben. RVersO. §§ 21, 1346; AngestVersGes. § 102; RGes. über Arbeitsvermittlung und Arbeitslosenversicherung § 18.

[141]) Nach § 35 A.- u. AVersGes. sind innerhalb der Reichsanstalt nur der Präsident und seine ständigen Stellvertreter sowie die Vorsitzenden der Landesarbeitsämter und ihre ständigen Stellvertreter notwendigerweise Beamte. Die Vorsitzenden der Arbeitsämter und ihre ständigen Stellvertreter sowie die Mitglieder der Hauptstelle, die nicht ständige Stellvertreter des Präsidenten sind, können nur die Rechte und Pflichten der Reichsbeamten erhalten unter einer Begrenzung, die der Haushaltsplan der Reichsanstalt festsetzt. So ist es möglich, daß wesentliche örtliche Mitleiter der Geschäfte der Reichsanstalt und dem höheren Verwaltungsdienst entnommene Mitarbeiter an der Zentrale und bei den Landesarbeitsämtern und Arbeitsämtern auf Privatvertrag angestellt sind, trotz der hervorragend öffentlichen Bedeutung ihrer Wirksamkeit.

[142]) Schulz, H., Die Deutsche Sozialversicherung, 3. Aufl., 1929, S. 55; Reichsversicherungsordnung, mit Anmerkungen hrsg. von Mitgliedern des Reichsversicherungsamtes, Bd. II, 2. Aufl., 1929, S. 120 ff., Bemerkungen zu §§ 349 ff. Entwicklungsgeschichtliche Ausführungen bei Stier-Somlo, Kommentar zur Reichsversicherungsordnung, Bd. 1, 1915, S. 710 ff., 715 ff. — Ähnlich liegen die Verhältnisse bei den Berufsgenossenschaften und der Knappschaft (vgl. § 690 RVersO.).

[143]) Nach § 1348 RVersO. sind bei den Versicherungsanstalten auch die im Hauptamt beschäftigten Büro-, Kanzlei- und sonstigen Hilfskräfte Beamte. Die Reichsversicherungsanstalt beschäftigt nebeneinander Beamte und Angestellte, § 103 AngestVersGes. Ebenso hat die Reichsanstalt für A. u. AVers. neben Beamten auch Angestellte und Arbeiter in ihren sämtlichen Dienststellen, §§ 34 ff. A.- u. AVersGes. Die Berufsgenossenschaften dagegen kennen nur Angestellte, §§ 690 ff. RVersO.

[144]) Vgl. Seuffert S. 8, der als Beamte nicht anerkannt haben will »Bürger des Staats, welche dem Vaterlande bloß körperliche oder doch mehr körperliche als geistige Dienste leisten«. Rehberg S. 78 spricht davon, daß untergeordnete Arbeit für die öffentlichen Angelegenheiten auch für Bezahlung zu haben sei. Bei Gönner, Staatsdienst, tritt der Unterschied insofern in die Erscheinung, als er gemeine und tech-

wie sich am preußischen Rechte bis 1810, vor allem aber am württembergischen Beamtenrechte[144a]) nachweisen läßt, bei diesen

nische Dienste unterscheidet (S. 28), denjenigen, der gemeine Dienste leistet, im Hinblick auf die Entschädigung gänzlich anders behandelt als den technischen Bediensteten. Diesem muß nach seiner Meinung »die Rente eines besonderen Industriekapitals« in der Besoldung ersetzt, die Möglichkeit gesichert werden, im Staatsdienste »einen besonderen Nahrungsstand zu finden«; die gemeinen Dienste dagegen brauchten nur einen geringen Arbeitslohn zur Folge zu haben (S. 107, 116 ff.). Zachariae, Vierzig Bücher, Bd. 4, II, S. 314 scheidet die Dienste und Arbeiten, die ein Privatmann für den anderen verrichten kann, wenn sie zum Besten des Staats verrichtet werden, von den eigentlichen Staatsdiensten als Privatdienste ab, obgleich sie eine gewisse Verwandtschaft mit ihnen hätten und ihnen von den Gesetzen nicht selten in einzelnen Beziehungen gleichgestellt würden. Von Seybold, S. 27, 32, 43, rechnet das Kanzlei- und Registraturpersonal, obwohl er es nicht mißachtet haben will und seine Unentbehrlichkeit betont, zu den Amtsattributen im Gegensatze zu den eigentlichen Beamten als dem persönlichen Momente, Organ und Repräsentanten des Amts. Auch Heffter, A. W., Beiträge zum Deutschen Staats- und Fürstenrecht, II, Über die Rechtsverhältnisse der Staatsdiener, S. 113 ff., 155, will einen Unterschied zwischen eigentlichen Staatsbeamten und untergeordneten Staatsdienern gewahrt wissen. — Vgl. ferner die bayr. Hauptlandespragmatik XXIV § 21: »auf Taglohn gedungene Subjekte«. Ebenso nahm das württbg. Gesetz über die Verhältnisse der Zivilstaatsdiener vom 21. 7. 1821 eine ganze Reihe von Personen im Dienste des Staates von den »Staatsdienern« im Sinne der Verfassungsurkunde ausdrücklich aus (§ 4). Das pr. Allgemeine Landrecht kannte einen solchen Unterschied zwar nicht, aber wie Weisbart (Verw.-Arch. 36, S. 387 ff.) nachgewiesen hat, hat er sich in der Praxis von 1810 ab herausgebildet, und zwar so nachdrücklich, daß schließlich der Grundsatz: »Alle Tätigkeit für den Staat ist Staatsdienst, und wer sie ausübt, Beamter« sich in sein Gegenteil verkehren konnte: »Nur derjenige, der ausdrücklich als Beamter zu Diensten für den Staat berufen ist, hat die Stellung als Beamter.«

[144a]) Die württ. Verfassungsurkunde von 1819 enthielt in den §§ 43ff. eine Reihe von Grundsätzen über das Recht der Staatsdiener. Das nach Verabschiedung der Verfassung 1821 ergangene erste Beamtengesetz machte jedoch sogleich einen wesentlichen Unterschied zwischen (§ 3) »Staatsdienern in dem Sinne und nach den Bestimmungen der §§ 46—50 der Verfassungsurkunde« und (§ 4) solchen Staatsbediensteten, die »als Staatsdiener in dem zuvor erwähnten Sinne der Verfassungsurkunde nicht zu betrachten sind«. Indessen ergeben die Ständeverhandlungen, daß es bei diesem Unterschiede nur um die Regelung der Frage gehen sollte, ob es im Sinne der Verfassung läge, daß alle Beamten auf Lebenszeit und mit Pensionsberechtigung anzustellen seien, oder ob es auch Klassen von Beamten gäbe, bei denen eine Entlassung auf Kündigung und ein Versagen der Altersversorgung gerechtfertigt sei. Man entschied sich für das Zweite (Vgl. Verhandlungen in der Kammer der Abgeordneten 1821, H. 18. S. 1558 ff.). Unter die Klasse der kündbaren und unversorgten Beamten wurden nach § 4 des Beamtengesetzes neben den Steuereinbringern auch z. B. Kameralkastenknechte, Waldschützen, Hausverwalter, Diener und Aufwärter bei den Kanzleien und Ämtern, Polizeibediente, Gefangenenwärter, Nachtwächter, sowie die Unteraufseher bei den verschiedenen Gewerben des Staates und die »Werkmeister, Fabrikanten und Arbeiter« gerechnet. Darnach verblieb also gar keine Möglichkeit mehr zu Anstellungen auf Privatvertrag. Das spätere Beamtengesetz vom 28. 6. 1876 hat

Unterschieden vorerst nicht an den heute herausgestellten Gegensatz »öffentlich-rechtlich angestellte Beamte« und »privatrechtlich angestellte sonstige Bedienstete«, vielmehr nur an die »Inamovibilität« und Pensionsberechtigung einerseits, die Kündbarkeit andererseits. Erst später ist man dazu übergegangen, für Verwaltungszwecke neben lebenslänglich und pensionsberechtigt Angestellten oder in einem, aus dienstlichen Gründen kündbaren Beamtenverhältnis Verwendeten auch sog. Kontraktdiener, also Arbeitnehmer einzustellen. Indessen ist zu beachten, daß dieser Grundsatz in der letzten Zeit monarchischer Staatszustände[145]), ganz besonders aber in den ersten Jahren der Republik insofern wieder verlassen worden ist, als man aus politischen und sozialpolitischen Rücksichten Tausende von Arbeitnehmern in das Beamtenverhältnis übergeführt hat[145a]). Es läßt sich also etwa

grundsätzlich darin nichts geändert, nur die Gruppen der auf Lebenszeit angestellten und der kündbaren Beamten anders abgegrenzt; im Art. 118 hat es allerdings der Neigung zur Verbeamtung insofern nachgegeben, als es den Personenkreis der nichtangestellten (unständigen) Beamten wesentlich erweiterte. Es wurden die Bestimmungen über Ordnungsstrafen und die allgemeinen Bestimmungen des Beamtengesetzes sinngemäß auch auf solche Personen für anwendbar erklärt, welche »ohne Anstellung im Staats- oder öffentlichen Schuldienste beschäftigt oder als verpflichtete persönliche Gehilfen eines Beamten für Zwecke des Staatsdienstes verwendet« werden. Man dachte hierbei (vgl. Streich, Das Württ. Beamtengesetz vom 28. 6. 1876 S. 139 Anm.) an Hilfsbeamte der Oberamtsgerichte und Oberämter oder an Amtsverweser, Aspiranten, Privatgehilfen eines Beamten, die für den öffentlichen Dienst verpflichtet sind, Revisionsassistenten, Notariatsassistenten) an Kirchen-, Schul- und Korporationsdiener mit staatlichen Nebenfunktionen, schließlich an Privatpersonen, welche bleibend oder vorübergehend staatliche Funktionen haben (Dolmetscher, Gerichtszeugen Schöffen usw.). Für alle diese Personen wurde der Ausdruck »Funktionäre geprägt, in richtiger Erkenntnis, daß die Ausdehnung des Beamtenrechts auf sie aus der Wahrnehmung staatlicher Funktionen durch sie gerechtfertigt sei. Wenn das heute geltende Beamtengesetz vom 21. 1. 1929 ständige (lebenslänglich oder auf Kündigung angestellte) Beamte und unständige unterscheidet und unter den zuletzt Genannten »Personen« versteht, »die im Staatsdienst als Beamte ohne Ernennung auf eine ständige Stelle dauernd oder vorübergehend beschäftigt werden«, sowie »die persönlichen Gehilfen eines Beamten, wenn sie auf Grund allgemeiner oder einzelner Anordnungen für den Staatsdienst verpflichtet worden sind und für den Staat Dienste leisten«, so sollte wiederum damit keine Neuerung geschaffen, sondern nur die bisherige Regelung klarer zum Ausdruck gebracht werden. (Vgl. Begründung zum Entwurf des Beamtengesetzes, Drucksachen des 3. Ordentl. Württ. Landtags, Beil. 57, S. 102.) Aus den beamtenrechtlichen Bestimmungen ergibt sich also für Württemberg keine Handhabe für Einstellung von Personen auf Zivilvertrag in den Ämtern. Es gibt nun allerdings solche Angestellten tatsächlich. Nur kann festgestellt werden, daß die württ. Regierung im Gegensatz zu anderen Landesregierungen sehr zurückhaltend verfahren ist und daß aus grundsätzlichen Erwägungen kaum einer der hier in Betracht kommenden Fälle zu beanstanden ist.

[145]) Vgl. etwa die Darstellung bei Laband, S. 436.

[145a]) Vgl. Lassar, Reichseigene Verwaltung unter der Weimarer

sagen: Das Beamtenrecht ging von dem Grundsatze aus, alle Staatsbediensteten sind ohne weiteres Beamte, es modifizierte diesen jedoch bald dahin, daß zwischen eigentlichen und Hilfsbeamten unterschieden wurde. Später bildete sich in der Praxis unter Berücksichtigung der fortschreitenden Technisierung des Bürobetriebs neben dem Beamternecht ein besonderes Staatsangestelltenrecht heraus, dessen Bedeutung immer mehr zunahm, — bis aus politischen und sozialpolitischen Gründen ein neuer Zug zur allgemeinen Verbeamtung sich durchsetzte, der zu einer starken Aufblähung des Beamtentums führte. Heute herrscht weitgehende Übereinstimmung darüber, daß diese Aufblähung des Beamtentums gerade in dessen Interesse schleunigst und nachdrücklichst wieder beseitigt werden muß[146]). Starkem Widerstande aus Beamtenkreisen begegnet dagegen der wiederholt gemachte Vorschlag, die Beamtenstellen unter strengster Ausdeutung des Amts- und Beamtenbegriffes zahlenmäßig stark zu beschränken[147]), wofür auch ich mich ausgesprochen habe. Ich verhehle mir allerdings die Schwierigkeiten der Abgrenzung nicht und glaube auch, daß mit normativen Regelungen allein das erwünschte Ziel nicht erreicht werden kann. Zweckmäßig erscheint es mir, nach württembergischem Vorbild die mit lebenslänglich angestellten Beamten zu besetzenden Planstellen enumerativ festzulegen, bei den übrigen Stellen Bewegungsfreiheit zu geben, ob das Dienstverhältnis als beamtenrechtliche Anstellung auf Kündigung oder als Privatdienstverhältnis auszugestalten ist. Als Richtlinie könnte aufgestellt werden, daß ein Privatdienstverhältnis unzulässig dort ist, wo dem Einzustellenden in irgendeiner Weise selbständig oder nur hilfsweise Entscheidungsmacht eingeräumt ist, die Folgen auszulösen vermag, für welche nach dem allgemeinen Urteil eine öffentliche Verantwortung besteht[148]). Weder

---

Verfassung, Jahrb. d. ö. R., 1926, S. 177. Er berichtet allein von 75 000 Fällen bei der Reichsbahn im Jahre 1920.

[146]) Gutachten des Reichssparkommissars über die Deutsche Reichspost vom 1. 2. 1929 unter II, 1; Nawiasky, Berufsbeamtentum, S. 14; Köttgen, Berufsbeamtentum, S. 148 ff.; Gerber, ArchöR., N. F. 18, S. 72.

[147]) Stegerwald berechnet die Zahl der umzuwandelnden Stellen auf 150—200 000 (Zur Reform der Beamtenbesoldung, 1927). Hiergegen Flügel u. Lenz, Berufsbeamtentum und Besoldungsreform, 1927. Vgl. auch Köttgen, Berufsbeamtentum, S. 147, 149; Gerber, ArchöR., N. F. 18, S. 72 ff. — Gutachten des Reichssparkommissars über die Landesverwaltung Württembergs, 1930, I. Hptbd., S. 8.

[148]) Von Interesse ist in diesem Zusammenhange der Versuch des Reichsgerichts, über die Auslegung der Bestimmungen für die Staatshaftung an Stelle des Beamten zu einer Herausarbeitung des Wesentlichen am Amtsverhältnis zu kommen. Wenn auch die grundsätzliche Abstellung auf die Ausstattung einer Person mit obrigkeitlicher Gewalt zur Beurteilung nicht ausreicht, weil dieser Begriff eben selber problematisch ist, so ist die Richtung, in der sich die Entscheidungen des RG. bewegen, zu billigen. Vgl. die Zusammenstellung in der Tüb. Dissertation von

also erscheint mir der Unterschied zwischen hoheitlichen und nichthoheitlichen Diensthandlungen eine taugliche Grundlage abzugeben noch der einfache Sachgehalt der dienstlichen Aufgabe. Auf Privatvertrag angestellte, als Richter beschäftigte Gerichtsassessoren [149]), privatrechtlich verpflichtete Regierungsräte und wissenschaftliche Hilfsarbeiter [150]) in den Ministerien und bei obersten Dienststellen sind ebenso widersinnige Einrichtungen wie als Beamte, womöglich auf Lebenszeit angestellte Kesselheizer für die Zentralheizung eines Dienstgebäudes, Kraftwagenfahrer für einen städtischen Fuhrpark, Maschinenschreiber für eine beliebige Behörde. Auf dem Wege gegenseitiger Verständigung zwischen den Anstellungsbehörden und den Beamtenvereinigungen sollte sich die Lösung im einzelnen finden lassen. Gewisse neue Gesetze und Entwürfe haben Abgrenzungen versucht. So fordert die thüringische Gemeinde- und Kreisordnung (§ 71 II): »Stellen, für die ein dauerndes Bedürfnis [151]) vorliegt und die eine volle Arbeitskraft erfordern, sind mit hauptamtlich angestellten Beamten zu besetzen.« In der neuen württembergischen Gemeindeordnung sind einzelne wichtige Stellen als Beamtenstellen bezeichnet, im übrigen ist bestimmt, daß insbesondere solche Personen, die obrigkeitliche Befugnisse, wie z. B. die Ortspolizei, auszuüben haben, als Beamte zu bestellen sind, es sei denn, daß sie nur vorübergehend oder aushilfsweise dazu verwendet werden. Der Entwurf eines preußischen Selbstverwaltungsgesetzes zählt die in der gemeindlichen Verwaltung von Beamten wahrzunehmenden Obliegenheiten ausdrücklich auf [152]). Die von diesen Gesetzen herausgestellten Kriterien kann ich aber ebensowenig als ausreichend ansehen wie das Mittel abschließender Aufzählung. Dagegen finde ich den von mir vertretenen Gedanken anklingen in Ausführungen des Staats-

---

Goebels, Die Amtshaftung unter besonderer Berücksichtigung der Rechtsprechung des Reichsgerichts. 1931.

[149]) Vgl. L. Richter, Die Organisationsgewalt, 1926, S. 11.

[150]) Anläßlich der jüngst erfolgten Pressepolemik zum Ausscheiden des Ministerialdirektors Dr. Spiecker vom Reichsinnenministerium ist bekannt geworden, daß sogar der Posten eines ordentlichen Ministerialreferenten auf Privatdienstvertrag besetzt war. (Mitteilung der Tübinger Chronik v. 6. 11. 31 »Groeners zwei Ressorts«).

[151]) Das pr. Komm.-Beamt.-Ges. v. 30. 7. 99 berücksichtigt besonders »zu vorübergehenden Dienstleistungen angestellte Kommunalbeamte« § 2, und »Beamte der städtischen Betriebsverwaltungen«, § 8.

[152]) Nach dem Entwurf des Allg. Deutsch. Beamtenbundes § 7 Ziff. 3 soll eine vorübergehende Verwendung nichtbeamteter Arbeitnehmer zur Versehung von Ämtern durch Verordnung der fachlich zuständigen obersten Reichsbehörde usw. zugelassen werden können bei unvorhergesehenem Verwaltungsbedürfnis, zur Stellvertretung beurlaubter Beamter, zu Ausbildungszwecken und zur Erledigung außergewöhnlicher wissenschaftlicher, technischer oder künstlerischer Aufgaben.

sekretärs Dr. Sautter, denen sich auch der Reichssparkommissar angeschlossen hat: »Die deutsche Reichspost steht auf dem Standpunkte, daß für alle diejenigen Geschäfte, zu deren richtiger Ausführung eine fachliche Ausbildung und eine Stetigkeit der Ausführungsorgane nötig sind oder die eine besondere Verantwortung in sich schließen und eine unbedingte Zuverlässigkeit erfordern, Berufsbeamte nötig seien[153]).«

Unter solchen Einschränkungen ist der Grundsatz des Vorbehalts der Ämter für Beamte als wichtiger Gehalt der institutionellen Garantie des Beamtentums nach geltendem Reichs- und Landesrecht anzuerkennen. Seine volle Bedeutung ergibt sich aber erst, wenn noch eine Verwahrung gegen eine im letzten Jahrzehnt unter Berufung auf das parlamentarische System eingebürgerte Praxis eingelegt wird. Es war bisher eine unumstößliche Grundlage des Beamtenrechts, daß unerläßliche Voraussetzung der Verwaltung einer Amtsstelle fachliche Tüchtigkeit, erlangt durch planmäßige Ausbildung und Vorbereitung, ausgewiesen durch staatliche Prüfungen sei[154]). Auch die neuesten Beamtengesetze und Entwürfe halten erfreulicherweise daran unerschütterlich fest[155]). Dagegen ist der Grundsatz vor allem in der preußischen Praxis vielfach durchbrochen worden. Dies geschah zunächst durch Einstellung von nicht vorgebildeten Elementen, die sich als zuverlässige Anhänger der jeweils herrschenden politischen Gruppen ausgewiesen hatten, sei es auf Privatdienstvertrag, sei es sogar als planmäßige Beamte; besonders aber durch eine starke Vermehrung der Zahl der Stellen der sogenannten politischen Beamten[156]),[157]). Alle diese Maß-

[153]) Arch. f. Post u. Telegraphie, Nr. 2, 1928, angeführt im Gutachten des Reichssparkommissars über die deutsche Reichspost vom 1. 2. 1929 unter II, 1.

[154]) Die rationale Begründung hierfür hat Max Weber gegeben in Wirtschaft und Gesellschaft, 2. Aufl., S. 128 ff.

[155]) Thüringisches Staatsbeamtengesetz § 4, Entwurf eines Beamtengesetzes des Allg. Deutschen Beamtenbundes § 11 Abs. 1.

[156]) Allg. Grundlage für Reichs- und Landesrecht hierfür Reichsgesetz über die Pflichten der Beamten zum Schutze der Republik vom 21. 7. 22 Art. III; Ausführung für das Reich Art. IV, für Preußen Verordnungen vom 26. 2. 19, 31. 12. 22.

[157]) Ein besonders krasses Beispiel bietet auch das thüringische Staatsbeamtengesetz vom 14. 3. 1923, das in seiner ursprünglichen Fassung vorsah, daß alle nichtrichterlichen Beamten von der VII. Besoldungsgruppe an aufwärts, »wenn die Rücksicht auf den öffentlichen Dienst es erfordert«, in den Wartestand versetzt werden konnten, das also eine Unzahl von Beamten zu politischen machte. — Die Möglichkeit jederzeitiger Versetzung in den Wartestand ist aus wirtschaftlichen Gründen vorgesehen auch bei der Reichsbahn. Vgl. Reichsbahngesetz vom 30. 8. 24, 13. 3. 30 § 24, Reichsbahnpersonalgesetz vom 30. 8. 24 § 21, ausführlich erläutert bei Roser, Reichsbahnbeamtenrecht, 5. Aufl., 1931, S. 153 ff. Besonders beachtlich sind hier aber die besonderen Gewährleistungen gegen einen Mißbrauch dieser Bestimmungen. — Ohne diese Sicherungen versucht

nahmen müssen nicht nur als zweckwidrig, sondern sogar als im Widerspruch mit den geltenden verfassungsmäßigen Grundsätzen über die Ämterverfassung und das Beamtentum stehend angesprochen werden. Abgesehen von den bereits erörterten Gründen, die eine Einstellung auf Privatvertrag zur Wahrnehmung von Amtstätigkeit verbieten, bedeutet ein solches Verfahren den Einlaß der Politik gerade dort, wo die institutionelle Garantie des Beamtentums eine Trennung von politischem und rechtlichem Funktionskreise herbeiführen und gerade dadurch die Gewähr auch des Parlamentarismus bilden soll. Das letzte Sinnprinzip unserer gegenwärtigen Verfassung wird damit, in seinem eigenen Namen, unwirksam gemacht. Die gerügte Praxis zeugt ferner von einem Mißverständnis der Einrichtung der politischen Beamten [158]). Diese kann doch nur den Sinn haben, daß Beamte in einer über das gewöhnliche Maß hinausgehenden Weise an den politischen Funktionen der Regierung beteiligt werden, nicht aber, daß man auf Umwegen der Sache nach eine Beamtenstelle in die Stelle eines politischen persönlichen Organs umwandelt unter Beibehalt einer völlig unangemessenen Form[159]). Über die auf solchem Wege betriebene Ämterpatronage und ihre Unverträglichkeit mit dem deutschen Amtssystem und der Einrichtung des Berufsbeamtentums ist sich die Mehrzahl der Urteile einig. Dagegen herrscht Meinungsverschiedenheit über die Rechtsstellung der leitenden Kommunalbeamten. Daß diese unter den neuen Verfassungsverhältnissen nicht in die Sphäre der politischen Beamten hineinwachsen, wie Hensel meint [160]), ist Köttgen zuzugeben [161]). Daß ihre Stellung aber überhaupt keine beamtenrechtliche Deutung zuließe, wie dieser will, ist ebenfalls irrig. Die Leiter der Kommunen haben den Selbstverwaltungskörper nicht nur zu regieren, sondern auch zu verwalten. Die von Köttgen gebrauchte Bezeichnung »selbständige

---

eine solche Regelung zu verallgemeinern der Entwurf des Deutschen Beamtenbundes. Er enthält in § 337 Ziff. 2 die bedenkliche Bestimmung, daß eine Versetzung in den Wartestand auch dann zulässig sein soll, wenn die von einem Beamten bekleidete Amtsstelle infolge Veränderung der im Haushaltsplan vorgesehenen Amtsstellenzahl wegfällt.

[158]) Vgl. hierüber Gerber, ArchöR., N. F. 18, S. 56 f.; Köttgen, Berufsbeamtentum, S. 152 ff.

[159]) Auf diese politischen Beamten parteipolitischer Herkunft hat schon Köttgen besonders aufmerksam gemacht. — Es ist noch hinzuzufügen, daß der gerügte Mißstand für Preußen noch durch die Verordnung vom 18. 2. 19 befördert worden ist, durch welche das durch § 74 Abs. 3 ö. KrO. bestimmte Erfordernis einer fachlichen Vorbildung des Landrats beseitigt wurde.

[160]) Hensel, Albert, Kommunalrecht und Kommunalpolitik in Deutschland, 1928, S. 35.

[161]) Köttgen, Handb. d. Deutsch. Staatsrechts, § 69, Bd. 2, S. 93 Anm. 12.

Organe in beamtenrechtlicher Stellung[162], [163])« ist deswegen annehmbar, wenn auch nicht ganz zutreffend. Es handelt sich um eine Funktionshäufung wie bei den parlamentarischen Ministern, nicht um eine unbedachte oder aus technischen Rücksichten beibehaltene Rückständigkeit[164]). Deswegen möchte ich auch hier den Grundsatz des Vorbehalts der Ämter für das Beamtentum gewahrt wissen. Die bedeutenden Mißerfolge mit einer entgegengesetzten Praxis in der Nachkriegszeit und der spürbare und von leitender Stelle mir bestätigte Umschwung[165]) in dem von mir vertretenen Sinne in der Gegenwart sind mir Belege der Richtigkeit meiner Auffassung. Eine durchgreifende Politisierung dieser Stellen erscheint auch um so weniger nötig, als alle diese Organpersonen bei ihrer Tätigkeit in weitem Maße an die Mitwirkung rein politischer Organe gebunden sind und auch unter entscheidendem Einflusse solcher Organe durch Wahl oder Vorschlag ins Amt berufen werden.

Im Gegensatze hierzu ist der Bruch mit dem Grundsatze des Vorbehalts der Ämter für Beamte hinsichtlich der Ministerstellen eine unmittelbare und notwendige Folge des parlamentarischen Systems. Darüber ist zur Genüge wissenschaftlich gehandelt worden[166]), so daß sich heute weitere Erörterungen

---

[162]) Überschrift zu § 69, Abschn. I S. 91.

[163]) Die Gemeinde- und Kreisordnung für Thüringen unterscheidet ganz zutreffend Bürgermeister und Beigeordnete als verfassungsmäßige Organe der Gemeinde (§ 24) von den Gemeindebeamten (§ 72), nennt sie aber andererseits »Gemeindebeamte kraft Gesetzes«, auf die die für die sonstigen Gemeindebeamten geltenden Vorschriften Anwendung finden, soweit nichts anderes gesetzlich bestimmt ist. Ebenso gliedert die neue württ. Gemeindeordnung: I. Gemeinderat, II. Ortsvorsteher, III. Sonstige (!) Gemeindebeamte und faßt alle drei im 5. Abschnitt »Rechtsverhältnisse der Gemeinderatsmitglieder und der Gemeindebeamten« vielfach wieder unter gemeinsamen beamtenrechtlichen Bestimmungen zusammen.

[164]) Köttgen, Handb. d. Deutschen Staatsrechts, Bd. 2, S. 91/92.

[165]) Beachtlich erscheint mir in diesem Zusammenhange § 108 Abs. 6 des Entwurfs eines preußischen Selbstverwaltungsgesetzes. Während bisher das Erfordernis einer bestimmten Berufsvorbildung für die Leiter der Stadtverwaltungen (mit einigen Ausnahmen, vgl. Stier-Somlo, Handbuch des kommunalen Verfassungsrechts in Preußen, 2. Aufl., Bd. 1, S. 317) allgemein nicht galt, sondern nur § 37 LVG. bestimmte, daß in Städten, die Stadtkreise bilden, der Vorsitzende oder ein Mitglied des Stadtausschusses zum Richteramt oder höheren Verwaltungsdienst befähigt sein muß, sieht der Entwurf vor, daß künftig in Städten mit mehr als 10 000 Einwohnern ein berufsmäßiger Stadtrat diese Befähigung haben muß, wenn sie der Bürgermeister nicht besitzt.

[166]) Vgl. die ausführliche Darstellung bei Köttgen, Berufsbeamtentum, S. 38 ff., 50 ff., 97 ff., ferner Thoma, Die rechtliche Ordnung des parlamentarischen Regierungssystems; Pötzsch-Heffter, Organisation und Geschäftsformen der Reichsregierung; Marschall von Bieberstein, Die Verantwortlichkeit der Reichsminister; Köllreutter, Die Staatsministerien und die Regierungssysteme in den Ländern mit Ministerialverfassung (Handb. d. Deutsch. Staatsrechts, Bd. 1, S. 503 ff., 511 ff., 520 ff., 667 ff.).

erübrigen. Es muß nur angemerkt werden, daß in der jüngsten Zeit durch das Reichsministergesetz [167]) und entsprechende Änderungen der Landesgesetzgebung [168]) auch gesetzgeberisch die notwendigen Vorkehrungen getroffen worden sind. Waren die Minister bisher ihrer persönlichen Rechtsstellung nach Beamte, wenn auch von jeher gewisse Eigentümlichkeiten ihrer Stellung beachtet und betont wurden [169]), so hat die neueste Gesetzgebung hier bemerkenswert eingegriffen. Ob man sagen kann, für die Beurteilung der Rechtsstellung der heutigen Minister haben beamtenrechtliche Kategorien ganz auszuscheiden [170]), erscheint mir allerdings fraglich. Die geltenden Bestimmungen berücksichtigen gewiß in erster Linie die Tatsache, daß der Minister im parlamentarischen Staat ein selbständiges persönliches, mit politischen Funktionen betrautes Organ ist. Aber andererseits darf nicht übersehen werden, daß bei uns der Minister auch Leiter eines ihm anvertrauten Geschäftszweiges ist. Damit hat er wesentlichen Anteil auch an der mit dem rechtlichen Funktionskreise betrauten institutionellen Organschaft der Ämter. Dem trägt die neueste Ministergesetzgebung Rechnung. Sie gibt dem Minister Freiheit und Unabhängigkeit, soweit dies die Wahrnehmung seiner politischen Funktion erfordert; andererseits löst sie ihn nicht völlig aus dem Beamtentum. Es ist deswegen folgerichtig, wenn das württembergische Beamtengesetz die Minister als Beamte besonderer Art bezeichnet und behandelt. Ob allerdings diese Funktionshäufung in der Person des Ministers allgemein und auf die Dauer aufrechtzuerhalten ist oder ob die Entwicklung zu einer radikalen Funktionstrennung oder nach den Vorschlägen von Köttgen zur Einrichtung eines besonderen »permanenten Staatssekretärs [171])« führen wird, durch welchen dem Beamtentum — und ich möchte es dahin erweitern: der gesamten Amtsinstitution — eine seinem Wesen angemessene Spitze gegeben würde, soll dahingestellt bleiben.

Mit einem kurzen Blick auf einen zweiten bedeutsamen Mißstand der Praxis möchte ich meine kritischen Bemerkungen abschließen. Daß das Disziplinarrecht im Reich und in gewissen

---

[167]) Reichsgesetz über die Rechtsverhältnisse des Reichskanzlers und der Reichsminister vom 27. 3. 30, RGBl. I, S. 96.

[168]) Preußisches Gesetz über die Versorgung der Staatsminister vom 13. 6. 24 GS. S. 547, württbg. Beamtengesetz vom 21. 1. 29, Art. 235 ff., bad. Gesetz, die Einrichtung der Ministerien und die Gehaltsbezüge der Minister betr., v. 2. 4. 19.

[169]) Vgl. die ausführliche Darstellung bei Hermann Schulze, Preuß. Staatsrecht, 2. Aufl., Bd. 1, S. 241 ff.

[170]) So ist wohl Köttgen zu verstehen, Handb. d. Deutsch. Staatsrechts, Bd. 2, S. 9 ff.

[171]) Berufsbeamtentum, S. 256 ff. Ich möchte mich diesem Gedanken anschließen.

Ländern, besonders in Preußen, stark reformbedürftig ist, gehört zu den allgemein geteilten Überzeugungen [172]). Übersehen worden zu sein scheint mir aber dabei eine Frage von verfassungsrechtlicher Bedeutung. Das Dienststrafrecht wird heute vielfach benutzt, um politische Einflüsse auf das Beamtentum auszuüben. Die Dienstaufsicht wird dazu mißbraucht, um auf einem Umwege den einzelnen Beamten in eine politische Abhängigkeit zu bringen, die weit über das Maß der früher besprochenen hinausgeht, vor allem aber auch über den Amtsbereich hinaus in einen ganz anderen Funktionskreis eingreift. Der zugrunde liegende Sachverhalt ist bekannt [173]). Zu seiner Beurteilung ist zunächst darauf hinzuweisen, daß es sich keinesfalls um einen Konflikt zwischen der Amtssphäre und dem grundrechtlich geschützten Individualbereich des Beamten als einzelnen Staatsbürgers handelt, weswegen auch die heute wohl gemeine Meinung nicht ausreicht, daß das Recht der freien Meinungsäußerung für den Beamten seine Schranken in den Pflichten findet, die ihm sein Amt auferlegt [174]). Es geht bei Art. 130 RV. um die Lösung eines in der Grundstruktur unserer Verfassung liegenden Konflikts. Wir sahen früher, daß der Beamte an zwei Funktionskreisen dadurch beteiligt ist, daß er einerseits selbständiger Mitträger des zur Erfüllung der Rechtsfunktion berufenen institutionellen Organs der Ämter ist, andererseits aber auch in Abhängigkeit von persönlichen Organen politische Entscheidungen mitzufällen hat. Jetzt zeigt sich, daß der Beamte zu dem politischen Funktionskreise sogar in einer doppelten Beziehung steht: einmal als Beamter in Abhängigkeit, andererseits als Aktivbürger in Unabhängigkeit. Das wird nun, obwohl es durch Art. 130 RV. noch obendrein grundrechtlich verbürgt zu sein scheint, als ein unerträglicher Widerspruch empfunden. Da es unmöglich ist, diesen Konflikt etwa durch eine radikale Inkompatibilität, durch völlige politische Sterilisierung des Beamtentums zu beseitigen, so glaubt die herrschende Meinung nur dadurch helfen zu können, daß sie das Amt vor die Aktivbürgerschaft setzt und eine Ausübung der aktiven staatsbürgerlichen Rechte für den Beamten nur im Rahmen der besonderen Beamtenpflichten —

[172]) Schmidt-Leonhardt, Hans, Das Dienststrafrecht im Handb. d. Dtsch. Staatsrechts, Bd. II, S. 52. — Entw. einer Reichsdienststrafordnung, Drucks. d. Deutsch. Reichstags, III. Wahlp., Nr. 1474 u. 3660. — Brand, Die Reformbedürftigkeit der preuß. Disziplinargesetzgebung, 1909.

[173]) Vgl. etwa den von Anschütz und Glockner in ihren Rechtsgutachten behandelten Sachverhalt, ferner Battenberg, Die Organstellung des Beamten, Wü. Z. f. R. u. V., 1928, S. 181 f.

[174]) Preuß. OVG. in JW. 1927, S. 2867; Anschütz, Kommentar zur RV., Art. 130, Anm. 2, Rechtsgutachten S. 14 f. Lammers-Simons, Die Rechtsprechung des Staatsgerichtshofes für das dtsche Reich, Bd. II S. 93.

in und außer dem Amt! — zugesteht [175]). Die Folge davon ist, daß der Beamte bei der Ausübung seiner Rechte als Glied des primären Haupt- und Grundorgans des Staates der Dienstaufsicht eines tertiären Organs unterworfen ist, daß die Teilnahme an dem wesentlichsten Integrationsprozeß des Staates, der freien Bildung der politischen Grundüberzeugungen, für rund eineinhalb Millionen Staatsbürger [176]) unter Regierungskontrolle gestellt ist [177]), daß — und das scheint mir das Bedenklichste zu sein —, das Bekenntnis zu einer bestimmten politischen Anschauung nach Belieben der Regierung auf gleiche Stufe mit disziplinar zu ahndenden Ehrenrührigkeiten gestellt wird. Das kann unmöglich der Sinn eines wesensgemäß verstandenen parlamentarischen Systems sein. Gewiß liegt darin die Unterscheidung der Funktionen und eine gewisse organisatorische Verselbständigung gegeneinander, aber auch die planmäßige Balance der Gewalten. Um sie handelt es sich im besprochenen Falle; sie ist aber unerreichbar mit der Politisierung der Tatbestände des Disziplinarrechts, mag sie nun, wie durch das Reichsgesetz über die Pflichten der Beamten zum Schutze der Republik auf gesetzlichem Wege oder durch die Auslegung der disziplinarrechtlichen Generalklausel »Pflicht zu beamtenwürdigem Verhalten« oder durch

---

[175]) Die Kommentare zur RV. von Anschütz, Anm. 2; Giese, Anm. 2; Pötzsch-Heffter, Anm. 2 zu Art. 130; Brand bei Nipperdey, Grundrechte, Bd. 2, S. 235 ff.

[176]) Wieviel Beamte gibt es? Darauf antwortet die »Deutsche Wirtschaftskunde«, bearbeitet im Statist. Reichsamt, Berlin, 1930, S. 54: »Die Gruppe der Angestellten und Beamten ist mit 5,3 Millionen Personen etwas kleiner als die Zahl der Selbständigen. Eine Trennung der im öffentlichen Dienst stehenden Beamten von den privaten Angestellten kann nur schätzungsweise gegeben werden. Die Zahl der Beamten der Reichs-, Landes- und Kommunalverwaltungen einschließlich der Lehrer und Geistlichen kann auf 800 000 beziffert werden. Bei der Reichsbahn sind rund 330 000, bei der Reichspost rund 250 000 Beamte beschäftigt; die Beamten in den übrigen Zweigen der Betriebsverwaltung von Reich, Ländern und Gemeinden betragen rund 100 000.« — »Im Deutschen Reich betrug die Zahl der Richter zu Beginn des Jahres 1929: 9 700« (S. 373). — Für das Reich hat der Reichsfinanzminister dem Reichstage am 15. 11. 1930 folgende Übersicht gegeben (Drucksachen des Reichstags, V. Wahlperiode 1930, Nr. 259), Stichtag 1. 7. 1930: Beamte 96 880, Angestellte 25 660, Arbeiter 48 620; dazu Deutsche Reichspost: 241 570 Beamte, 4 921 Angestellte, 49 457 Arbeiter.

Für die Reichsbahn gibt der Deutsche Beamtenbund folgende Zahlen an: 305 397 planmäßige und außerplanmäßige Beamte, 66 649 Angestellte und Hilfskräfte im Beamtendienst, 288 858 Arbeiter. — Nach derselben Quelle sind in Preußen 1931 tätig: 155 639 Beamte, 33 220 Angestellte, 20 161 Arbeiter.

[177]) Dagegen ausdrücklich das Rechtsgutachten von Glockner S. 50: »Als Regel muß gelten, daß die Handhabung der Dienstgewalt nie zu einer völligen Lahmlegung bürgerlicher oder staatsbürgerlicher Rechte der Beamten führen darf.« Vgl. auch S. 48, ferner das Gutachten von Anschütz S. 28.

Dienstanweisungen angesichts bestimmter politischer Lagen geschehen. Notwendig ist ebensosehr ein Schutz der verfassungsmäßigen Unabhängigkeit des primären staatlichen Grundorgans wie der verfassungsmäßigen Einheit der politischen Entscheidung in Regierung und Verwaltung wie eine Vorkehrung dagegen, daß der Sinn des Disziplinarrechts verfälscht wird [178]). Ich möchte nun meinen, daß dieser Erfolg herbeigeführt werden könnte durch Einrichtung eines besonderen Verfahrens, in dem die Unvereinbarkeit der von einem Beamten betätigten politischen Gesinnung mit fernerer Amtswirksamkeit festzustellen wäre, ohne die Formen und Folgen des Dienststrafrechts, nur mit der gesetzlichen Folge, daß mit der Rechtskraft des Spruches der Beamte nach Maßgabe der normalen Bestimmungen in den Ruhestand tritt. Das aus ähnlichen Erfahrungen und Überlegungen in der evangelischen Kirche neben dem Disziplinarverfahren eingerichtete Irrlehreverfahren [179]) bietet ein Muster dafür. Ich bin überzeugt, daß die in politisch schwierigen Zeiten gar nicht zu vermeidende Spannung zwischen Beamtentum und Regierung auf einem solchen Wege wesentlich gemildert und entgiftet werden würde [180]). Es darf nicht dabei bleiben, daß der politische

[178]) Das oben S. 30, Anm. 109 genannte Urteil des Reichsstaatsgerichtshofs ist auf dem richtigen Wege, wenn es den Standpunkt einnimmt: Zwar sei das Grundrecht der politischen Meinungsfreiheit für die Beamten durch ihre besonderen Amtspflichten eingeschränkt; aber bei der Beurteilung der Frage, ob die politische Betätigung eines Beamten mit seinen Beamtenpflichten vereinbar ist, komme es sehr wesentlich auf den Charakter dieser Betätigung, ihre staatsrechtliche und politische Bedeutung an. Die Einzeichnung in die Listen eines Volksbegehrens und die Teilnahme an der Abstimmung über ein zum Volksentscheid gestelltes Volksbegehren seien rechtlich Teilnahme am Volksgesetzgebungsverfahren. Daraus folge, daß, wie die Stimmabgabe bei der Reichstagswahl keinen beamtenrechtlichen Bindungen unterliege, so auch die Teilnahme am Volksbegehren und Volksentscheid den Beamten ohne jede Einschränkung offenstehen müsse (S. 35). Vgl. jetzt ebenso Schönborn, Die Berechtigung der Beamten zur Teilnahme an dem Volksbegehren ... Festschrift für Max Pappenheim 1931, gegen H. I. Wolff, ArchöR. N. F. 18 S. 422 ff. — Gegen diesen auch Giese, »Die Teilnahme von Polizeibeamten an Volksabstimmungen« in »Der Polizeioffizier«, X. Jg. Nr. 12 S. 449 ff.

[179]) Preuß. Kirchengesetz, betr. das Verfahren bei Beanstandung der Lehre von Geistlichen, v. 16. 3. 1910 (K. G. V.-Bl. 7); hierzu Bredt, Neues ev. Kirchenrecht für Preußen, Bd. 2, 1922, S. 354 ff., 688 ff. — Herr Kollege Koettgen hat mich bei meinem Vortrage darauf aufmerksam gemacht, daß er in seiner, mir bisher unbekannten Schrift »Schule und Lehrer im modernen Staat« (Manns pädag. Magazin Nr. 1269, 1930) S. 29f. ähnliche Gedanken in bezug auf die rechtliche Sonderstellung des Lehrers vertreten hat.

[180]) Daß, wie es in der Aussprache zu diesem Vortrage angenommen wurde, ein solches Verfahren geradezu einen Anreiz zur Beseitigung unliebsamer Beamter bilden würde, kann nicht zugegeben werden. Wieviel mehr müßte dies heute zutreffen, da das gewöhnliche Dienststrafverfahren genügt und bei Entfernung aus dem Amte der Staat nicht einmal eine Pensionslast

Gegner als ehrenrühriger Verbrecher mit Hilfe staatlicher Einrichtungen nicht nur aus Amt und Würden gebracht, sondern auch materiell schwer geschädigt werden kann. Andererseits darf die institutionelle Garantie des Beamtentums nicht dazu führen, die Einheit des Staates, die ganz wesentlich Einheit der politischen Entscheidung ist, in Frage zu stellen.

Ich bin am Ende meiner Ausführungen, nicht am Ende der Probleme; ja, ich habe Fragen, die das Beamtentum gerade im Augenblicke auf das Tiefste erregen, nicht einmal erwähnt. Diese Beschränkung liegt im Wesen eines Referats. Bei der Auswahl der Probleme habe ich versucht, die oft erörterten Fragen hinter denen zurückzustellen, die mir bisher vernachlässigt zu sein scheinen. Vor allem bin ich überzeugt, daß die Lösung aller Probleme des individuellen Beamtenverhältnisses relativ leicht ist, wenn erst einmal die verfassungsrechtliche Stellung des Beamtentums in der allgemeinen Anerkennung der berufenen Wissenschaftskreise gesichert ist. Und um diese war es mir bei meinem Vortrage um so mehr zu tun, als die beamtenpolitischen Maßnahmen der jüngsten Zeit gezeigt haben, daß die Praxis von dieser Einsicht sich wieder weiter entfernt hat und daß das Berufsbeamtentum daher als Institution erneut von schweren Gefahren bedroht ist.

übernimmt: Es kommt nur darauf an, die entscheidende Instanz unter der Gewähr höchster Objektivität zu besetzen. Ein besonderer Vorteil wäre ferner, daß auch geringere Strafen: Strafversetzung und Ordnungsstrafen, aus politischen Gründen nicht mehr verhängt werden könnten, was heute leider nur allzu häufig geschieht.

Leitsätze des Berichterstatters über Entwicklung und Reform des Beamtenrechts.

I. Grundsätzliches.

1. *Die Problematik des Beamtenrechts ist grundsätzlich aus einer solchen des individuellen Beamtenverhältnisses zu einer Problematik der verfassungsrechtlichen Stellung des Beamtentums umgestaltet worden.*
2. *Zwar geben die organisatorischen Bestimmungen der geltenden Verfassungsgesetze keinen unmittelbaren Anlaß zu*

solcher Problemstellung; doch hat die Auslegung der beamtenrechtlichen Grundrechte dazu geführt, in ihnen eine institutionelle Gewähr des Beamtentums zu sehen.

3. *Ist damit das Beamtentum auch für den demokratischen Staat als unentbehrlich anerkannt, so fragt es sich, wie es in dessen Verfassungszusammenhang einzuordnen ist.*

4. *Die Beamten haben Organstellung als bestimmungsmäßige Träger der institutionellen Organe der Ämter gegenüber den persönlichen Organen.*

5. *Die Eigenart ihrer Organstellung ergibt sich daraus, daß der moderne Staat, insbesondere die parlamentarische Demokratie, außer der Funktionstrennung im Sinne der klassischen Trias noch die Trennung eines politischen und eines rechtlichen Funktionsbereiches kennt.*

6. *Das Beamtentum ist zur Betreuung des rechtlichen Funktionskreises in den institutionellen Organen der Ämter berufen; es hat insoweit selbständige Organstellung, ist unabhängig und repräsentiert.*

7. *Das Beamtentum nimmt auch am politischen Funktionskreise teil, aber nur unselbständig und in Abhängigkeit von persönlichen Organen.*

II. Kritisches.

8. *Die öffentlich-rechtliche Grundlage des Beamtenverhältnisses und damit die verfassungsmäßige Stellung des Beamtentums wird durch die arbeitsrechtliche Auffassung des Beamtenrechts in Frage gezogen.*

9. *Die institutionelle Garantie des Beamtentums muß im organisatorischen Teil der Verfassungen ausdrücklich ausgesprochen werden.*

10. *Das Beamtentum muß in der Wahrnehmung der Rechtsfunktion staatlichen Gemeinlebens gesichert, insbesondere vor illegaler Ausdehnung und sinnwidriger Ausdeutung seiner politischen Abhängigkeit bewahrt werden.*

11. *Der Grundsatz der Unvereinbarkeit von Amts- und Abgeordnetenstellung ist praktisch durchzuführen.*

12. *Die Ämter sind Beamten vorzubehalten nach Maßgabe des Grundsatzes, daß alle Tätigkeit für den Staat, die in öffentlicher Verantwortung zu leisten ist, Ausübung staatlicher Funktion ist, solche jedoch von Privatangestellten nicht wahrgenommen werden kann.*

12. *Daraus haben sich die Richtlinien für die Abgrenzung fiskalischer Betriebe gegenüber den Ämtern, für die Beur-*

teilung gemischter Institutionen und für die Verwendung privatrechtlich Angestellter in den reinen Ämtern zu ergeben.

14. *Dieser Grundsatz ist unter den bestehenden Verhältnissen mannigfach und gröblichst mißachtet.*

15. *Die Eigenart der Ministerstellung ist aus einer Funktionshäufung zu erklären.*

16. *Das Entscheidende der Frage nach den Grenzen der politischen Meinungsfreiheit der Beamten ist ebenfalls in einer Funktionshäufung zu finden, die bei den Beamten in ihrer Teilhaberschaft an der institutionellen Organschaft der Ämter und der persönlichen Organschaft des Wahlvolkes liegt. Eine Lösung ist nur unter dem Gesichtspunkte der Balance der Gewalten zu finden.*

Entwicklung und Reform des Beamtenrechts.

2. Mitbericht von Professor Dr. **Adolf Merkl**, Wien.

Für das aus Volks- und Kultureinheit quellende Einheitsstreben im Staatsleben der Deutschen im Reiche und in Österreich ist nichts so kennzeichnend wie die Geschichte und Verfassung seines Beamtenkörpers. Das Recht als der Ausdruck des staatlichen Sonderlebens mag im Gesamtzusammenhange der Geschichte der Staaten, in die das deutsche Volk gespalten ist, noch so verschiedene, mitunter sogar entgegengesetzte Wege gegangen sein; Geschichte und Recht des Beamtenkörpers als des eigentlichen Werkzeuges unseres Staatslebens sind jedoch ungeachtet der staatlichen Trennung im Grunde dieselben geblieben — nicht infolge einer willkürlichen Vereinbarung zwischen den Staaten, sondern aus einer unwillkürlichen inneren Erforderlichkeit heraus, die in der politischen, um nicht zu sagen unpolitischen Anlage unseres deutschen Volkes begründet ist. Freilich wäre es eine zu weit gehende Verallgemeinerung, unser deutsches Beamtenrecht — die Berufsordnung des deutschen Beamtenstandes — als wesenhaft deutsch zu bezeichnen. Einerseits ist der Schweizer Volksstamm, den wir nach seiner Kultur im allgemeinen und seinem Recht im besonderen als Teil der deutschen Volksgemeinschaft erkennen müssen, ja der das deutsche Recht zum guten Teil reiner als die reindeutschen Staaten bewahrt hat, im Beamtenrechte seine eigenen Wege gegangen; Wege, die auch aus altdeutschen Rechtsgedanken abzuleiten und daher vom Standpunkt der deutschen Kulturgemeinschaft keinesfalls als abwegig zu erkennen sind. Andererseits ist der Typus des deutschen Beamtenrechtes nicht auf deutsche Staaten beschränkt geblieben, sondern teils — vornehmlich dank Österreichs Mittlerrolle für deutsche Rechtseinrichtungen — auf nichtdeutsche Staaten, namentlich Sukzessionsstaaten der österreichisch-ungarischen Monarchie übergegangen, teils in anderen Staaten ursprünglich entstanden.

Die Gemeinsamkeit der rechtlichen Grundlagen des Beamtenwesens im Deutschen Reiche und in Österreich erklärt sich aus der besonderen, für das Reich und Österreich gemeinsamen politischen Geschichte des Großteils des deutschen Volkes; haben doch Reichsdeutsche und Österreicher die Aufeinanderfolge von Polizeistaat, konstitutionell-monarchischem und parlamentarisch-demokratischem Verfassungsstaat — wenn man von dem bolschewistischen Zwischenspiel des Revolutionswinters 1918/19 absieht, das auf das Deutsche Reich beschränkt geblieben ist —, gleichartig und gleichzeitig erlebt. Es braucht nicht näher begründet zu werden, daß der absolute Polizeistaat die Quelle des heutigen Beamtenrechtes ist, das somit den Wechsel der Staatsformen fast unverändert überdauert hat. Es wäre aber irrtümlich, aus dieser Kontinuität des Beamtenrechtes seine Überlebtheit im Rahmen der heutigen Staatsform zu folgern. Vielmehr zeigt sich aus dieser geschichtlichen Erfahrung die Neutralität des Beamtenrechtes, wie übrigens eines Großteils der Rechtseinrichtungen gegenüber der Staatsform. Autokratie und Demokratie bedeuten Rechtsunterschiede in der Sphäre der Verfassung, denen durchaus nicht in allen Bereichen der Gesetzgebung und Vollziehung Rechtsunterschiede entsprechen müssen. Staaten mit diametral entgegengesetzter Staatsform können, ohne damit ihrer Staatsform irgendwie untreu zu werden oder auch nur in ihrer Rechtsentwicklung unfolgerichtig zu erscheinen, weitgehende Übereinstimmungen im Gesetzesrechte, so z. B. in der Gestaltung des Eigentumsinstitutes, des Prozeßrechtes oder des Beamtenrechtes aufweisen. Dagegen ist es ebenso leicht denkbar, daß Staaten mit verwandter Staatsform in der Sphäre der Gesetzgebung, z. B. in der Gestaltung ihres Prozeßrechtes, — man vergleiche etwa den englischen und deutschen Zivil- und Strafprozeß — oder in der Organisation der Vollziehung — man erinnere sich der vorerwähnten Beispiele des schweizerischen und des deutschen sowie österreichischen Beamtenrechtes — stark voneinander abweichende Wege gehen, wiederum, ohne sich einer Inkonsequenz schuldig zu machen. Die Variationsmöglichkeit des Rechtsinhaltes auf der Gesetzesstufe bei unverändertem Verfassungsinhalt wird selbst durch die Erkenntnis nicht berührt, daß die Staatsform nicht schon durch den Verfassungsinhalt erschöpfend ausgeprägt ist, sondern erst aus dem Zusammenhalt sämtlicher Stufen der Rechtsordnung ihr endgültiges Gepräge erhält, weil sich auf sämtlichen Stufen der Rechtsordnung Akte der Staatswillensbildung finden. So kann z. B. der Absolutismus durch die Einführung der Selbstverwaltung, was ja die Mitbestimmung des Volkes in gewissen örtlichen Verwaltungssachen bedeutet, oder die Demokratie durch den Vorbehalt der Vollziehung für das Berufsbeamtentum eine besondere, von anderen Verwirklichungen des absolutistischen oder demokratischen Prinzipes abweichende Gestalt annehmen, ohne daß der betreffende Staat hierdurch aufhören würde, den Absolutismus oder die Demokratie darzustellen. Es ist nicht Rechtserkenntnis, sondern Rechtspolitik, wenn man aus dem Übergang vom Absolutismus zum Konstitutionalismus, vom Konstitutionalismus zum Demokratismus die Notwendigkeit folgert, die organisatorische Technik der Vollziehung zu ändern, im besonderen das Berufsbeamtentum über Bord zu werfen, das ja juristisch gesehen nichts als eine bestimmte Organisationstechnik der Vollziehung bedeutet. Mit der Einführung der Demokratie in deutschen Landen war dem Berufsbeamtentum höchstens rechtspolitisch, jedoch keinesfalls rechtstheoretisch die Existenzfrage gestellt.

Ich finde mich mit dem Großteil der deutschen Staatsrechtslehrer, vor allem mit jenen, die, wie namentlich Gerber, Giese, Köttgen, Nawiasky, Richter, Waldecker, zum Problem Beamtentum und Demokratie Stellung genommen haben, in erfreulicher Übereinstimmung, wenn ich — an dieser Stelle ohne Begründung [1]) — feststelle, daß das deutsche Berufsbeamtentum trotz seiner Herkunft aus dem Polizeistaat nicht als Rechtsatavismus oder sonstiger Fremdkörper auszumerzen, sondern daß es auch, ja gerade mit der Demokratie vereinbar und als volltaugliches Instrument der Demokratie nutzbar zu machen ist.

I.

Nicht die Theorie des Beamtentums steht im folgenden in Frage, sondern das Recht des Berufsbeamtentums, und zwar de lege lata und darauf fußend de lege ferenda. Doch diese rechtswissenschaftlichen und rechtspolitischen Auseinandersetzungen haben eine Verständigung über das Wesen des Berufsbeamten zur Voraussetzung, und so soll vor allem — nur zu dem gedachten Verständigungszweck — das Wesen des Berufsbeamten, so wie ich es verstehe, gezeichnet werden.

Nach der hauptsächlich von Otto Mayer vertretenen Lehre ist bekanntlich der Beamte durch ein Gewaltverhältnis gekennzeichnet, das ihn mit seinem Amtsträger — einer sogenannten Körperschaft des öffentlichen Rechtes — verbindet. Die besondere Art des Gewaltverhältnisses, in dem der Beamte steht, heißt bekanntlich Dienstgewalt. Dieser Ausdruck soll eingestanden oder uneingestanden besagen, daß die Beziehung zwischen der gewaltausübenden Körperschaft und dem gewaltunterworfenen Beamten nicht zur Gänze juristisch erfaßbar ist, daß vielmehr zwischen der zwar nicht wegzuleugnenden und auch nicht geleugneten rechtlichen Beziehung, diese ergänzend und verstärkend, eine andere nicht näher definierbare, sei es nun normative oder kausale Beziehung besteht.

---

[1]) Eine eingehende Begründung habe ich in »Demokratie und Verwaltung« (Wien, M. Perles 1923) und »Allgemeines Verwaltungsrecht« (Wien, J. Springer 1927, S. 324 ff.) gegeben. Vgl. auch unten S. 75 ff.

Für die juristische Betrachtung ist besagtes Gewaltverhältnis nicht erfaßbar; der juristischen Analyse stellt sich, was herkömmlich so unjuristisch gedeutet wird, als ein bloßer Komplex von Berechtigungen und Verpflichtungen dar, die durch einen typischen Formalakt begründet und in typischer Weise sanktioniert werden. Die Rechtsordnung, die diese eigenartige Organstellung zum Gegenstande hat, das öffentliche Dienstrecht oder Beamtenrecht, ist ein Stück Verwaltungsrecht, weil es — mag es letztlich auch unter den Schutz ordentlicher Gerichte gestellt sein — grundsätzlich und primär von Verwaltungsorganen gehandhabt wird. Das Subjekt dieser Teilrechtsordnung, der Beamte [a]), ist ein Staatsorgan, das sich von anderen Staatsorganen durch den Kreationsakt der Anstellung, eine bestimmte Reihe von Berechtigungen und Verpflichtungen und durch eine besondere prozessuale Garantie dieser Berechtigungen und Verpflichtungen, also jedenfalls nur durch rechtliche Merkmale, unterscheidet. Wie überhaupt die Rechtsfigur des Beamten ein in seinem zeitlichen und örtlichen Erscheinungsbereich verhältnismäßig eng begrenztes Produkt der Rechtsentwicklung ist, so unterliegt es obendrein beträchtlichen Abwandlungen nach Zeit und Ort, denen die herkömmlichen allzu verengenden Begriffsbestimmungen nicht Rechnung zu tragen pflegen.

Insbesondere sind die beiden Grundformen berufsmäßiger Versehung staatlicher Aufgaben — einerseits öffentlich-rechtliches, andererseits privatrechtliches Dienstverhältnis — in manchen Rechtsordnungen durchaus nicht so tief voneinander geschieden, wie es eine idealisierende Charakteristik wahr haben will. Die Rechtsordnung kann, wie insbesondere die Entwicklung des österreichischen Beamtenrechtes zeigt, die beiden Dienstrechtsformen einander so annähern, daß nur noch in den Formen der Eingehung und Auflösung des Dienstverhältnisses sowie des prozessualen Schutzes, nicht aber im Inhalte der Berechtigungen und Verpflichtungen der Dienstnehmer größere Unterschiede bestehen bleiben, als sie selbst einzelne Gruppen öffentlichrechtlicher oder privatrechtlicher Dienstnehmer im Ver-

---

[a]) Hiebei folge ich der im Deutschen Reiche üblichen Terminologie, die bekanntlich nicht dem gesamten deutschen Sprachgebrauche eigentümlich ist. So nennt die österreichische Gesetzessprache den hier sogenannten Beamten, genauer Berufsbeamten, »öffentlicher Angestellter« (z. B. Art. 21 BVG., das Gehaltsgesetz handelt von den »Bundesangestellten«). Warum sollte auch der durch »Anstellung« Berufene nicht »Angestellter« sein? Dagegen ist in Österreich für den im Reich sogenannten »Angestellten« der Ausdruck Privatangestellter oder auch Privatbeamter gebräuchlich. Das hier sogenannte Beamtenverhältnis heißt in Österreich »pragmatisches Dienstverhältnis«, weil es durch »Dienstpragmatik« geregelt ist, das Anstellungsverhältnis »Vertragsdienstverhältnis«.

gleiche miteinander aufweisen. Diese Annäherung des Dienstrechtes der beiden Gruppen von Dienstnehmern kann sich von beiden Seiten aus vollziehen. Vom Standpunkte des Beamtenrechtes aus führt in diese Richtung bereits ein stärkeres Durchgreifen des rechtsstaatlichen Prinzipes, das sich etwa in nachstehender Weise äußert. Die ursprünglich uferlose Dienstpflicht wird positivrechtlich in eine Mehrzahl bis Vielzahl konkreter amtlicher und außeramtlicher Pflichten zerlegt und den Beamten jenseits dieses rechtlich fixierten Pflichtenkreises Freiheit gewährt. An die Stelle bloßer Gnadenerteilung der Dienstbehörde treten Ansprüche des Beamten, denen gegenüber die Dienstbehörde nur ein — wichtigen dienstlichen Erfordernissen gerecht werdendes — Untersagungsrecht hat. Kurz, aus dem Staatsdiener, der sozusagen mit seiner ganzen Persönlichkeit dem Dienstherren Staat verhaftet und verfallen war, ist gewissermaßen ein Doppelwesen geworden, das nur mit einem rechtlich begrenzten Teile seiner Persönlichkeit Staatsorgan, mit dem anderen rechtlich gesicherten Teile seiner Persönlichkeit sozusagen Mensch und Staatsbürger ist. Andererseits hat sich das Privatdienstverhältnis das öffentlichrechtliche Dienstverhältnis zum Muster genommen und sich ihm mehr oder weniger angenähert. Das zeigen schon die privatrechtlichen Sondergesetze, die den Dienstvertrag besonderer Arbeitnehmergruppen regeln. Besonders deutlich wird aber der Einfluß der Beamtengesetze auf die Dienstordnungen öffentlicher Körperschaften, mit denen sie das Dienstverhältnis einzelner Gruppen ihrer privatrechtlichen Dienstnehmer regeln. Diese Dienstordnungen werden zwar einseitig vom Dienstgeber erlassen, werden aber für den Dienstnehmer erst durch den Arbeitsvertrag als sogenannte lex contractus verbindlich. In solchen Dienstordnungen wird z. B. die Unauflöslichkeit des Dienstverhältnisses für den Dienstnehmer, abgesehen vom Falle einer qualifizierten Dienstrechtswidrigkeit des Dienstnehmers, vorgesehen, die Besoldung von der Leistung losgelöst und in festen, periodisch steigenden Sätzen festgesetzt, Ruhegenuß und Hinterbliebenenversorgung von Seite des Dienstgebers verbürgt, gewissermaßen als Surrogat der vertragsmäßig ausgeschlossenen Kündigungsmöglichkeit ein System von Disziplinarmitteln und ein justizähnliches Verfahren zu deren Verhängung eingeführt. Ein solcher »Vertragsangestellter« der öffentlichen Körperschaften unterscheidet sich rechtlich nur noch in wenigen Punkten von seinem, wie gezeigt wurde, von der anderen Seite stark angenäherten Berufskollegen im öffentlichrechtlichen Dienstverhältnis. Dagegen hat er sich von seinem »Artgenossen« in Privatdiensten, dessen Berechtigungen und Verpflichtungen Gegenstand der Vereinbarung mit dem Arbeitgeber, sei es in Form eines Kollektivvertrages oder eines

Einzelvertrages sind, in einem Maße entfernt, daß die gemeinsame Rechtsfigur des Dienstvertrages den rechtlichen Abstand nur schlecht verdeckt.

Mit diesen Feststellungen soll nicht etwa einer rechtstheoretischen Notwendigkeit oder einer rechtspolitischen Forderung nach Vereinheitlichung der Dienstrechtsformen Rechnung getragen, sondern bloß eine positivrechtliche Entwicklung ins Licht gerückt werden. Die Rechtswissenschaft kann und muß, je nach der positivrechtlichen Gegebenheit, ein einförmiges oder vielgestaltiges Dienstrecht zur Kenntnis nehmen, gleichviel, ob sie auf der theoretischen Basis der Reinen Rechtslehre oder ihrer Gegner beruht. Gegenüber allen denkbaren rechtspolitischen Forderungen auf dienstrechtlichem wie auf irgendeinem Rechtsgebiet verhält sich die Reine Rechtslehre naturgemäß völlig neutral, so daß sie für solche im (folgenden entwickelte) Forderungen weder im guten, noch im schlechten Sinne verantwortlich gemacht werden kann.

Wenden wir uns von dieser Verständigung über Ursprung und Wesen des Beamten dem eigentlichen Gegenstande unserer Betrachtung, dem Beamtenrechte, zu, so müssen wir uns vor der Vorführung eines kasuistischen Reformplanes der bestehenden Rechtslage besinnen. Mehr sogar als für andere Rechtsgebiete kann und muß auf unserem Gebiete das geltende Recht Ausgangspunkt jeder legislativpolitischen Untersuchung sein. Denn das Beamtenrecht der deutschen Staaten birgt — freilich nicht so sehr auf der Gesetzesstufe als auf der Verfassungsstufe — sozusagen ungehobene und in weiten Kreisen unbekannte Rechtsgedanken, die es nur auszuführen und anzuwenden gilt. Nicht nur die deutsche Reichsverfassung, sondern auch die österreichische Bundesverfassung enthält eine Fülle von Normativbestimmungen beamtenrechtlichen Inhaltes, in deren Rahmen wohl alle ernst zu nehmenden Reformwünsche Raum finden. Es macht den Trägern der Revolution wie auch dem deutschen Beamtentum nur Ehre, daß ihm die revolutionären Verfassungen der deutschen Republiken mit durchaus konservativer Geste entgegengetreten sind, ja sogar mehr als das: ihnen in gewissem Sinne unter den geänderten staatsrechtlichen Verhältnissen eine Existenzgarantie und darüber hinaus zum Teil ungewohnte rechtliche Sicherheiten geboten haben. Zum Unterschied von der Haltung anderer Revolutionen hatten eben die Führer des Umsturzes in Österreich wie im Reiche in der öffentlichen Beamtenschaft nicht Diener des Fürsten, sondern des Staates und Volksgenossen gesehen, denen der Volksstaat unvoreingenommen begegnen müsse. Daß die in die neue Verfassungslage gesetzten Erwartungen der Beamtenschaft, die sie mit manchen moralischen und materiellen Verlusten versöhnt hätten, nur zum geringen Teil in Erfüllung gegangen sind, ist nicht Schuld der Verfassung, sondern ihrer Anwendung, oder ehrlicher gesagt, ihrer teilweisen Nichtanwendung. Die beamtenrechtlichen Bestimmungen des reichsdeutschen Rechtes, insbesondere der Reichsverfassung [3]) in diesem Kreise zu demonstrieren und zu kommentieren, würde mir nicht zustehen. Wer den Stand der Entwicklung des deutschen Beamtenrechtes erfassen will, darf indes an dem österreichischen Zweige dieses Rechtsgebildes nicht achtlos vorbeigehen. Ich mache mich daher keiner Abweichung von unserem Beratungsgegenstande schuldig und erwarte mir ein gewisses Interesse für die Absicht, in knappsten Umrissen ein Gegenbild des österreichischen Beamtenrechtes zu dem bekannten Bilde des reichsdeutschen Beamtenrechtes zu zeichnen.

Was die österreichische Bundesverfassung [4]) zu unserem Problemkreise beiträgt, steht nicht im geringsten unter dem Einflusse der Weimarer Verfassung. Der österreichische Verfassungsgesetzgeber beantwortet überhaupt mit seinen dienstrechtlichen Bestimmungen fast durchaus andere Fragen, als die in der Weimarer Verfassung gelösten beamtenpolitischen Probleme. Dies erklärt sich zunächst schon daraus, daß die Bundesverfassung das Problem des Dienstrechtes ex professo nur in einem einzigen Verfassungsartikel (Art. 21 BVG) stellt und an dieser Gesetzesstelle in der Hauptsache nur besondere Kompetenzbestimmungen über Gesetzgebung und Vollziehung in gewissen Dienstrechtsfragen aufstellt. Die übrigen auf das Beamtenverhältnis bezogenen Bestimmungen finden sich in anderen systematischen Zusammenhängen, meist im Rahmen viel weiterer gesetzgeberischer Probleme. Dieser Verzicht auf eine geschlossene Reihe beamtenrechtlicher Bestimmungen könnte sich, sofern er bewußt und beabsichtigt ist, aus dem Inhalt der fraglichen Normativbestimmungen erklären. Sie statuieren nämlich vorwiegend Pflichten der Beamten oder schlechthin aller Vollzugsorgane, worunter die »öffentlichen Angestellten« als Hauptgruppe inbegriffen sind. Dabei liegt aber der Verfassung völlig fern, die Rechtslage der öffentlichen Beamtenschaft herabzudrücken, sondern handelt es sich ihr bloß darum, selbstverständliche und allseits unbestrittene Beamtenpflichten in der Verfassung zu verankern und über den Kreis der öffentlichen Angestellten hinaus auf alle Vollzugsorgane zu erweitern. Daß nicht zugleich nach dem Vorbild der Reichsverfassung ein Minimum an Beamtenrechten in der Verfassung verankert wurde, mag im Inhalt des überkommenen einfachgesetzlichen

[3]) Im folgenden zitiert: RV.
[4]) Im folgenden zitiert: BVG.

Beamtenrechtes seine Erklärung finden. Denn zumindest in demselben Maße, als die beamtenrechtlichen Bestimmungen der deutschen Reichsverfassung dem Beamteninteresse günstiger sind als die entsprechenden Bestimmungen der österreichischen Bundesverfassung, verdienen vom Beamtenstandpunkte aus, der freilich an dieser Stelle nicht bedingungslos maßgeblich sein kann, die Einrichtungen des in Österreich herrschenden Dienstrechts, auch, ja gerade soweit es aus der Monarchie rezipiert wurde, vor dem im Reiche herrschenden Dienstrecht, beispielsweise dem Reichsbeamtenrechte oder dem preußischen Beamtenrechte, den Vorzug.

Was nun die verfassungsrechtliche Grundlegung des Staatsdienstverhältnisses in Österreich betrifft, finden sich die einschlägigen Bestimmungen zum verschwindenden Teile in dem österreichischen Staatsgrundgesetz über die allgemeinen Rechte der Staatsbürger vom 21. Dezember 1867, das in Ermangelung einer Neukodifikation der Grundrechte zum Bestandteil der Bundesverfassung gemacht wurde, zum weitaus überwiegenden Teil im Bundes-Verfassungsgesetz vom 1. Oktober 1920, als der nunmehr geltenden Verfassungsurkunde.

Das zitierte Staatsgrundgesetz aus der Verfassung der österreichischen Monarchie nimmt auf das Dienstrecht nur mit seinem Art. 3 Bezug: »Die öffentlichen Ämter sind für alle Staatsbürger gleich zugänglich. Für Ausländer wird der Eintritt in dieselben von der Erwerbung des österreichischen Staatsbürgerrechtes abhängig gemacht«. Der zweite Satz wurde mittlerweile mittels des Verfassungsgesetzes vom 30. Juli 1925, BGBl. 268, durch eine Ausnahme eingeschränkt, wonach die Staatsbürgerschaft für den Antritt eines öffentlichen Lehramtes an einer inländischen Hochschule nicht vorausgesetzt, sondern im Gegenteil von einem Ausländer durch den Antritt eines solchen Amtes erworben wird. Hochschullehrer unterliegen mithin insofern einem Sonderrecht, als für sie der Besitz der österreichischen Staatsbürgerschaft nicht die Voraussetzung, sondern, falls sie Ausländer sind, der ipso-iure Erwerb der österreichischen Staatsbürgerschaft die Folge ihrer Anstellung im Bundesdienste ist. Auch wenn das Staatsgrundgesetz über die allgemeinen Rechte der Staatsbürger mitsamt dem zitierten Verfassungsartikel nicht weiter in Geltung stände, könnte übrigens sein Inhalt im Auslegungswege aus der Bestimmung des Art. 7, Abs. 1, BVG. ermittelt werden, der da sagt: »Alle Bundesbürger sind vor dem Gesetze gleich; Vorrechte der Geburt, des Geschlechtes, des Standes, der Klasse und des Bekenntnisses sind ausgeschlossen«. Bevorzugungen solcher Art sind nämlich damit auch als Erwägungen oder Motive bei der Anstellung im öffentlichen Dienste dem Kreationsorgane verwehrt. Die gleiche Fähigkeit aller Staatsbürger zur Erwerbung eines Staatsamtes ist also jedenfalls sichergestellt.

Die erste Bestimmung des BVG., die ausdrücklich auf die öffentlichen Angestellten Bezug nimmt, ist der zweite Absatz des Art. 7, BVG.: »Den öffentlichen Angestellten, einschließlich der Angestellten des Bundesheeres, ist die ungeschmälerte Ausübung ihrer politischen Rechte gewährleistet.« Ohne daß im einzelnen eine Rechtsvergleichung unternommen werden könnte, leuchtet ein, daß diese Bestimmung in ihrem Gleichheitsgehalt um einen Grad radikaler ist als die analoge Bestimmung der RV. (Art. 130). Wenngleich sich bekanntlich nach übereinstimmender Auffassung die Bestimmung des Art. 130RV. nicht auf die Gewährleistung der politischen Gesinnungsfreiheit, auf die sie ausdrücklich abgestellt ist, beschränkt, sondern auch die Freiheit von Äußerungen der politischen Gesinnung intendiert, da unsere Bestimmung angesichts der unvermeidlichen und darum nicht erst rechtlich zu gewährenden Gedankenfreiheit nur durch die angedeutete extensive Auslegung zu einem faßbaren Inhalt kommt, bleibt doch der Auslegung überlassen, inwieweit politische Bekenntnisfreiheit besteht; und so gab der knappe und schöne Wortlaut der RV. den bekannten Auslegungsversuchen Raum, der Gesinnungsfreiheit aus dem Wesen oder den Notwendigkeiten des Staatsdienstverhältnisses heraus Schranken zu ziehen. Über solche Schranken ist nun aber ein unanfechtbares wissenschaftliches Urteil ausgeschlossen, und so entscheidet letzten Endes unvermeidlich die politische Einstellung der Dienstbehörde, der ein von seiner Bekenntnisfreiheit mehr oder weniger Gebrauch machender Beamter verantwortlich ist. Die österreichische BV. gewährleistet ausdrücklich ungeschmälerte Ausübung der politischen Rechte und stellt damit, wenngleich der Kreis der politischen Rechte nicht eindeutig umschreibbar ist, zumindest das eine schon selbst außer Zweifel, daß dem Beamten als Stimmberechtigtem die Abgabe einer Stimme für welche Partei und welche Forderung immer — weil die Stimmabgabe eben ohne Rücksicht auf diesen Inhalt jedenfalls die Äußerung eines politischen Rechtes ist — unter allen Umständen freisteht. Versuche, diese primitivsten Äußerungen politischer Gesinnungsfreiheit durch Dienstanweisungen oder gar Disziplinarmaßnahmen zu unterdrücken, wie sie im Reich vorgekommen sind, sind in Österreich dank der radikaleren Fassung des Verfassungstextes unterblieben. Im praktischen Ergebnis läuft der angedeutete Unterschied zwischen der deutschen und österreichischen Verfassung darauf hinaus, daß den österreichischen Beamten die außerdienstliche Vertretung politischer Extreme nicht verwehrt werden kann, soweit sie unter Gebrauch der normalen verfassungsmäßigen Mittel vor sich geht, wogegen die RV. der Bekämpfung des politischen Radikalismus von rechts und links mit Mitteln des Dienstrechtes Raum gibt. Man kann vom beiderseitigen politischen Radikalismus gleichweit entfernt stehen und trotzdem, ja gerade aus der demokratischen Grundeinstellung der Verfassung heraus einer Lösung des Problems der Bekenntnisfreiheit des Beamten den Vorzug geben, die den Staatsbeamten in jeder Hinsicht als Staatsbürger vollen Rechtes behandelt.

In diesem Zusammenhange ist der Vollständigkeit halber nur noch festzustellen, daß Art. 59 BVG. nahezu gleichlautend mit Art. 39 RV. anordnet: »Öffentliche Angestellte, einschließlich der Angestellten des Bundesheeres, bedürfen zur Ausübung eines Mandates im Nationalrat und Bundesrat keines Urlaubes; bewerben sie sich um Mandate im Nationalrat, ist ihnen die dazu erforderliche freie Zeit zu gewähren.«

Die Organisationsprobleme des Staatsdienstes sind im Bundes-Verfassungsgesetz nur aufgerollt, nicht gelöst. Wenn Art. 20 BVG. einleitend sagt: »Unter der Leitung der obersten Organe des Bundes und der Länder führen nach den Bestimmungen der Gesetze auf Zeit gewählte Organe oder ernannte berufsmäßige Organe die Verwaltung« so ist der organisationsrechtlichen Ausführungsgesetzgebung die Wahl zwischen gegensätzlichen Organisationssystemen, insbesondere zwischen dem Wahlbeamten und Laienfunktionär, der zugleich Parteimann ist, einerseits und dem ernannten Berufsbeamten andererseits, freigestellt. Nur im engen Rahmen nimmt die Verfassung diese Wahlfreiheit, indem sie für einzelne, im ganzen spärliche, aber führende Staatsämter zwingend das Laienbeamtensystem vorschreibt und sie damit tatsächlich fast ausschließlich dem Parteipolitiker vorbehält. Das gilt namentlich für die Ämter des Bundespräsidenten und die Mitglieder der Bundes- und Landesregierungen. Diese Verfassungsrechtslage bedeutet für den Berufsbeamten, daß ihm, entgegen weitergehenden Bestrebungen nach sogenannter Demokratisierung der Verwaltung, der Weg zu Verwaltungsämtern aller Grade in sämtlichen Verwaltungszweigen von Verfassungs wegen nicht weniger als dem Parteimann offensteht, und daß die Konkurrenz zwischen diesen beiden Typen der Organschaft — ohne irgendeine verfassungsmäßige Vorgabe für den einen oder anderen Organisationstypus — im Wege der einfachen Gesetzgebung auszutragen ist.

Die weiteren Sätze des Art. 20 BVG. enthalten zum Unterschied von dem besprochenen Einleitungssatz materiellrechtliche Bestimmungen, die eine Eigentümlichkeit der österreichischen Verfassungsurkunde darstellen. Der Verfassungstext besagt zunächst: Die Organe der Verwaltung »sind, soweit nicht verfassungsgesetzlich anderes bestimmt wird, an die Weisungen der ihnen vorgesetzten Beamten gebunden und diesen für ihre amtliche Tätigkeit verantwortlich. Das nachgeordnete Organ kann die Befolgung einer Weisung ablehnen, wenn die Weisung entweder von einem unzuständigen Organ erteilt wurde oder die Befolgung gegen strafgesetzliche Bestimmungen verstoßen würde.« Diese Gesetzesstelle ist einer der Fälle — als zweites Beispiel sei die klassische Kodifikation des Grundsatzes der gesetzmäßigen Verwaltung im Art. 18 BVG. genannt —, wo die österreichische Verfassung eine ansonsten offene Frage der rechtswissenschaftlichen Interpretation anschneidet und eindeutig beantwortet. In diesem Falle bestätigt sich wiederum das berühmte Wort Kirchmanns: »Ein berichtigendes oder ergänzendes Wort des Gesetzgebers, und Bibliotheken werden zu Makulatur«. Diese Regelung erzielt mit einem Schlage dreierlei: Zweifelsfreie Festlegung des Weisungsrechtes und der Gehorsamspflicht einschließlich eines beschränkten Prüfungsrechtes für die Verwaltung, Verankerung dieser Verwaltungsrechtsinstitute in der Verfassung mit der Folge unmittelbarer Maßgeblichkeit für das gesamte Verwaltungsorganisationsrecht, und Erstreckung dieser Institute von dem gewohnten Kreise der Verwaltungsbeamten auf sämtliche Verwaltungsorgane ohne Rücksicht auf deren Berufungsweg und Organstellung. Unter »Weisungen« im Sinne des zitierten Verfassungsartikels sind sowohl allgemeine Dienstvorschriften, (in der reichsdeutschen Terminologie sogenannte »Verwaltungsvorschriften«, in der österreichischen Praxis auch »Normalien« genannt) als auch Dienstbefehle im Einzelfall zu verstehen. Ein derart umgrenztes Weisungsrecht ist jedem höheren Verwaltungsorgane gegenüber jedem ihm jeweils untergeordneten (die Verfassung sagt »nachgeordneten«) eingeräumt. Noch bemerkenswerter ist wohl die in diesem Zusammenhang erfolgte verfassungsgesetzliche Umschreibung des Prüfungsrechtes der angewiesenen Verwaltungsorgane. Die rechtstheoretische Voraussetzung des Verfassungsgesetzgebers war die Annahme eines im Zweifel unbeschränkten Prüfungsrechtes. Diese Annahme ist bekanntlich Frucht der Erkenntnis, daß sich nur in einer in jeder Hinsicht rechtmäßigen oder fehlerfreien Weisung, objektiv gesprochen ein Staatswille, subjektiv gesprochen ein Staatsorgan, im besonderen ein Vorgesetzter, manifestiert. Dem rechtspolitischen Einwande, daß durch ein solches unbeschränktes Prüfungsrecht das Weisungsrecht illusorisch und der dienstliche Gehorsam gegenüber dem Vorgesetzten vom guten Willen des Untergegebenen abhängig gemacht würde, kann m. E. nicht der Rechtswissenschafter durch Aufzeigung immanenter Schranken des Prüfungsrechtes, sondern nur der Gesetzgeber durch willkürliche Aufstellung solcher Schranken Rechnung tragen. Hier zeigt sich, wie eine durch den Radikalismus ihrer Konsequenzen unbequeme und darum meist abgelehnte Theorie auf die denkbar einfachste Weise sozusagen praktikabel gemacht werden kann. Die Theorie des im Zweifel unbeschränkten Prüfungsrechtes ist nicht, wie ihre Kritiker ausgeben, eine Gefahr für die Staatsautorität, sondern eine Einladung für den Gesetzgeber, seinerseits dem Prüfungsrechte die erwünschte Schranke zu ziehen und damit eine ureigene Aufgabe zu erfüllen. Unsere Verfassungsbestimmung hat die Schranken bekanntlich im großen und ganzen im Sinne der herkömmlichen rechtswissenschaftlichen Abgrenzung gezogen. Weisungen sind danach nur unter der Voraussetzung verbindlich, daß sie überhaupt von einem Organe, im besonderen von einem zuständigen Organe, kurz gesagt also von einem dienstlich Vorgesetzten ausgehen, und daß sie nicht an dem qualifizierten Mangel einer Strafgesetzwidrigkeit leiden. Es ist also nicht unbedingte, sondern nur bedingte Fehlerfreiheit, nicht totale, sondern bloß partielle Gesetzmäßigkeit einer Weisung Voraussetzung der Gehorsamspflicht, und da sich die denkbaren Rechtswidrigkeiten einer Weisung nicht in den von der Verfassung als Rechtfertigungsgründe des Ungehorsams gekennzeichneten Fehlern erschöpfen müssen, ist in gewissem Umfang implicite auch Gehorsamspflicht gegenüber rechtswidrigen Weisungen statuiert. Wenn einerseits die Originalität der vorgeführten Verfassungsbestimmung ein längeres Verweilen gerechtfertigt hat, so darf und muß doch wohl von ihrer Detailauslegung an dieser Stelle abgesehen werden.

Noch eine zweite herkömmliche Dienstpflicht ist in demselben Verfassungsartikel in die Sphäre des Verfassungsrechtes erhoben: Die Pflicht der Amtsverschwiegenheit: »Alle mit Aufgaben der Bundes-, Landes- und Gemeindeverwaltung betrauten Organe sind, soweit gesetzlich nicht anderes bestimmt ist, zur Verschwiegenheit über alle ihnen ausschließlich aus ihrer amtlichen Tätigkeit bekanntgewordenen Tatsachen verpflichtet, deren Geheimhaltung im Interesse einer Gebietskörperschaft oder der Parteien gelegen ist«. Auch durch diese, in ihrer Fassung wohl nicht so vorbildliche Bestimmung ist erreicht, daß eine Amtspflicht, die zum eisernen Bestande des Dienstrechtes gehört, mit unmittelbarer Verbindlichkeit für das Gesamtbereich der Verwaltung in der Verfassung verankert, daß sie von ihren traditionellen Geltungsbereichen innerhalb des Staatsdienstes auf sämtliche, also auch die gewählten Verwaltungsfunktionäre erstreckt und daß zugleich der Pflichtinhalt vernünftigen Schranken unterworfen wurde. Infolge der Tatsache, daß die öffentlichen Angestellten nur eine, wenn auch die qualitativ und quantitativ wichtigste, Kategorie der Verwaltungsorgane sind, stellen sich die bisher beleuchteten Verfassungsbestimmungen zwar nicht als ausschließliche Grundsatzbestimmungen des Beamtenrechtes, mittelbar aber doch auch als solche dar.

Dasselbe gilt auch von der verfassungsgesetzlichen Statuierung der zivilrechtlichen Haftung für Amtspflichtverletzungen: »Der Bund, die Länder, die Bezirke oder die Gemeinden haften, soweit sie nicht als Träger von Privatrechten in Betracht kommen, für den Schaden, den die als ihre Organe handelnden Personen einem Dritten dadurch verursachen, daß sie die Rechte, die dem Dritten der Gebietskörperschaft gegenüber zustehen, in rechtswidriger Besorgung ihrer Aufgaben vorsätzlich oder grob fahrlässig verletzen. Das Nähere regelt ein Bundesgesetz.« »Personen, die als Organe einer Gebietskörperschaft handeln, sind ihr nach bundesgesetzlicher Regelung für den Schaden haftbar, den sie in Ausübung ihrer Tätigkeit der Gebietskörperschaft unmittelbar zugefügt haben oder für den die Gebietskörperschaft dritten Personen Ersatz geleistet hat« (Art. 23 BVG.). Auch diese Verfassungsbestimmung ist offenbar nicht rein dienstrechtlicher Natur, da die Organhaftung in ihrem Sinne nicht bloße Beamtenhaftung, sondern Haftung sämtlicher Vollzugsorgane, der gewählten Politiker und der Angestellten also nicht minder als der Berufsbeamten ist. Das ist ja wohl auch der uneingestandene Grund, daß sowohl die Haftung der Gebietskörperschaften als auch die ihrer Organe für rechtswidrige Handlungen in Österreich bisher ein bloßes Verfassungsversprechen geblieben ist, dessen Einlösung nicht im entferntesten abgesehen werden kann. Grundsätzlich dieselbe Rechtslage hat hüben und drüben zur entgegengesetzten Auslegung und Übung geführt. Während die Rechtsprechung des deutschen Reichsgerichtes dem zweiten Absatz des Art. 131 Reichsverf.: »Die nähere Regelung liegt der zuständigen Gesetzgebung ob« nicht die Bedeutung einer Bedingung für die Anwendbarkeit der Haftpflichtbestimmung des Art. 131 beilegt, hat die österreichische Rechtsprechung die analoge Bestimmung des Art. 23 BVG.: »Das Nähere regelt ein Bundesgesetz« bisher ausnahmslos dahin ausgelegt, daß mangels eines solchen Bundesgesetzes die Haftpflicht gegen Gebietskörperschaften und deren Organe nicht geltend gemacht werden könne — ein Beweis übrigens für die Doppeldeutigkeit vermeintlich eindeutiger Gesetzesbestimmungen. Die österreichische Gesetzgebung hat bisher nicht die geringsten Anstalten getroffen, diese Verfassungspromesse einzulösen, obwohl das Vorbild der deutschen Verfassung und Rechtsprechung Ansporn genug für eine — sonst so gesuchte — Rechtsangleichung an das Reich sein könnte und man in Österreich außer dem gewiß sehr naheliegenden Vorbild des Reiches das noch um einen Grad näherliegende Vorbild des sogenannten Syndikatsgesetzes vom 12. VII. 1872, RGBl. 112, hat, wonach der Staat oder dessen richterliche Beamte wegen der von den letzteren in Ausübung ihrer amtlichen Wirksamkeit verursachten Rechtsverletzungen mit gerichtlicher Klage belangt werden können. Daß trotz so vieler Angleichungen zwischen Justiz und Verwaltung in Österreich, insbesondere trotz Einführung eines justizähnlichen Verwaltungsverfahrens für alle Verwaltungsakte, das fast alle Eigenschaften des deutschen Verwaltungsstreitverfahrens erfüllt, und ungeachtet der Haltung der Verwaltungsbeamtenschaft, der ihre weitere Privilegierung gegenüber der Richterschaft unerwünscht ist, in dem einen Punkte in Österreich ein des Rechtsstaates unwürdiger Verwaltungsprimitivismus aufrecht erhalten blieb, wird wohl nur durch die Absicht verständlich, unzulässige politische Einflüsse auf die Verwaltung vor ihren zivilrechtlichen Folgen zu sichern. Es bedarf nicht erst der Begründung, wie sehr es die Stellung des Berufsbeamten hebt und ihn gegen rechtswidrige Zumutungen aus welcher Sphäre immer, namentlich aber von Seite eines politisch eingestellten Vorgesetzten, immunisiert, wenn er nicht bloß mit seiner Persönlichkeit, sondern auch mit seinem Gehalt und allfälligem Vermögen für das, was er dienstlich tut und läßt, restlos einzugestehen hat. Insofern tragen die Verwaltungsbeamten des Reiches eine Last, um die sie ihre österreichischen Kollegen beneiden können; und um die prophylaktischen Wirkungen einer auch auf die Vermögenssphäre erstreckten Verantwortlichkeit ist die Verwaltung im Reiche der in Österreich gewiß voraus.

Der Gerichtsstand für Rechtsstreitigkeiten aus öffentlichrechtlichen Dienstverhältnissen wird im Art. 132 BVG. weit abweichend vom Art. 129, 1 RV. geregelt. »Der Verwaltungsgerichtshof erkennt in Streitfällen, die sich aus dem öffentlichrechtlichen Dienstverhältnis der Angestellten des Bundes, der Länder, der Bezirke oder der Gemeinden ergeben.« Wenn Art. 129 RV. den Beamten für ihre dienstrechtlichen Ansprüche den ordentlichen Rechtsweg gewährleistet, so erklärt sich dies aus der traditionellen Bevorzugung der Gerichtsbarkeit vor der Verwaltung, wie sie dem reichsdeutschen Rechte zum Unterschiede vom österreichischen eigentümlich ist und in besonders sinnfälliger Weise in dem berühmten Satz der Frankfurter Reichsverfassung: »Die Verwaltungspflege hört auf, über alle Rechtsverletzungen entscheiden die Gerichte«, und in dem preußischen Gesetz vom 24. Mai 1861 über die Erweiterung des Rechtsweges zum Ausdruck kommt. Es würde an dieser Stelle eine Untersuchung zu weit führen, inwiefern die Eröffnung des ordentlichen Rechtsweges für Ansprüche aus dem Beamtenverhältnis der bekannten Gegenwartsforderung nach Angleichung des Amtsrechtes und Arbeitsrechtes unbewußt vorgearbeitet hat, die ja durch diese Übereinstimmung des Gerichtsstandes in einem entscheidenden Punkte vollzogen ist. In diesem Punkte scheint mir das österreichische Recht der Auffassung des Beamtenverhältnisses als eines besonderen verwaltungsrechtlichen Rechtsverhältnisses besser zu entsprechen, indem es den Beamten zum Unterschied vom privatrechtlichen Dienstnehmer mit seinen Ansprüchen aus dem Dienstverhältnis an den Verwaltungsgerichtshof verweist. Bei dieser Lösung der Kompetenzfrage signalisiert der Garant der Rechtspflichten die Eigenheit des Dienstverhältnisses, ja es läßt sich eine rechtswissenschaftliche Auffassung denken, wonach das Garantieorgan der Pflichten des Dienstgebers eigentlich erst die herkömmlich angenommene Zäsur zwischen privatrechtlichem Arbeitsrecht und öffentlichrechtlichem Dienstrecht sowie zwischen Arbeitnehmer und Beamten erkennen lasse. Die rechtliche und tatsächliche Gewähr des Rechtsschutzes ist bei dieser Lösung der Zuständigkeitsfrage um so eher gegeben, als die Zentralisation der Rechtsprechung bei einem einzigen Sondergericht ihrer Einheitlichkeit und sachlichen Güte dient und als die unbestrittene Autorität des Verwaltungsgerichtshofes die eines niedrigen oder mittleren Zivilgerichtes überragt.

Diesem mehr psychologischen Vorzug der Verwaltungsgerichtsbarkeit vor der ordentlichen Gerichtsbarkeit in Dienstrechtssachen steht der juristische Vorzug zur Seite, daß nach österreichischem Rechte die Vorentscheidung für den Verwaltungsgerichtshof in keiner Beziehung bindend ist, während bekanntlich nach deutschem Rechte der Prüfung der Rechtslage durch das ordentliche Gericht einfachgesetzlich unter Umständen sehr empfindliche Schranken gezogen werden können.

Im übrigen beschränkt sich das BVG. hinsichtlich des Beamtenrechtes auf Kompetenzbestimmungen. (Art. 21). Aus diesen ergibt sich insbesondere, daß der Bund nicht bloß ausschließlich das Dienstrecht seiner eigenen Beamten, sondern grundsatzweise auch das der Beamten der Länder, allerdings nur solcher, die behördliche Aufgaben zu besorgen haben, zu regeln hat. Es ist dies eine der verschwindenden Kompetenzbestimmungen, durch die die BV. hinter der RV. an Unitarismus zurückbleibt, da Art. 128, 3 RV. rationeller Weise von der Beschränkung der Reichskompetenz auf in bestimmter Weise beschäftigte Beamte abgesehen hat. Alles in allem halten die vorgeführten Bestimmungen der BV. mit den vergleichbaren beamtenrechtlichen Artikeln der RV. an systematischer Geschlossenheit keinen Vergleich aus und würden viel eher das strenge Urteil von Anschütz verdienen, der schon die Art. 129 bis 132 RV. für wahllos zusammengestellt erklärt, — falls die österreichische Verfassung überhaupt die Absicht gehabt hätte, Grundsätze des Beamtenrechtes aufzustellen. Schon die andeutenden Bemerkungen haben geoffenbart, daß sich die beiden Verfassungen in unserem Problemkreise kaum berühren, sondern ihre eigenen Wege gehen und sich daher gegenseitig ergänzen könnten. Denn wenn einerseits auch keine Übereinstimmung besteht, so fehlt mangels von Berührungspunkten auch die Möglichkeit zu größerem Widerspruch und eröffnet sich die Aussicht auf eine nicht allzu schwere Angleichung des reichsdeutschen und österreichischen Beamtenrechtes.

In die Einzelheiten des in einfachen Gesetzen oder Rechtsquellen von Verordnungscharakter enthaltenen öffentlichen Dienstrechtes kann an dieser Stelle nicht eingegangen werden [5]. Wenn jedoch an Stelle der Einzelvorführung ein an wenigen Beispielen illustriertes juristisches Gesamturteil der Rechtslage in Österreich geboten werden soll, so unterscheidet es sich im großen und ganzen vom reichsdeutschen Dienstrecht durch ein höheres Maß an Liberalität gegenüber dem öffentlichen Beamten und enthält vielfach Rechtseinrichtungen, die im Deutschen Reiche Gegenstand legislativer Forderungen der Organisationen sind. Allerdings ist dies ein verallgemeinertes Gesamturteil, das von den in vielen Fällen tiefgreifenden Unterschieden der Dienstordnungen der verschiedenen öffentlichen Körperschaften völlig absieht. Die Struktur der österreichischen Ämterordnung, namentlich die Gestaltung des Berufungsweges und der Berufungsbedingungen sowie die Dosierung des Berufsbeamtentums einerseits, Wahl- und Laienbeamtentums andererseits, erlaubt es, Österreich heute noch als sogenannten Beamtenstaat zu klassifizieren, um diese glückliche Wortprägung Fritz Fleiners zu verwenden. Bei dieser Kennzeichnung des Gesamteindruckes des österreichischen Organapparates darf allerdings der Beamtenstaat zum sogenannten Volksstaat nicht in dem Sinne in Gegensatz gestellt werden, daß etwa die Demokratie den Beamtenstand wie eine volksfremde Kaste als ihren Herrn inthronisiert hätte. Wenn aber auch der Besitzstand des Berufsbeamtentums nicht ernstlich geschmälert wurde, so hat es doch dadurch den denkbar größten Verlust erlitten, daß es von der Parteipolitik infiziert worden ist, so wie in der Monarchie der Beamtenapparat durch den Nationalitätenkampf zersetzt worden war. Der Parteipolitiker in der Maske und Rechtsform des Bürokraten bedeutet eine Kompromittierung der Idee der Bürokratie, die deren Realität auf die Dauer aufzuheben droht. Die Gefahren einer Entwicklung von der Art, daß »sich die Parteimaschine zwischen Volk und Regierung schiebt, und eine Art legaler oder wenigstens durch Gegenseitigkeit legalisierter Protektion in der Vergebung der Ämter erzeugt«, brauche ich in diesem Kreis nicht auszumalen,

---

[5]) Die Gegenüberstellung der Rechts- und Tatsachenlage im Deutschen Reich und Österreich, aus der sich erst die nachstehenden legislativpolitischen Forderungen ergeben, mußte auch aus dem gedruckten Berichte wegen des übergroßen Umfanges ausgeschieden werden und soll abgesondert an anderer Stelle erscheinen.

sind aber auch aufgeklärten Politikern bewußt geworden. Das eben zitierte Wort stammt nicht von einem unsachlichen Nörgler des Parteigetriebes, sondern von einem gewiß die Dinge richtig sehenden, dabei aber auch ehrlich urteilenden Parteimann, dem langjährigen österreichischen Bundeskanzler Ignaz Seipel. Wenn von maßgebendster Seite die tatsächliche Lage so gekennzeichnet wird, dann wundert man sich nicht, daß es die größte unpolitische Beamtenorganisation Österreichs vor Jahren für nötig gefunden hat, eine Stelle einzurichten, bei der die Beamten moralisch und finanziell Rückhalt finden, wenn sie bei, ja gerade wegen korrekter Dienstausübung durch Parteiterror Schaden nehmen.

Ich habe mit Absicht mein kritisches Urteil zur Tatsachenlage auf österreichische Verhältnisse beschränkt. Indessen rechtfertigen mancherlei Ausführungen von parteipolitisch unbefangener und fachlich berufener Seite die Annahme, daß ich mit dieser Schilderung heimischer Einrichtungen und Zustände keine hierzulande völlig fremden Erscheinungen angedeutet habe. Man braucht nur die von tiefer Sorge nicht nur um das deutsche Beamtentum, sondern um die politische Zukunft des deutschen Volkes eingegebenen und erfüllten Ausführungen Ottmar Bühlers unter dem Titel: »Das Beutesystem bei der Ämterbesetzung« in seiner Broschüre »Der heutige Stand der Verfassungs- und Verwaltungsreform« nachzulesen, um sich nicht nur von der Überstaatlichkeit, um nicht zu sagen Internationalität mancher der angedeuteten Erscheinungen, sondern auch von der gewissermaßen interfraktionellen Natur dieser Erscheinungen zu überzeugen.

Die Vereinigung der deutschen Staatsrechtslehrer hat die in ihrem Berufe begründete hohe moralische Sendung, zu solchen Tatsachen feststellend und fordernd Stellung zu nehmen. Sie würde sich einer Unterlassung schuldig machen, wenn sie alles in der Entwicklung des Beamtenrechtes Gegebene als selbstverständlich und unabwendbar hinnähme. Wenn Max Weber in seiner heute mehr als je zeitgemäßen Rede »Die Wissenschaft als Beruf« nicht bloß im Hinblick auf akademische Verhältnisse festgestellt hat: »Nur wo die Parlamente oder wie bei uns bisher die Monarchen oder jetzt revolutionäre Gewalthaber aus politischen Gründen eingreifen, kann man sicher sein, daß bequeme Mittelmäßigkeiten oder Streber allein die Chance für sich haben«, so war dies nicht im Sinne einer Resignation in völlig Unvermeidbares und Unabwendbares, sondern im Sinne einer Forderung zur Besserung des Gegebenen gesagt. Und es ist ein Zeichen des hohen Idealismus, der heute noch in deutschen Beamtenkreisen lebt, wenn trotz der Sorge um das Materielle in voller Stärke der Wunsch lebendig ist, die parteipolitischen Hemmungen rechter und rechtmäßiger Berufsausfüllung zu überwinden.

II.

Wenden wir uns von den eklektischen Betrachtungen der Rechts- und Sachlage unseres Problemgebietes der zweiten Seite unseres Beratungsgegenstandes, nämlich der Reform des Beamtenrechtes zu, so ergeben sich die Aufgaben der Reform unmittelbar aus der positiven oder negativen Bewertung der vorgeführten Rechts- und Tatsachenlage.

Die legislativpolitische Frage nach der Reform des Beamtenrechtes greift zurück in das Fundament des Organisationsrechtes überhaupt. Beamtentum und Beamtenrecht bedeuten nur eine der rechtstechnischen Möglichkeiten, die Versehung von Staatsfunktionen, im besonderen die Besorgung der Vollziehung — unter Voraussetzung der durch unser Organisationsproblem unberührten Gesetzgebung — rechtstechnisch zu organisieren. Die für jeden vom Dualismus der Gesetzgebung und Vollziehung beherrschten Staat aufgegebene rechtspolitische Frage: Wer soll die Vollziehung besorgen? kann freilich, wenn wir nicht eine Utopie errichten wollen, nicht voraussetzungslos, nicht unbekümmert um alle Erfahrung beantwortet werden. Reformvorschläge, die in den maßgebenden Kreisen gehört und verwirklicht werden sollen, müssen sich an das Gegebene halten. In unserem Falle sind wir in der angenehmen Lage, daß sich das rechtspolitische Ideal der erdrückenden Mehrheit der Fachwissenschafter mit der rechtlichen Realität deckt. Vergangenheit und Gegenwart der deutschen Staaten weist als vorherrschende, geradezu typische Organisationsform der Gerichtsbarkeit und Verwaltung im deutschen Staate das Berufsbeamtentum auf. Daran halten wir fest. Diese Lösung unserer rechtspolitischen Frage ist für mich, wenn mir eine persönliche Bemerkung gestattet ist, nicht erst die Frucht jüngster, unserem Tagungsgegenstand gewidmeter Studien, sondern ein lang ausgereifter Gedanke, dem ich nach mancherlei einschlägigen Vorarbeiten in meiner Arbeit »Demokratie und Verwaltung« bereits vor acht Jahren mit eingehender Begründung Ausdruck gegeben habe. Mein im folgenden zu entwickelndes Reformprogramm wird demgemäß mehr konservativer als revolutionärer Natur sein. Die legislativpolitische Aufgabe auf unserem Rechtsgebiet sehe ich darin, die unserer Rechtsordnung eigentümliche Institution des Berufsbeamten reiner herauszuarbeiten und den Gefährdungen und Abbiegungen, denen sie durch die jüngste Entwicklung der Dinge ausgesetzt war, soweit dies rechtlich möglich ist, zu entrücken. Und Aufgabe unserer Tagung scheint es mir zu sein, durch die voraussichtlich fast einmütige Stellungnahme zu dieser Grundfrage einen Appell in diesem Sinne an alle Verantwortlichen zu richten. Wer es verantworten zu können glaubt, der mag diesen

Appell überhören. Die Frage der Verantwortlichkeit für das Geschehen und Unterlassen in bezug auf diese Schicksalsfrage des deutschen Staates wird damit wenigstens eindeutig geklärt sein.

Eine mächtige Autorität steht bei dieser Stellungnahme gegen alle Gegner dieser Forderungen auf unserer Seite: die Verfassung des Deutschen Reiches, neben der ich kaum noch die Verfassung Österreichs als Eideshelfer anzurufen brauche. Für jemanden, der ganz wie ich, auf dem Boden der Weimarer Verfassung steht, ist es begreiflicherweise eine wesentliche Erleichterung des gesetzgeberischen und administrativen Reformprogrammes, wenn es nicht um Haaresbreite von dieser Verfassungsgrundlage abzuweichen braucht. Es wäre übrigens trotz der Aktualität von Verfassungsreformen doch eine die Realisierbarkeit schwer beeinträchtigende Belastung eines Reformprogrammes auf dem beamtenrechtlichen Gebiete, wenn es Vorschläge zur Reform der Verfassung mitumfaßte. Die Vorschläge, die ich zu entwickeln die Ehre haben werde, lassen sich, soweit ich sehe, durchaus auf dem Wege einfacher Gesetzgebung, ja zum guten Teil auf dem Verwaltungswege verwirklichen. Dem durch frühere Ausführungen nahegelegten Einwand, daß sich meine Kritik an der Politisierung der Beamtenschaft mit dem demokratisch-parlamentarischen Prinzipe nicht vereinbaren lasse, da die Politisierung der Verwaltung eine notwendige, ja sogar wünschenswerte Konsequenz des demokratischen Parteienstaates sei, möchte ich schon jetzt entgegenhalten: Demokratie muß zwar durch Parteienherrschaft mediatisiert sein, doch sind die Parteien nur Exponenten des Volkes und nicht Selbstzweck des demokratischen Staates. Die Parteien haben zwar im Sinne der Demokratie dem Gesetze im Kompromißwege den Inhalt zu geben, haben sich aber eines Einflusses auf die Vollziehung des Gesetzes zu enthalten; die beliebten Versuche, das, was nicht in der Gesetzgebung an Parteiwünschen erreicht wurde, im Wege der Vollziehung durchzusetzen und dieserart das politische Glück zu korrigieren, sind nicht Sicherung, sondern Gefährdung und Aushöhlung des Volkswillens, sind autokratische Anwandlungen von Pseudodemokraten. Der Parteienherrschaft im Bereiche der Vollziehung Schranken setzen — und die wichtigste derartige Schranke ist ein parteipolitisch unbeeinflußt funktionierendes Berufsbeamtentum — ist daher dem Idealtypus der Demokratie kongenial, wie wenig ihr auch der Realtypus der Demokratie entsprechen mag. Es ist also kein Widerspruch, zugleich den Volksstaat und das Berufsbeamtentum zu bejahen. Alle folgenden rechtspolitischen Forderungen stehen im Banne dieser doppelten Bejahung.

Die Kardinalforderung aller Beamtenrechtsreform dient der Sicherung des Substrates dieser Reform: Das Berufsbeamtentum ist in seinem bisherigen Umfang, vorbehaltlich unwesentlicher Grenzverschiebungen, beizubehalten. Diese Forderung richtet sich gegen das Eindringen anderer Organisationstypen, und zwar besonders einerseits des Berufspolitikers, sei es nun in der Form des Wahl- oder Laienbeamten, andererseits des Angestellten, in die derzeit vom Berufsbeamten eingenommenen Stellungen in Gerichtsbarkeit und Verwaltung. Der Haupttypus des Richters und Verwaltungsorganes hat demnach auch in Zukunft der Berufsbeamte zu bleiben. Das gegenwärtige Funktionsbereich des Berufsbeamten in Justiz und Verwaltung ist geschichtlich geworden, daher gewissermaßen okkasionell und nicht rationell von den Funktionsbereichen anderer Organtypen abgegrenzt. Daher müssen gewisse Grenzverschiebungen, die im ganzen das Funktionsbereich des Berufsbeamten unvermindert lassen, vorbehalten bleiben; mit einer unnachgiebigen Versteinerung des status quo wäre dem Prinzipe nicht gedient, nur im ganzen soll die Bürokratie keine Schmälerung ihres Besitzstandes erfahren. Im überkommenen Wirkungskreise des Berufsbeamten ist der Berufspolitiker in beiden denkbaren Gestalten unerwünscht: sowohl dergestalt, daß ein Politiker wegen dieser seiner Eigenschaft auf einen Beamtenposten berufen wird, so daß er zwar die Rechtsform des Berufsbeamten annimmt, um jedoch diese Form mit transzendentem parteipolitischem Inhalt zu erfüllen, als auch dergestalt, daß bisherige Berufsämter entbürokratisiert und zu Wahl- und Laienämtern gemacht werden. Bei gewissen formellen Berufsämtern, die sozusagen zum angestammten Besitze der Berufspolitiker geworden sind, scheint es mir allerdings folgerichtiger und ehrlicher, das Amt selbst rechtlich zu entbürokratisieren und zu politisieren, wie es in Österreich bei den Mitgliedern der Bundes- und Landesregierungen geschehen ist, um im übrigen den Besitzstand des Berufsbeamten um so strenger zu wahren. Das Eindringen fremder Elemente in die Berufsämter müßte durch die Aufstellung persönlicher Voraussetzungen für diese Ämter, insbesondere die Erfordernisse einer bestimmten Vorbildung und Vorbereitungszeit — Voraussetzungen, die ja vor allem die Gestaltung des fraglichen Amtes als Berufsamt rechtfertigen — verhindert und die Nichtbeachtung dieser rechtlichen Erfordernisse durch Nichtigkeit des Kreationsaktes sanktioniert werden. Sofern der Zuzug selbst rechtlich qualifizierter Politiker in Berufsämter sachlich unerwünscht ist, müßte durch Inkompatibilitätsvorschriften ein Riegel vorgeschoben werden. Ein durchaus wesensverwandtes Problem wie das Eindringen des Berufspolitikers in die Hoheitsverwaltung ist die Durchsetzung der privatwirtschaftlichen Verwaltung durch Funktionäre, die nicht der Bürokratie, sondern der freien Wirtschaft entnommen sind. Auch dieser im allgemeinen in den leitenden Posten erwünschten Durchsetzung des bürokratischen Apparates mit fremden Elementen müßten durch formelle Erfordernisse und Inkompatibilitätsvorschriften gewisse Schranken gezogen sein. Jedenfalls sollte die Entscheidung zwischen Berufsamt und Laien- oder Ehrenamt nicht nach Augenblickserwägungen im Einzelfall, sondern nach allgemeingültigen Gesichtspunkten schon in der gesetzlichen Ämterverfassung gezogen werden. Ja selbst die im Art. 129 RV. und im Art. 21 BVG. in Aussicht genommenen Grundsatzgesetze könnten obligatorisch vorschreiben, welche Ämter dem Berufsbeamten und welche dem Laien- und Ehrenbeamten vorzubehalten seien, um die actio finium regundorum zwischen diesen beiden Organisationsprinzipien nicht von den Zufälligkeiten der politischen Konstellation in den einzelnen Ländern abhängig zu machen und dadurch Wünsche rege zu erhalten, die Ämterverfassung nach dem Vorbilde des Nachbarlandes oder politisch gleichorientierten Landes zu reformieren. Eine gewisse Stabilität der konkurrierenden Organisationssysteme ist die Vorbedingung eines geordneten Funktionierens der Verwaltung; diese Stabilität wird aber am ehesten durch eine reichsgesetzliche Vereinheitlichung erzielt, über deren Aussichten ich mir allerdings ein Urteil versagen muß. Jedenfalls sollte auch die Nichtbeachtung einer solchen reichsgesetzlichen Demarkationslinie durch Nichtigkeit des Berufungsaktes sanktioniert sein.

Lassen wir dem skizzierten legislativen Vorschlag die Begründung folgen, so muß vor allem dem Mißverständnis vorgebeugt werden, als gelte es, das Berufsbeamtentum, dessen Besitzstand hier so verteidigt wird, um seiner selbst willen zu sichern. Es ist uns in diesem Zusammenhang — unbekümmert um die sozialen Werte, die es repräsentiert — doch nur ein Baustein im Systeme der Staatsorganisation, und nur seine Funktion im Staatsganzen vermag die ihm zugemessene Stellung zu rechtfertigen. Der Prüfstein eines Organapparates ist naturgemäß seine Eignung für die Erfüllung der ihm gesetzten Zwecke. Ein objektives Urteil wird den Organapparat am höchsten bewerten, der sich durch Sachlichkeit, Unparteilichkeit und Rechtlichkeit der Amtsführung auszeichnet. Es ist dann auch nur folgerichtig, dem Organisationssystem vor allen anderen den Vorzug zu geben, bei dessen Anwendung Gerichtsbarkeit und Verwaltung die eben genannten Wesenszüge aufweisen. Eine Begriffsanalyse des Berufsbeamtentums ergibt nun aber, daß ihm seiner Natur nach eher als seinem Konkurrenten, dem Laienbeamten und dem in das Berufsamt eingedrungenen Parteipolitiker diese Vorzüge der Amtsführung innewohnen, und die praktische Erfahrung in deutschen Landen bestätigt im großen und ganzen dieses theoretische Ergebnis. Gelegentliche abweichende Erfahrungen erklären sich nicht bloß daraus, daß natürlich auch das Berufsbeamtentum keine homogene Masse darstellt, die alle ihre Vorzüge in allen ihren Angehörigen in gleichem Maße zutagetreten ließe, sondern insbesondere auch aus dem Einfluß der Parteipolitik, die im Beamten weniger den Vollstrecker des Gesetzes als das Instrument des Parteiwillens sucht und daher zwischen verschiedenen Bewerbern nur zu oft dem gefügigen Diener der Partei vor dem unbeugsamen Diener des Gesetzes den Vorzug gibt. Die naive, politischen Zielen dienende Deutung der Verwaltung des Gegenwartsstaates in der Theorie des Bolschewismus hat bekanntlich vermeint, sie auf eine Summe von Kontroll- und Registrierungstätigkeiten zurückführen zu können. Das Gegenteil ist richtig. Je stärkere staatssozialistische Tendenzen eine Verwaltung verfolgt — und solche finden sich in jedem sogenannten kapitalistischen Staat —, desto ferner liegt ihr der ihr angedichtete Primitivismus, desto mehr gelten für sie die allgemeinen wirtschaftlichen Erfordernisse der Arbeitsteilung und Berufsspezialisierung. Ein Privatunternehmer, der Qualitätsarbeit sucht, würde sich nicht mit der Arbeitsleistung des Herrn Jedermann abfinden, sondern gibt ceteris paribus dem Bewerber, der sich in der Branche spezialisiert hat und die besten Fachkenntnisse und fachliche Erfahrung verspricht, den Vorzug. Das Laienbeamtentum bedeutet das gerade gegenteilige Ausleseprinzip. Hier ist die fachliche Qualifikation für das Amt, die gewiß mitunter selbst in viel höherem Maße als beim Berufsbeamten vorliegen *kann*, doch kein rechtliches Erfordernis, sondern ein Zufall. Verwalten ist ja nicht Selbstzweck, etwa dazu da, dem damit betrauten Organ die Annehmlichkeiten einer Organstellung zu verschaffen; Verwalten ist vielmehr die Bewerkstelligung bestimmter für erforderlich erachteter und daher dem Staat übertragener sozialer Leistungen. Das setzt Kenntnisse und Erfahrungen auf dem betreffenden Fachgebiete voraus. Aus diesen Erwägungen ergibt sich die Erforderlichkeit einer Geschäftsverteilung zwischen Laienbeamtentum und Berufsbeamtentum, die dem letzten den Großteil der Verwaltungsposten eines modernen Staates vorbehält. Der Journalist z. B., der einen guten Innenminister abgibt, wäre als Leiter einer vornehmlich zur Rechtsanwendung berufenen Unterbehörde unangebracht. Der Gewerkschaftsbeamte, der etwa als Sozialminister durchaus seinen Mann stellt, würde als Arbeitsinspektor völlig versagen, und ein Laie ist zwar als Unterrichtsminister oder Heeresminister denkbar, könnte aber doch nicht mit einem ihm unterstellten Schulmann oder Truppenkommandanten die Rolle tauschen. So sind dem Eindringen des Laienbeamten in den Verwaltungsapparat aus dem Erfordernisse der Sachlichkeit naturgemäße Schranken gesetzt, die freilich nicht in allen Fällen so auf den ersten Blick einleuchten, wie in den eben gebrachten Beispielen, und daher bei der herrschenden, durch eine falsche demokratische Ideologie verkleideten Demokratisierungstendenz nur zu leicht überschritten werden. In dieselbe Richtung weist der weitere Vorzug des Berufsbeamtentums vor dem Laienbeamtentum, seine relativ stärker ausgeprägte Unparteilichkeit. Dieser Vorzug macht sich vorzugsweise in der Hoheitsverwaltung sowie in der Gerichtsbarkeit, und zwar um so stärker geltend, je mehr das Amt moralische Autorität erfordert. Der Untertan, der mit der Obrigkeit in Berührung kommt, muß das Bewußtsein, ja die Gewißheit haben, daß er sozusagen ohne Ansehen der Person behandelt wird und daß insbesondere seine parteipolitische Einstellung für die Erledigung des Falles belanglos ist. Eine Amtsausübung, die diesem Erfordernisse der Unparteilichkeit nicht gerecht wird, ist zumindest im moralischen Sinne ein Mißbrauch der Amtsgewalt. Nun ist es aber für den zu Amt und Würden gelangten Politiker mitunter eine fast übermenschliche Zumutung, gerade dann, wenn er Gelegenheit hat, dem Parteivorteil zu dienen, den Parteimann abzustreifen und auf eine Ausnutzung des Amtes im Dienste der Partei zu verzichten. Ein solcher Verzicht wird um so schwerer, als in der herrschenden Auffassung die Erraffung von Vorteilen für die Partei durchaus nicht in derselben Weise beurteilt wird, wie dieselbe Haltung zugunsten des Amtsträgers selbst. Für den Untertanen kommt es aber auf dasselbe heraus, ob er zugunsten des Privatvorteiles des Amtsorganes oder des Parteivorteiles einer ihm gleichgültigen oder unsympathischen Partei benachteiligt wird. Der Berufsbeamte bietet nun dank der Natur seiner Organstellung unstreitig eine höhere Gewähr der Unparteilichkeit. Dabei sehen wir von der spezifischen Berufstradition des deutschen Beamten ab, die ihm Unparteilichkeit als eine der obersten Berufspflichten vorgezeichnet hat. Der allgemein-gültige Grund seines Vorzuges in dieser Hinsicht ist darin zu suchen, daß er nicht wie der zu Verwaltungsämtern berufene Parteimann im Parteidienste aufgewachsen ist und nun der Schwierigkeit unterliegt, diese Erziehungsfrucht sozusagen verleugnen zu müssen, sondern daß er im Gegenteil aus der Berufsschulung in der Regel unmittelbar in die Schule seines Amtes eintritt, der Unparteilichkeit als Berufsethos vorgezeichnet ist. Die Gefahren einer parteilichen Amtsführung des Berufsbeamten, die gewiß vorhanden, und in der Entwicklung des Beamtenstaates, diesen gewissermaßen unterminierend, großgeworden sind, kommen im allgemeinen nicht aus der Mentalität des Berufsbeamten, sondern aus einer legitimen oder illegitimen Beeinflussung von Seite des vorgesetzten Inhabers eines Wahlamtes. Zwei Wege gibt es, diese Influenzierungsmöglichkeiten der Amtsführung des Berufsbeamten im Sinne einer wie immer orientierten Parteilichkeit abzuschwächen: Sicherung der Berufsstellung durch Unauflöslichkeit des Dienstverhältnisses, außer in den Fällen von Dienstwidrigkeiten, und Gewährung eines Prüfungsrechtes gegenüber den Weisungen auf ihre Unparteilichkeit, mindestens soweit sie die Gesetzmäßigkeit der Amtsführung in Frage stellen. Auf diese gesetzgeberischen Probleme wird noch in einem späteren Zusammenhang zurückzukommen sein. Der letzte entscheidende Vorzug des Berufsbeamten vor dem Politiker liegt in der höheren Gewähr der Rechtmäßigkeit seiner Amtshandlungen; diese Gewähr bietet an sich schon die Organstellung des Berufsbeamten dank seiner regelmäßig unpolitischen Herkunft und seiner lebenslänglichen Widmung an den Beruf, und wird überdies noch durch Rechtseinrichtungen wie das Disziplinarrecht gesteigert. Der Politiker in der Verwaltung wie in der Justiz ist dagegen infolge seiner Herkunft und der zeitlichen Beschränkung seines Amtes eher geneigt, seine eigentliche Aufgabe weniger in der Vollziehung des Rechtes als der Wünsche seiner Partei, sei es auch auf Kosten der Rechtmäßigkeit seiner Amtsführung, zu erblicken. Erst dadurch wird jedoch das aus dem Parteiwillen geborene Gesetz zu einer objektiven Norm, daß seine Wirkung durch eine parteipolitisch neutrale Justiz und Verwaltung mediatisiert wird. Gelingt es typischerweise dem Berufsbeamten, die Subjektivität der Rechtserzeugung durch objektive Rechtsanwendung zu neutralisieren und somit die in der Gesetzgebung auftretende Parteiherrschaft zu sublimieren, so macht die zusätzliche Parteipolitik in Gestalt einer parteipolitisch orientierten, wo es der Parteivorteil gebietet, auch rechtswidrigen Konkretisierung der Norm, also die Kumulierung parteipolitischer Gesetzgebung mit parteipolitischer Verwaltung und Justiz, die Parteiherrschaft gehässig und verhaßt. Dank dieser Hüterrolle gegenüber dem Gesetze wird nun gerade der Berufsbeamte durchschnittlich eher als der in der Verwaltung und Gerichtsbarkeit tätige Politiker zum Repräsentanten des Volkes — vorausgesetzt, daß das Gesetz auf demokratischem Wege erzeugt wird — und der Parteipolitiker in Verwaltung und Justiz zur Gefahr der Demokratie. Denn während dieser geneigt ist, die Politik in Form der Gesetzgebung durch Politik auf dem Wege sogenannter Vollziehung fortzusetzen, damit aber den im Gesetz zum Ausdruck gelangten Volkswillen unter Umständen zu sabotieren, wenn er seinem politischen Ziel nicht entspricht und somit die »Vollziehung« — die ihren begrifflichen Sinn nur aus dem vollzogenen Gesetz empfängt — zu denaturieren, ist der gesetzestreu eingestellte Berufsbeamte Instrument des Volkswillens. Die tiefe Gegensätzlichkeit der beiderseitigen, nur allzu häufigen, beinahe typischen Einstellung zum Gesetze zeigt sich in dem Konfliktsfalle, wo der vorgesetzte Politiker dem untergebenen Berufsbeamten ausdrücklich oder wenigstens unmißverständlich zumutet, gegen das Gesetz zu handeln oder wenigstens für sein gesetzwidriges Handeln die juristische Begründung beizusteuern:

ein Konfliktsfall, der, wie immer ihn auch das Recht lösen mag, aus dem Berufsethos des Berufsbeamten zu der Entscheidung drängt, dem Vorgesetzten den Gehorsam zu verweigern und dem Gesetze Treue zu halten. Auch diese Vorzüge des Berufsbeamten können positivrechtlich geschützt werden durch die Gewährleistung der Lebenslänglichkeit seines Amtes und durch ein Prüfungsrecht, das ihm erlaubt, selbstverständlich auf eigene Gefahr und unter Kontrolle der Disziplinarbehörde, gesetzwidrige Befehle zu vernachlässigen.

Im Vergleiche mit der erörterten Abgrenzung der Wirkungsfelder des Berufsbeamten und Berufspolitikers erscheint mir die in der Literatur meist in den Vordergrund gestellte Auseinandersetzung zwischen dem Beamten im engeren Sinne und dem Angestellten, objektiv gesprochen, die Auseinandersetzung zwischen öffentlich-rechtlichem und privat-rechtlichem Dienstverhältnis, als Problem zweiten Ranges.

Trotzdem sind Angriffe auf diese überkommene Ordnung und im besonderen wesentliche Eingriffe in den Besitzstand des Beamten abzulehnen. Die Bedeutung der rechtspolitischen Frage nach dem Wirkungsfeld der beiden Organkategorien hängt indes ganz und gar von dem besonderen positivrechtlichen Inhalt der beiden Dienstrechtsformen ab. Man wird z. B. dem Probleme der Funktionszuteilung an die beiden Organtypen eine sehr verschiedene Bedeutung beimessen, je nachdem, ob die beiden Rechtsinstitute einander so angenähert sind, wie z. B. im österreichischen Rechte wenigstens gewisse Gruppen dem bürgerlichen Recht unterstellter Dienstnehmer den »pragmatischen Angestellten« angeglichen sind, oder ob zwischen den beiden Gruppen positivrechtlich eine Kluft von der Tiefe besteht, daß das öffentlich-rechtliche Dienstverhältnis unbedingt lebenslänglich, das privatrechtliche dagegen jederzeit beliebig auflösbar ist, oder daß das eine Dienstverhältnis allein durch die Treue gekennzeichnet ist, wogegen das andere Dienstverhältnis eine Treuepflicht ausschließt. Und man sollte nicht vernachlässigen, daß legislativpolitische Vorschläge nicht einfach vor der Alternative: öffentlich- oder privat-rechtliches Dienstverhältnis stehen, sondern daß sich auch, falls gegen eine solche radikale Lösung unüberwindliche Widerstände bestehen, Kompromißlösungen von der Art darbieten, daß die fragliche Gruppe von Dienstnehmern einem Sonderrechte unterstellt wird, welches Eigenschaften des einen wie des anderen Dienstrechtstypus aufweist und nur a potiori dem einen oder anderen Dienstrechtstypus zugeordnet wird, ohne daß aber die Anwendung der öffentlichrechtlichen oder privatrechtlichen Dienstrechtskategorie rechtspolitisch so beurteilt werden dürfte, als käme eine extreme Form dieser beiden Dienstrechtskategorien in Frage. Es wäre Doktrinarismus, das privatrechtliche Dienstverhältnis um dieser seiner Form willen in der Hoheitsverwaltung überhaupt ablehnen zu wollen, falls die Rechtsordnung dem rechtspolitischen Erfordernisse stärkerer Bindungen des Dienstnehmers durch eine besondere Ausgestaltung der Dienstordnung, etwa durch Statuierung einer strengen Amtspflicht und deren Kompensierung durch Unkündbarkeit des Dienstverhältnisses, Rechnung trägt. Infolge dieser Variationsmöglichkeit beider Dienstrechte ist es schwer, zwischen ihren Anwendungsbereichen eine allgemeingültige Grenze zu ziehen und muß man wohl einen gewissen Spielraum lassen, innerhalb dessen die Bedürfnisse des Dienstes und auch die Wünsche der Dienstnehmer berücksichtigt werden können. Man kann im allgemeinen wohl sagen, daß der Justiz und der Hoheitsverwaltung das öffentlich-rechtliche Dienstverhältnis, der privatwirtschaftlichen Verwaltung das privatrechtliche Dienstverhältnis angemessener ist. Man kann vielleicht soviel verlangen, daß jedes Organ, das berufsmäßig Befehls- oder Zwangsakte setzt, rechtlich als Beamter ausgezeichnet sei, um damit dem Organ und allenfalls auch der Bevölkerung, mit der es in Berührung kommt, durch die Besonderheit der Organstellung (abgesehen von der Eigentümlichkeit der Kompetenz) zum Bewußtsein zu bringen, daß das Organ das Vorrecht und die Verantwortung der Ausübung von staatlichem Imperium hat. So ist das öffentlich-rechtliche Dienstverhältnis unter anderm zu fordern für Berufsrichter, Polizeibeamte, Steuerbeamte, Vollstreckungsbeamte, Gewerbeinspektionsbeamte, Beamte des Schulaufsichtsdienstes, und zwar ausnahmslos, so daß auch insbesondere der Vorbereitungsdienst in diesen Dienstbereichen in einem öffentlich-rechtlichen Dienstverhältnis zurückgelegt werden müßte und selbst die aushilfsweise Verwendung von Vertragsangestellten zu derartigen obrigkeitlichen Verrichtungen abzulehnen wäre. Aber auch für sonstige, nicht gänzlich oder vorwiegend obrigkeitliche Dienstesverwendungen ist das öffentlich-rechtliche Dienstverhältnis ausnahmslos am Platze, und zwar einerseits bei Agenden, mit denen der Staat (im Sinne sämtlicher Gebietskörperschaften verstanden) im engsten Sinne Kulturzwecken dient und wo er eine monopolistische Stellung innehat. Das Erste trifft vor allem von dem Lehrpersonal sämtlicher öffentlicher Unterrichts- und Erziehungsanstalten von der Universität bis zur Volksschule zu, ferner vom Personal wissenschaftlicher Institute, öffentlicher Krankenanstalten, Forsten der Gebietskörperschaften, wobei es sich ja nicht um die Erzielung von Gewinnen, sondern um die besondere Bewirtschaftung eines Stückes Nationalvermögens handelt; das Zweite von der Post und von der Verwaltung echter Finanzmonopole, wie in Österreich etwa das Tabakmonopol und das sogenannte Salzregal. In den genannten Fällen symbolisiert die Eigenart des Dienstverhältnisses und dessen Übereinstimmung mit dem Dienstrecht der reinen Hoheitsverwaltung die enge Verknüpfung dieser Verwaltungsaufgaben mit dem Staate, die darin zum Ausdruck kommt, daß sich der Staat diese Aufgaben entweder zur ausschließlichen Besorgung vorbehalten hat oder daß er sie, wenn er insoweit mit Privatunternehmungen mehr oder weniger konkurriert, doch in einem grundsätzlich anderen Sinn und Geist erfüllen will als diese (öffentliche Schule — unternehmungsweises Erziehungsinstitut, öffentliche Krankenanstalt — Privatsanatorium, der Walderhaltung dienende Staatsforste — als Holzproduktionsunternehmung dienende Privatforste). Dieselbe ratio trifft übrigens für alle Betriebe öffentlicher Körperschaften mit Ausnahme der reinen Erwerbsanstalten zu. Aber es ist damit doch bereits ein Gebiet betreten, wo man dem privatrechtlichen Dienstverhältnis auch Raum geben kann. Man denke an die Staatstheater, wo das öffentlich-rechtliche Dienstverhältnis, repräsentiert durch in Rangsklassen eingeteilte pragmatische Schauspielbeamte, doch nicht bloß befremdlich aussähe, sondern auch durchschnittlich zu dem entgegengesetzten Ergebnis wie anderweitig führen, nämlich das Niveau der Leistungen eher herabdrücken als heben könnte. Dagegen scheint mir das je nach dem Ausgreifen der staatssozialistischen oder staatskapitalistischen Strömung mehr oder minder weite Gebiet erwerbswirtschaftlicher Unternehmungen der öffentlichen Körperschaften, wozu trotz aller Beschönigungsversuche die Verkehrsunternehmungen zu gehören pflegen, als mögliches, wenn nicht gar wünschenswertes Anwendungsbereich des privatrechtlichen Dienstvertrages. Damit soll natürlich nicht dokumentiert werden, daß es sich um Tätigkeiten handle, an denen die Allgemeinheit nur geringeres Interesse hat, oder daß es sich um Tätigkeiten handle, die dem Staate eigentlich fremd sind — Staat und Recht sind mögliche Formen für sämtliche gesellschaftliche Zwecke —, sondern es soll damit den öffentlichen Körperschaften eine größere wirtschaftliche Beweglichkeit und eine rechtliche Parität mit privaten Konkurrenten auf diesem Gebiete gesichert werden; die Rechts- und Wirtschaftslage ist ja doch für den Staat als Unternehmer mitunter eine ganz andere, je nachdem, ob er eine privatwirtschaftliche Unternehmung in denselben Rechtsformen wie irgendein privater Unternehmer betreiben kann oder ob er dabei an die Rechtsform des öffentlichen Dienstes gebunden ist; andererseits wird es aber aus sozialen Gründen unhaltbar sein, dem Staate als privatrechtlichem Dienstgeber volle Vertragsfreiheit zu belassen, sondern ist es ein sozialpolitisches Gebot, durch Dienstordnungen das privatrechtliche Dienstverhältnis in diesem seinem Anwendungsbereich dem öffentlich-rechtlichen in gewissen Punkten (Erschwerung der Auflösung des Dienstverhältnisses, disziplinare Verantwortlichkeit usw.) anzugleichen, wobei man ja wiederum aus Gründen der rechtlichen und wirtschaftlichen Parität den Privatunternehmer auf diesen Gebieten dem öffentlichen Unternehmer gleichstellen kann. Das müßte selbstverständlich ausgeschlossen werden, daß innerhalb ein und desselben Organapparates die Frage des Dienstverhältnisses individuell behandelt werden kann, was darauf hinausläuft, daß die Zubilligung der einen oder der anderen Rechtsstellung zu einer Frage der größeren Protektion wird. Es ist selbstverständlich ein Unding, wenn es in Österreich vorkommt, daß langgediente wissenschaftliche Funktionäre staatlicher Anstalten in einem jederzeit kündbaren Vertragsverhältnis stehen, wogegen Hilfspersonal an derselben oder an ähnlichen Anstalten die Annehmlichkeiten des pragmatischen Dienstverhältnisses genießt. Die wenigen Beispiele haben wohl gezeigt, daß infolge der Vielgestaltigkeit der Staatsfunktionen das Problem der Dosierung des öffentlichrechtlichen und privatrechtlichen Dienstnehmers so kompliziert und überdies zeitgebunden ist, daß gerade insoweit ein wissenschaftliches Forum zur Aufstellung allgemeingültiger Richtlinien für alle Arten von Dienstnehmern am wenigsten berufen erscheint. Nur das eine sei hierzu abschließend noch bemerkt, daß es mitunter ein unnötiger und unfruchtbarer Kampf ist, wenn man gegen das eine oder das andere Dienstverhältnis als solches ankämpft, sondern daß es dem vorschwebenden Ziele meist dienlicher ist, sich darum zu bemühen, daß je nach der Verwendungsart dem einen wie dem anderen Dienstverhältnis durch einseitige Dienstrechtsnorm oder durch die lex contractus der jeweils erwünschte oder befriedigende Inhalt gegeben werde, wie es in Österreich die sogenannte Kategorisierung der pragmatischen Angestellten und die Aufstellung von Sonderdienstordnungen für die wichtigsten Gruppen der Vertragsangestellten mit unbestrittenem Erfolg versucht haben. Jedenfalls muß man aber fordern, daß die actio finium regundorum der beiden Dienstformen für alle Dienstnehmer der öffentlichen Körperschaften durch Gesetz erfolge, um so ein administratives Ausspielen der einen gegen die andere Angestelltengruppe und gar Willkür im Einzelfalle durch Zubilligung des einen oder des anderen dienstrechtlichen Charakters auszuschließen. Die Reichsverfassung bietet zu diesem Ziel eine eindeutige Handhabe, die österreichische Bundesverfassung hingegen ermöglicht nur die bundesgesetzliche Vorschrift, daß die öffentlichen Körperschaften sämtliche Angestellte, die behördliche Aufgaben zu besorgen haben, einem öffentlich-rechtlichen Dienstrecht unterstellen, während sich die Bundesgesetzgebung in die Fragen des Dienstrechtes aller übrigen Landesangestellten sowie sämtlicher Gemeindeangestellter nicht einmischen darf.

Die Fragen der inhaltlichen Gestaltung des Beamtenrechtes sind nicht nur uferlos, sondern auch zum überwiegenden Teile nicht von prinzipieller Bedeutung. Es muß daher bei der Aufrollung dieser Probleme ein eklektisches Verfahren eingeschlagen werden, das, sowohl was den Gegenstand als auch was seine Behandlungsweise betrifft, dem Schein der Willkürlichkeit ausgesetzt ist. Ich beschränke mich bei diesem Überblick auf Fragen, die für die grundsätzliche Regelung nach Art. 128 der Reichsverfassung und Art. 21 der österreichischen Bundesverfassung in Betracht kommen. Die folgenden Ausführungen wollen daher auch als Leitgedanken oder Richtlinien für diese grundsätzliche Regelung des Beamtenrechtes verstanden werden.

Die grundlegende Frage der Bestellung eines Beamten oder der Begründung eines Beamtenverhältnisses ist vielleicht die umstrittenste unter sämtlichen Beamtenrechtsproblemen. Denn schon in die Beantwortung dieser Frage legen die Vertreter der beiden widersprechenden Hauptrichtungen der Beamtenpolitik ihre gegensätzlichen Auffassungen. Soll der Kreationsakt ein Hoheitsakt oder ein Vertrag sein: das ist die Alternative. Die Antwort liegt freilich nicht schon im Wechsel des Ausdruckes, in der Wahl des Wortes »Anstellung« oder »Vertrag«, sondern erst in der Gestaltung der Voraussetzungen und Rechtsfolgen der so benannten Akte. Aus meiner konservativen Grundeinstellung in Beamtenrechtsfragen komme ich zu der Forderung, am eingebürgerten Ausdruck »Anstellung« als Bezeichnung des Aktes, durch den eine Person Beamter wird, festzuhalten und lehne mithin den Ausdruck Vertrag ab. Es liegt mir aber völlig fern, mit dem Ausdruck Anstellung den Nimbus des Gewaltverhältnisses, von dem ich schon eingangs unseren Verwaltungsakt entkleidet zu haben glaube, irgendwie einzufangen und festzuhalten; ich ziehe den Ausdruck Anstellung dem Ausdruck Vertrag lediglich im Interesse rechtlicher Klarheit vor. Wer an zwei Typen von Dienstverhältnissen zu den öffentlichen Körperschaften festhält, der sollte diese Zweiheit schon durch den Wechsel des Ausdruckes andeuten. Es wirkt irreführend, durch die einheitliche Bezeichnung Vertrag für alle Arten von Dienstverhältnissen den Schein eines einheitlichen Dienstrechtes zu erwecken und dann doch an den »Vertrag«, je nachdem, ob er ein Vertrag im Sinne des Beamtengesetzes oder des Bürgerlichen Gesetzbuches ist, verschiedene Rechtsfolgen zu knüpfen. Wird in der Niederschrift oder Urkunde des Vertrages nicht ausdrücklich das Beamtengesetz bezogen, so könnte hernach die Streitfrage auftauchen, ob auf den konkreten Vertrag das Beamtengesetz oder das bürgerliche Gesetzbuch anzuwenden ist. Dies ist insbesondere gegen den rechtstechnisch sonst gewiß sehr gut durchgearbeiteten Entwurf des Beamtengesetzes des »Allgemeinen Deutschen Beamtenbundes« einzuwenden, — ein Entwurf, der in diesem entscheidenden Punkte einem gewissen Doktrinarismus die Forderung der Klarheit zum Opfer bringt. Bezeichnend für die Eingelebtheit und Erwünschtheit des Ausdruckes Anstellung ist, daß selbst dieser »anstellungsfeindliche« Entwurf den Dienstvertrag auf Seite des Dienstgebers — absichtlich oder unabsichtlich — von der »Anstellungsbehörde« abschließen läßt. Mit der Bezeichnung Vertrag für den Entstehungsakt des Beamtenverhältnisses könnte ich mich nur unter der — von mir freilich ebenfalls abgelehnten — Voraussetzung abfinden, daß man auf ein eigenes verwaltungsrechtlich konstruiertes Beamtenrecht verzichtet und sich für eine im Rahmen des Bürgerlichen Gesetzbuches geltende Dienstordnung als Grundlage des Dienstverhältnisses entscheidet. Doch auch mit dem Ausdruck »Berufungsurkunde«, den der minutiöse Entwurf des »Deutschen Beamtenbundes« einführen will, könnte ich mich nicht befreunden. Wenn man weder eine inhaltliche Kongruenz von privatrechtlichem Vertragsverhältnis und verwaltungsrechtlichem Anstellungsverhältnis herbeiführen noch auch eine Annäherung zwischen diesen beiden Rechtsfiguren durch einen gemeinsamen Ausdruck andeuten, sondern wie der in Rede stehende Entwurf am Unterschied des Rechtsverhältnisses wie des Ausdruckes festhalten will, dann ist es überflüssig, von dem vielleicht nicht besonders wohlklingenden, aber nun einmal in der Rechtssprache eingebürgerten Ausdruck »Anstellung« abzugehen.

An sich verrät das Wort Anstellung nur, daß es sich um etwas anderes als den privatrechtlichen Vertrag handelt. Die Unterschiede der Anstellung vom privatrechtlichen Vertrag hat nicht eine juristische Wortauslegung in jenen Ausdruck hineinzugeheimnissen, sondern hat die Rechtsordnung auszusprechen. Vor allem wäre obligatorische Festlegung der Schriftform und Beobachtung eines bestimmten Textes als condicio sine qua non für die Entstehung des Beamtenverhältnisses zu fordern. Um dem rechtspolitischen Erfordernisse zu genügen, daß die Anstellung nicht ein Pflichtamt, sondern ein freiwilliges Amt begründet, müßte die Anstellungsurkunde entweder durch vorgängigen Antrag (Anstellungsgesuch) oder durch nachträgliche Zustimmung des Anzustellenden bedingt sein und erst an das Zusammentreffen dieser beiden Willenserklärungen die Folge der Begründung der Beamteneigenschaft geknüpft sein. Falls man sich nicht für die Aufstellung der Bewerbung von Seite des Anzustellenden als ausschließliche Bedingung der Anstellung entschließt, sondern auch die Anstellung unter Resolutivbedingung der nachträglichen Zustimmung des Anzustellenden zuläßt, müßte selbstverständlich diese Zustimmungserklärung befristet sein und die Nichteinhaltung der Frist Unwirksamkeit der Anstellung herbeiführen. Die skizzierte Rechtsform der Anstellung würde ihre Natur als zweiseitiges Rechtsgeschäft, das man je nach Wunsch theoretisch auch als öffentlich-rechtlichen Vertrag qualifizieren könnte, erkennen, aber doch auch wieder den Unterschied vom bürgerlich-rechtlichen Arbeitsvertrag kaum übersehen lassen. Die geltende Rechtslage, die Walter Jellinek am Beispiel des Feldhüters so drastisch schildert, welcher dies durch ein Mißverständnis der Behörde ahnungslos geworden ist und nun zusehen mag, wie er die unerwünschte Würde und Bürde dieses Amtes losbekommt, scheint mir denn doch der Bedeutung unseres Kreationsaktes nicht gerecht zu werden. Die Rechtsfigur der Anstellung sollte nicht an der doktrinären Forderung orientiert sein, möglichst den Schein eines Hoheitsaktes und möglichst wenig an Vertragselementen aufzuweisen, sondern sollte lediglich der sachlichen Forderung genügen, daß ein Mensch durch Behändigung einer behördlichen Urkunde bestimmten Inhaltes, aber nur unter der weiteren Voraussetzung seiner vorher oder nachher erteilten Einwilligung, Beamter wird.

Handelt es sich bei der Form der Berufung des Beamten nur um eine rechtstechnische Frage von begrenztem Interesse, so ist das Problem der Voraussetzungen der Berufung eines Beamten von weitesttragender politischer Bedeutung. Denn die positivrechtliche Antwort auf diese Frage entscheidet durch die Aufstellung persönlicher Erfordernisse für das Amt nicht nur darüber, ob von Rechts wegen die Ämter für die große Masse der Staatsbürger oder nur für eine Schicht privilegierter, nämlich durch Studien und Prüfungen qualifizierter Staatsbürger zugänglich sind, sondern insbesondere auch darüber, ob tatsächlich der Zutritt zum Staatsdienst jedem Staatsbürger ohne Rücksicht auf sein Parteibekenntnis und seine Beziehungen oder nur dem Parteigänger offensteht. Wenn man von der Tatsache absieht, daß die Bestellung eines Staatsorganes unvermeidlich einen aristokratischen Zug an sich trägt, weil hierdurch ein Staatsbürger aus der Reihe seiner Mitbürger durch ein Plus an Berechtigungen und allerdings auch Verpflichtungen herausgehoben wird, so bedeutet es doch wiederum das Höchstmaß an Demokratie in diesem unvermeidlichen Ausleseprozeß der Organbestellung, wenn der Kreis der Ämterfähigen dem Kreise der körperlich und geistig gereiften Staatsbürger möglichst nahe kommt; dagegen ist es ein die unvermeidlich aristokratische Tendenz der Organbestellung mehr als nötig einengendes Ausleseverfahren, wenn rechtlich oder tatsächlich weiter einschränkende Bedingungen gemacht werden. Das gilt nun aber für die Organberufung gewiß nicht minder, wenn Parteischranken, als wenn Bildungsschranken aufgerichtet werden. Und nur wer geistig ganz in den Parteienpferch eingefangen ist, kann übersehen, daß die Schranke der Parteicouleur undemokratischer als die Bildungsschranke ist. Denn abgesehen davon, daß ein bestimmtes Bildungsgut natürliches Erfordernis gewisser Ämter ist, was man gleicherweise von der Parteifarbe nicht feststellen kann, ist die Bildungsschranke heutzutage erfreulicherweise leichter überwindbar geworden, da Bildung nicht mehr ein Privileg der Besitzenden ist. Hingegen zeigt unendlich häufige Erfahrung, daß der Mangel der Parteizugehörigkeit nur zu oft auch für den sachlich Berufensten den Zutritt zu den öffentlichen Ämtern erschwert. Womöglich noch gehässiger macht sich das, wenn auch nicht rechtliche, so doch tatsächliche Erfordernis eines bestimmten Parteibekenntnisses in der weiteren Laufbahn des Beamten geltend. Es ist geradezu die Crux des Beamtenproblems, den Bewerber um ein Amt und den Beamten selbst aus der quälenden Alternative herauszuführen, entweder eine politische Gesinnung an den Tag legen zu müssen, die er nicht teilen kann, oder gegenüber dem Gesinnungstüchtigeren oder Charakterloseren das Nachsehen zu haben. Hier stoßen aber alle Reformwünsche an das wie eine eiserne Wand sich auftürmende Hindernis, daß die über die Klinke des Staatsgebäudes verfügende Partei aus zwingendem Parteiinteresse oft nur den Bewerber einlassen will, der den Staatsdienst mit dem Parteidienst zu vereinbaren verspricht, und daß sie überdies Parteidienst mit Staatsdienst belohnen will. Und selbst wenn in der Erwartung der Gegenseitigkeit der Anhänger der gegnerischen Partei auf ein gewisses Maß an Duldung rechnen kann, — der Mut der Parteilosigkeit wird doch, von Ausnahmefällen abgesehen, mit Ämterlosigkeit bestraft. Sind wir wirklich mit Ottmar Bühler zu dem resignierten Eingeständnis gezwungen, »daß Berücksichtigung der Parteien nach ihrer Stärke bei der Ämterbesetzung etwas in einer Demokratie Unvermeidliches ist?« Doch selbst diese quotenmäßige Kontingentierung der Bewerber auf mehrere Parteien wäre ein Fortschritt gegenüber der so beliebten Monopolisierung der Ämter für die jeweils herrschende Partei oder einzelner Ressorts für die Partei des gegenwärtigen Ressortministers. Rechtliche Schranken für diese Methode der Ämterbesetzung vorzuschlagen, erschiene gegenwärtig leider als müßiges Beginnen.

Dagegen wären doch Versuche in der Richtung zu machen, daß das berufliche Vorwärtskommen so weit wie möglich von der parteipolitischen Haltung des Beamten während seiner Berufstätigkeit durch Rechtsgarantien unabhängig gemacht werde. Darum ist es vor allem das höchste sachliche Erfordernis, daß das Amt lebenslänglich gestaltet werde. Denn bei Periodizität der Ämter wäre nach den gegenwärtigen Verhältnissen die parteipolitische Haltung des Beamten für seine Wiederbestellung ausschlaggebend. Selbst eine gewisse Versteinerung des Beamtenkörpers durch eine weitgehende Privilegierung der dienstlichen Anciennität und durch rechtlich gewährleistetes Zeitavancement ist im Durchschnitt jener Ermessensfreiheit bei der Beförderung vorzuziehen, die das Postulat »Dem Tüchtigen freie Bahn« dahin deutet, daß der Gesinnungstüchtige der Tüchtigste sei. Der Deutsche sollte sich nicht scheuen, das Bessere aus der Fremde zu holen, auch wenn z. B. Frankreich relativ mustergültig ist. Unter Benützung französischer Rechtseinrichtungen und aktüeller Reformvorschläge wäre etwa zu fordern, daß ein möglichst großer Kreis von Dienstposten nur auf Grund der Vorschläge einer mit möglichster Unabhängigkeit ausgestatteten Beförderungskommission, die vorwiegend aus aktiven und pensionierten Ressortbeamten zusammenzusetzen ist und auch nur in der von dieser Kommission bestimmten Reihenfolge besetzt werden darf. Das Ermessen dieser Kommission bei der Beurteilung und Reihung der Kandidaten könnte wiederum durch ein Bewerbungsrecht der Kandidaten und durch die Vorschrift, Kandidaten, die bestimmte Bedingungen erfüllen (bessere Prüfungen, bessere Dienstbeschreibung u. dgl.), den Vorrang einzuräumen, beschränkt werden. Selbstverständlich müßten auch gesteigerte Sicherheiten gegen eine Günstlingswirtschaft bei der Beschreibung geboten werden. So ließe sich gewiß ein System von Sicherungen finden, die dem sachlich Qualifizierten unabhängig vom Parteibekenntnis eine Gewähr des Vorwärtskommens auch ohne Gesinnungs- und Charakteropfer böten. Den realpolitischen Notwendigkeiten könnte nichtsdestoweniger durch die Bestimmung Rechnung getragen werden, daß ein gewisser Kreis leitender Ämter von diesem Régime gebundener Besetzung ausgenommen und der freien (allenfalls also parteipolitisch determinierten) Besetzung durch Regierung oder Minister vorbehalten wird. Nur bei solchem Systemwechsel wird das Berufsbeamtentum dem Schicksal einer maskierten Parteigarde entzogen und seinem verfassungsmäßigen Berufe des Dienstes für die Gesamtheit gegeben werden können. Jedenfalls scheint mir diese Reform der Beamtenbestellung bedeutsamer als jede Reform am Inhalt des Beamtenverhältnisses, mag diese nun die Seite der Pflichten oder der Rechte des Beamten betreffen.

In der Reihe der Pflichten des Beamten werden jedenfalls aufscheinen müssen: Die Pflicht zur eifrigen und gewissenhaften Erfüllung der Amtsgeschäfte; implicite liegt schon darin das Verbot einer sinnwidrigen Dienstleistung, also der passiven Resistenz, oder gar der Einstellung der Dienstleistung außerhalb der etwa gesetzlich gewährleisteten Freizeit. Nach mancherlei Erfahrungen ist es aber gewiß nicht überflüssig, gesetzlich ein ausdrückliches Verbot jedes derartigen Zuwiderhandelns gegen die Arbeitspflicht festzulegen, wie es das schweizerische Bundesgesetz über das Dienstverhältnis der Bundesbeamten vom 30. Juni 1927 unternommen hat, dessen mit der Überschrift Streikverbot überschriebener Artikel 23 kurz und bündig anordnet: »Der Beamte darf weder selbst in Streik treten, noch andere Beamte dazu veranlassen.« Ohne daß hier im einzelnen auf Formulierungsfragen eingegangen sei, darf wohl auf die ansprechende Fassung aufmerksam gemacht werden, welche die Arbeitspflicht des Beamten — als die kardinale Dienstpflicht — in der allgemeinen Dienstordnung für die Angestellten der Gemeinde Wien vom 24. April 1919 erfahren hat. Es heißt dort im § 20: »Die Angestellten haben den mit ihrer Stelle verbundenen geschäftlichen Verrichtungen in ihrem ganzen Inhalte und Umfange nach bestem Wissen, mit voller Kraft und anhaltendem Fleiße zu obliegen«.

Kein Dienstverhältnis ohne Gehorsamspflicht; denn unmöglich kann das Handeln des Beamten zur Gänze durch Gesetze und Rechtsverordnungen determiniert und im übrigen seinem Ermessen anheimgestellt sein; es muß vielmehr die Möglichkeit eröffnet sein, das Handeln des Beamten innerhalb des von Gesetz und Rechtsverordnung abgesteckten Rahmens im allgemeinen und im Einzelfalle in einer den vorgesetzten Stellen angebracht erscheinenden Weise zu binden. Freiheit innerhalb dieses Rahmens kann nur das Vorrecht qualifizierter Berufsgruppen sein, als da namentlich sind die Hochschullehrer zufolge dem Verfassungsrechtssatz der Freiheit der Wissenschaft und ihrer Lehre und die Richter zufolge dem Verfassungsrechtssatz der Unabhängigkeit der Rechtsprechung. Verzicht auf dienstlichen Gehorsam würde also Angleichung der Masse der Beamtenschaft an die Rechtsstellung der Richter und, falls man das Wesen der Gerichtsbarkeit in der Unabhängigkeit ihrer Organe erblickt, geradezu eine Grenzverwischung von Justiz und Verwaltung bedeuten. Wie unvermeidlich aber auch die Abhängigkeit der Verwaltungsorgane von Weisungen sein mag, ist doch wiederum bekanntlich der Grad dieser Abhängigkeit sehr wandelbar. Dieser Grad drückt sich rechtstechnisch meist in der Abstufung des sogenannten Prüfungsrechtes des Beamten gegenüber dem Gehorsam heischenden Befehle aus; so wird die Gestaltung dieses Prüfungsrechtes zu einem bedeutungsvollen Problem des Beamtenrechtes, ja des Organrechtes überhaupt; und seine positivrechtliche Beantwortung unter Umständen geradezu zu einer Entscheidung, in der sich die Staatsauffassung des Gesetzgebers oder der Verfassung ausdrückt. Je nach dieser Entscheidung kann man geradezu von einem System der höheren Autorität der objektiven Rechtsnorm oder des subjektiven Organwillens sprechen, je nachdem, ob dem Beamten unbedingter Gehorsam gegenüber dem Gesetze oder gegenüber dem Dienstbefehle zugemutet wird. Zwischen beiden extremen Lösungen dieses Problemes gibt es bekanntlich Vermittlungen, um die sich mangels des in diesem Punkt meist schweigsamen positiven Rechtes bekanntlich auch die Rechtstheorie bemüht hat. Es ist aber m. E. Sache des Gesetzgebers, dem Prüfungsrechte Schranken zu ziehen, um dienstlichen Gehorsam in einem größeren Umfang, als er sich bei unbeschränktem Prüfungsrechte ergeben würde, sicherzustellen. Der Reinlichkeit der Verwaltung ist jedenfalls damit gedient, daß das Prüfungsrecht und damit die Prüfungspflicht in möglichst großem Umfange festgesetzt werde; zugleich entspricht diese Forderung dem Prinzipe der Gesetzmäßigkeit der Verwaltung, indem es gesetzwidrigen Akten, die mit dem Prätexte der Verbindlichkeit auftreten, verbindliche Kraft versagt und wohl zugleich auch prophylaktisch, nämlich in der Richtung motivierend wirkt, daß Befehle wohl erwogen werden, ehe sie erteilt werden, um das Risiko einer für den Vorgesetzten peinlichen legitimen Gehorsamsverweigerung zu verringern. Dem meist übertriebenen Bedenken, daß ein Prüfungsrecht des Untergebenen überhaupt und gar ein so weit gespanntes Prüfungsrecht die Disziplin im Organapparate untergrabe, kann durch strenge disziplinäre Verantwortlichkeit bei unbegründeter Gehorsamsverweigerung begegnet werden. Überhaupt ist eine solche Verantwortlichkeit das notwendige Korrelat des Prüfungsrechtes gegenüber den Befehlen des Vorgesetzten. Dank einer solchen besonders strengen disziplinären Verantwortlichkeit für unbegründete Gehorsamsverweigerung ergibt sich die Rechtslage, daß bei unterschiedlicher Auffassung über die Rechtmäßigkeit eines Befehles die Rechtsanschauung der höchsten Disziplinarinstanz zwischen dem Vorgesetzten und Untergebenen entscheidet, wobei sich dank der motivierenden Kraft dieser Entscheidungsnorm auch wohl ein sachlich befriedigender Ausgleich zwischen der Vorgesetzten- und Untergebenenrolle herausstellen wird, der der Autorität des Vorgesetzten nicht schaden kann, wenn und weil er der Autorität des Gesetzes dient. Diese Lösung der Frage des dienstlichen Gehorsams liegt übrigens ganz im Geiste der Demokratie, welche blinden Gehorsam gegen eine nicht durch das Gesetz legitimierte Willensäußerung ablehnen und Vorgesetzte wie Untergebene sub specie der höchsten Autorität des Gesetzes nivellieren muß. Eine gewiß nicht maßgebliche Nebenwirkung dieser legislativen Lösung unseres Problemes ist übrigens auch, daß sie gerade dem Berufsbeamten gegen parteipolitische Willkürakte, die in der Befehlsform an ihn herantreten, Rückhalt gewährt. Es sei auf das oben dargestellte Vorbild der österreichischen Verfassung verwiesen, die im Art. 20 eine beachtliche Lösung der Frage der

Grenzen von Gehorsamspflicht und Prüfungsrecht in der hier skizzierten Richtung versucht, und zwar mit Verbindlichkeit für alle nachgeordneten Verwaltungsorgane, gleichviel welchen Organtyps, freilich bei allzu vorsichtiger Begrenzung des grundsätzlich anerkannten Prüfungsrechtes. Noch das eine sei hierzu erwähnt, daß auch eine positivrechtliche Abstufung der Gehorsamspflicht und des Prüfungsrechtes bei den verschiedenen Berufsgruppen des Verwaltungsdienstes denkbar und geradezu naheliegend ist. Man wird vernünftigerweise Mitglieder der Wehrmacht einer strengeren Gehorsamspflicht unterstellen als mit Entscheidungskompetenz in Rechtsfragen ausgestattete Verwaltungsbeamte, deren Wirkungskreis mitunter mit dem eines Richters wesensgleich ist. Eine solche partielle Steigerung des Prüfungsrechtes gegenüber Befehlen in der Verwaltung vermöchte auch die organisatorisch-funktionelle Kluft zwischen Gerichtsbarkeit und Verwaltung zu überbrücken, die in den Agenden der beiderseitigen Funktionsbereiche nicht mehr ganz begründet ist.

Die juristisch problematischeste — darum natürlich in ihrem ethischen Wert nicht zu unterschätzende — Treuepflicht müßte so gefaßt werden, daß sie einen erkennbaren, juristisch relevanten Inhalt hat; bei den gegenwärtig üblichen Formulierungen verrät sich der Mangel an greifbarem Inhalt durch die immer wiederkehrende Feststellung, daß es sich um eine vorwiegend moralische Pflicht handle. Treue als innere Gesinnung kann man nicht erzwingen und unterläßt man daher besser zu normieren, da sozusagen papierene Rechtspflichten sinnlos sind. Sinnvollerweise kann Treue nur insoweit zum Gegenstand einer Rechtspflicht gemacht werden, als sie in einem äußeren Verhalten zum Ausdruck kommt. Darum ist es aber besser, auf die Aufstellung einer abstrakten Treuepflicht zu verzichten; man werbe in sonstiger Weise um die Treue des Beamten und beschränke sich auf die Anordnung jenes äußeren Verhaltens, das man mit der Treuepflicht intendiert: so etwa in der Monarchie das Eintreten in und außer Amt für den Monarchen, in der Republik das analoge Eintreten des Beamten für die republikanischen Magistrate, oder zumindest in beiden Fällen die Unterlassung von Kritik und von Förderung der Kritik an den genannten Institutionen. Treue in diesem Sinn macht etwa die Wiener städtische Dienstordnung zur Amtspflicht, indem sie jeden Angestellten für verpflichtet erklärt, »der österreichischen Republik treu und gehorsam zu sein«. Diese Dienstordnung besagt des weiteren: »ein Angestellter, der eine der demokratisch-republikanischen Staatsform feindliche Tätigkeit oder Propaganda entfaltet, begeht ein Dienstvergehen«. Die österreichische Bundesgesetzgebung hat es für überflüssig erachtet, für den Entfall der schlichten Bestimmung der Dienstpragmatik, daß der Beamte »dem Kaiser treu und gehorsam zu sein« hat, nach dem Wandel der Staatsform irgendeinen Ersatz zu schaffen und stellt damit dem Beamten jede nicht strafgesetzlich verpönte politische Haltung frei, womit sie wohl nach hierländischen Begriffen in der Verteidigung der neuen Staatsform eine allzu große Passivität bekunden dürfte. Dagegen würde wohl der österreichische Beamte die strengen beamtenrechtlichen Bestimmungen des deutschen Republikschutzgesetzes als ungewohnten Gewissenszwang empfinden. Verbindet man mit der Treuepflicht den Sinn einer Pflicht zu hingebungsvoller Dienstleistung, dann ist sie wohl schon durch eine richtig gefaßte Arbeitspflicht gedeckt und erübrigt ihre ausdrückliche positivrechtliche Normierung.

Auch die Verschwiegenheitspficht wurde mit der Entwicklung des Beamtenrechtes begründetermaßen gelockert. In einem der Idee nach auf der Teilnahme sämtlicher Volksgenossen an der Herrschaft beruhenden Staat kann man die Besorgung der Staatsgeschäfte nicht grundsätzlich zur Geheimwissenschaft der unmittelbar Beteiligten machen. Der durchaus demokratische Gedanke der Kontrolle der Öffentlichkeit gegenüber der Tätigkeit der Staatsorgane duldet nicht, daß über diese Tätigkeit von Rechts wegen durch eine uferlose Verschwiegenheitspflicht ein schützendes Dunkel gebreitet werde. Sonach kann die Verschwiegenheitspflicht nur eine in gewissem Umfang allerdings unvermeidliche und um so strenger zu hütende Ausnahme von der Regel sein, daß sich soziales Handeln für die Gemeinschaft — und das ist Staatshandeln — im Lichte der Öffentlichkeit abspielen darf, ja soll. Schwierigkeit bereitet wohl nur eine richtige Abgrenzung des Bereiches des Amtsgeheimnisses. Ohne ein sachlich unerwünscht weitgehendes Ermessen des Beamten oder der Dienstbehörde läßt sich diese Abgrenzung kaum gewinnen.

Von hervorragender praktischer Bedeutung ist dagegen die Pflicht der Unparteilichkeit des Beamten bei der Amtsausübung. Während für das monarchische Régime doch in der Regel sozusagen das Schweben über den Parteien Bedingung einer unanfechtbaren Autorität war, wobei sich ja freilich hinter der Geste der Parteilosigkeit häufig eine unverkennbare Parteinahme für bestimmte mitherrschende Schichten verbarg, ist in der demokratischen Republik die Unparteilichkeit des Beamten ein konstanter Widerspruch gegen das Interesse seiner Auftraggeber und darum die problematischeste Amtspflicht. Die Verletzung dieser Amtspflicht ist oft mit weniger Risiko verbunden als ihre Beobachtung, durch ihre Verletzung kann man sich verdient und durch ihre Beobachtung mißliebig machen. Es ist eine starke Probe auf den Charakter des Beamten, die Gelegenheit unbenutzt zu lassen, sich durch Entgegenkommen gegenüber dem Parteiinteresse der herrschenden Partei, durch glimpfliche Behandlung des Angehörigen dieser Partei, gegen den er etwa dienstlich einzuschreiten hat, oder durch Bevorzugung einer Person, die ihm nützen oder schaden kann, und durch eine gerade entgegengesetzte Haltung gegenüber einem politischen Gegner zu empfehlen, zumal wenn in dieser Richtung von oben auf ihn ein mehr oder minder sanfter Druck ausgeübt wird. Der mit der Parteibrille behaftete Mensch hat oft gar kein Auge für die Gefahren, die aus dieser Zumutung der Parteilichkeit für die Verwaltung und den Staat entspringen, da er ja nur zu sehr geneigt ist, das Parteiinteresse mit dem Staatsinteresse gleichzusetzen; man sieht ja mitunter, daß sich eine, noch dazu heftig umkämpfte Partei geradezu das Patent der Staatspartei zuspricht, so als ob sie die Tradition der Monarchen fortsetzen wollte, die von sich sagten: der Staat bin ich. Es wird vielleicht dank einer »inveterata consuetudo« des Parteidienstes, zu dem man gelegentlich den Staatsdienst macht, dazu kommen, daß der durch die von ihm — nicht umsonst — erwarteten Gefälligkeiten korrumpierte Beamte nichts Bedenkliches mehr darin sieht, sich gegenüber anderen Gönnern gegen anderen Lohn gefällig zu erweisen. Einer derartigen Entwicklung müßte ein ganzes System rechtlicher Vorbeugungsmaßnahmen entgegengesetzt werden. Vor allem ist die Pflicht zur Unparteilichkeit unzulänglich sanktioniert, wenn die vielleicht ebenso an Parteilichkeit interessierte Oberbehörde über die Disziplinarmittel verfügt. Zur Anrufung der Disziplinarbehörde wegen behaupteter Parteilichkeit sollte auch ein irgendwie qualifizierter Extraneus legitimiert werden. Detailvorschläge würden an dieser Stelle zu weit führen, nur soviel sei erwähnt, daß die große Masse der deutschen Beamten von einer solchen mehr prophylaktischen Sanktion nichts zu fürchten hätte. Schon an dieser Stelle sei aber bemerkt, daß nicht zum wenigsten das Gebot der Unparteilichkeit der Amtsausübung erfordert, daß das Disziplinarverfahren mit allen Mitteln rechtlicher und faktischer Unabhängigkeit ausgestattet oder wenigstens unter die Kontrolle völlig unabhängiger Gerichte gestellt werde. Es gilt, den Beamten nicht bloß ungerechter Benachteiligung, sondern auch in Fällen, wo er höheren Ortes ungebührlichen Rückhalt findet, ungerechter Begünstigung zu entziehen. Ein weitergreifendes Mittel gegen die Parteilichkeit in der Verwaltung ist die Minderung seiner eigenen rechtlichen Abhängigkeit (siehe Prüfungsrecht), die Zusammenfassung von Beamten in unabhängigen Kollegien und nicht zuletzt der allmähliche Abbau der Ermessensfreiheit, da ja das Ermessen, beispielsweise etwa bei Konzessionserteilungen, polizeilichen Verboten und Erlaubnissen usw., die typische Einbruchsstelle von Parteilichkeiten ist. Es braucht kaum gesagt zu werden, daß der Kampf gegen die Parteilichkeit, die sich ja als eine Verletzung der kardinalen Gleichheitsforderung darstellt, eine Existenzbedingung der Demokratie ist, an deren Körper die Parteilichkeit in der Vollziehung der gefährlichste Auswuchs ist.

Verwandt in der Aufgabe, aber andersartig im Mittel ist die Haftpflicht des Beamten. Nicht jede Parteilichkeit ist eine Verletzung des objektiven Rechtes und wirkt sich in einem in Geld ausdrückbaren Schaden aus. So kann die Haftpflicht schwerlich die disziplinäre Haftung für parteilichen Gebrauch des Ermessens ersetzen, wie auch andererseits diese disziplinäre Haftung nicht den allfälligen Schaden wirtschaftlich ungeschehen macht. Für die Gestaltung der zivilrechtlichen Beamtenhaftung scheint mir das deutsche Recht mit wenigen, kaum nennenswerten Vorbehalten, vorbildlich. Allerdings müßte den Versuchen, die Auswirkungen der zivilrechtlichen Haftpflicht durch das Eingehen von Haftpflichtversicherungen auszuschließen, begegnet werden, da ja sonst die motivierende Kraft der zivilrechtlichen Organhaftung verloren ginge. Wenn man derartige Versicherungsverträge für beiderseits unverbindlich erklärt, so wird dieser neuartige Versicherungszweig von selbst verdorren.

Die Dienstpflichten, die sich auf das außeramtliche Verhalten des Beamten beziehen, geben weniger zu legislativpolitischen Erwägungen Anlaß. Die Demokratie wird auf diesem Gebiete im allgemeinen weniger auf die Wahrung einer besonderen Standeswürde als auf persönliche Integrität achthaben müssen, wenn der Beamte ein würdiger Repräsentant der Volksgemeinschaft sein soll. Diese Maxime wird sich auf die besonders umkämpfte Frage der Nebenbeschäftigung in der Weise auswirken, daß man in der Einsicht, daß keine wirkliche Arbeit entehrt, bezüglich der Art der Arbeitsleistung den früheren Rigorismus aufzugeben hat, dagegen kompromißlos solche Nebenbeschäftigungen ausschließt, die den Beamten mit seinen Dienstpflichten in einen Gewissenskonflikt bringen können. In diesem Zusammenhang sei auch erwähnt, daß es wünschenswert ist, Inkompatibilitätsvorschriften in der Richtung einzuführen, daß auch der Beamte nach Übertritt in den Ruhestand sich in keinerlei Abhängigkeitsverhältnis begeben darf, das auf seine Amtsführung zurückführen könnte; daß z. B. ein vereinsbehördliches Kontrollorgan einer Bank mit seiner Pensionierung leitendes Organ der Bankunternehmung wird, ist ein in vielen Rechtsordnungen geduldeter Unfug, der die Bankenkontrolle zur Farce macht.

In dem bezeichneten Umfang, höchstens ausgenommen die Treuepflicht, sollten die Beamtenpflichten übrigens auch für Wahlbeamte und für Angestellte Geltung haben.

Wenden wir uns nun dem Kreis der Berechtigungen des Beamten zu, so begegnet uns zunächst als Korollar der Arbeitspflicht das Recht auf die Organstellung, auf den Dienstposten und das allfällige Recht auf Arbeit. Das große Privileg des Berufsbeamten, das ihm immer als Entschädigung für die relativ geringe Entlohnung seiner Dienste entgegengehalten wird, die Sicherheit seiner Stellung, ist bekanntlich durch den einschneidenden Beamtenabbau der Nachkriegszeit, der z. B. in Österreich den Stand der Beamten um rund zwei Fünftel verringert hat, längst erschüttert worden; nicht einmal die verfassungsmäßige Gewährleistung der wohlerworbenen Rechte, zu denen wohl in erster Linie das Recht auf die Organstellung gehört, vermochte dieses Schicksal zahlreicher Beamten hintanzuhalten. Aber wer überhaupt am Berufsbeamtentum festhält, muß in diesem Punkte eine Rückkehr zur Strenge des alten Rechtes verlangen, denn nur die Gewähr der Lebenslänglichkeit des Amtes bei ordnungsmäßiger Berufsausübung kann bei der derart ausgezeichneten sozialen Gruppe jene psychische Einstellung zeitigen, die man das Berufsethos des Beamten nennt, die Hingebung an den Beruf, mit dem man sich auf Gedeih und Verderb verknüpft weiß. Für die Krisenzeit — die auch nur Übergangszeit sein darf — in der man sich mit der auch für das Gemeininteresse bitteren Notwendigkeit eines massenweisen Beamtenabbaues, sei es nun in Form vorzeitiger Pensionierung oder der Entlassung gegen Abfertigung, wohl oder übel abfinden muß, ist aber zu fordern, daß der Abbau nicht nach Willkür, sondern nach einer rechtsverbindlichen Maxime vor sich gehe, und daß über die Beobachtung dieser Maxime justizähnlich funktionierende Ausschüsse mit Beamtenbeisitzern wachen. Wie soll der Beamte Versuchungen seiner Unparteilichkeit und überhaupt seiner Korrektheit gewachsen sein, wenn er immer das Damoklesschwert der Auflösung des Dienstverhältnisses über sich schweben sieht? Wenn man entgegenhält, daß auch der Privatangestellte und Arbeiter keine Berufssicherheit hat, so darf man über dieser Übereinstimmung nicht den Unterschied übersehen, daß man dem Beamten meist ein mehr oder minder großes Stück Imperium anvertraut, das auch mißbraucht werden kann, und daß man in ihm einen objektiven Repräsentanten der Staatsautorität erblicken will, wofür man eben auch besondere Voraussetzungen zugunsten des Amtsträgers erfüllen muß.

Die Unantastbarkeit des Dienstpostens und das Recht auf Arbeit wird man dagegen den Beamten nicht gewährleisten können. Doch erhebt sich auch hier an das Beamtenrecht der Zukunft die ideale Forderung, Sicherungen gegen Mißbrauch der Dienstbehörde einzuführen, denn die Ermessensfreiheit der Dienstbehörde in diesem Punkte ist bekanntlich ein Schauplatz von Protektion und eine Handhabe für Benachteiligung des unbequemen Beamten. Es könnte wohl ohne Gefährdung der gern berufenen »Erforderlichkeiten des Dienstes« eine gewisse Sicherheit an dem einmal zugewiesenen Dienstposten geboten werden — sei es durch ein Einspruchsrecht gegen Entziehung des Dienstpostens, sei es durch gesetzliche Beschränkung der Möglichkeit des Wechsels auf taxativ bestimmte Fälle. Die Entwicklung drängt ja bei gewissen Verwendungen billigerweise sogar dahin, ein Recht auf Arbeit anzuerkennen. Gewisse Beschäftigungen — man denke an wissenschaftliche Beamte in staatlichen Sammlungen, die Tätigkeit von Ärzten an öffentlichen Krankenanstalten usw., sind von solcher Art, daß ein Recht auf den Dienstposten wie auch auf Beschäftigung ohne Beeinträchtigung irgendeines vertretbaren öffentlichen Interesses zu fordern ist. Daß diese Forderung noch nicht lautgeworden ist, erklärt sich wohl nur daraus, daß in dieser Richtung Mißbräuche der Diensthoheit nicht vorkommen.

Das für den Beamten wichtigste Recht auf Entlohnung kann in diesem Zusammenhange nicht der Gegenstand eingehender Erörterungen sein. Das Ausmaß der Bezüge und deren Bestimmgründe — Alimentationsprinzip und Leistungsprinzip — beziehungsweise die Linie des Kompromisses dieser beiden Bestimmgründe, ferner das Verhältnis zwischen Aktivitätsbezügen und Ruhestandsbezügen sowie Hinterbliebenenversorgung können nur Diskussionsgegenstand der unmittelbar Beteiligten sein, zu denen Rechtslehrer, insofern sie über Beamtenrecht und Beamtenpolitik reflektieren, nicht gehören. Von einem objektiven Standpunkt aus, nämlich im Interesse der sachlich gebotenen Leistung des Beamtentums, ist nur die Forderung zu erheben, daß nicht nur die Existenz, sondern auch die Berufsfreudigkeit der Beamtenschaft gesichert werde. Dazu kommt es nicht einmal so sehr auf die absolute Höhe des Berufseinkommens als auf dessen gerechte Bemessung an. Als Maßstab kann hierfür die Entlohnung gleichartiger Leistungen im Privatdienste (ohne daß deren Stand erreicht werden müßte), und die Summe des staatlichen Aufwandes dienen. Der Beamte darf nicht das Gefühl haben, daß er mit seiner Arbeitskraft sozusagen in ein hohles Faß schöpft, weil Besserungen der Staatsfinanzen nicht ihm, sondern irgendwelchen anderen Bevölkerungsgruppen zugute kommen, während er das erste Opfer einer Verschlechterung der Staatsfinanzen ist. Nichts demoralisiert die Einstellung der öffentlichen Beamten zu ihrem Dienstherrn so wie die offenkundige Verletzung des Postulates eines gerechten Entgeltes. Dieses Postulat bedingt allerdings auch auf Seite der Beamtenschaft die Bereitschaft zu wirklicher, die Dienstzeit ausfüllender Arbeitsleistung.

Ein Anspruch des Beamten auf Freizeit begegnet zwar starken, in der Amtstradition begründeten Widerständen, könnte aber doch irgendwie mit den Erfordernissen des Dienstes in Einklang gebracht werden. Unstreitig wäre in diesem Punkte mehr als in den meisten anderen die Möglichkeit gegeben, der nun einmal vorhandenen Strömung nach Annäherung des öffentlichrechtlichen an das privatrechtliche Dienstverhältnis Rechnung zu tragen. Das Minimum wäre wohl die positivrechtlich schon sehr verbreitete Anerkennung eines Urlaubsanspruches, wobei die Erfordernisse des Dienstes in der Weise berücksichtigt werden könnten, daß aus dienstlichen Rücksichten eine Kürzung des Urlaubes gegen Entschädigung im folgenden Jahr statthaft ist. Das Prinzip der zeitlich ungemessenen Dienstleistung, das aus der Idee der persönlichen Hingabe an den Dienstherrn gefolgert wird, ist in der Praxis doch nur darum haltbar, weil von ihm nur in den seltensten Fällen Gebrauch gemacht wird. Für den Fall, daß an dieser sachlichen und persönlichen Unbegrenztheit der Dienstleistung mit der Zeit immer mehr Anstoß genommen wird, weil etwa eine gewisse Gewähr für die Möglichkeit der Ergänzung des Diensteinkommens durch Nebenbeschäftigung angestrebt wird, wäre wohl die Lösung vertretbar, daß der Beamte zur Dienstleistung während der durch Verwaltungsvorschrift festzusetzenden Dienststunden verpflichtet wird; die derart delegierten Verwaltungsvorschriften könnten dann die Dienstzeit je nach dienstlichen Bedürfnissen festsetzen und ändern, sowie für dringende Fälle eine über die normale Dienstzeit hinausgehende Überdienstleistung vorsehen. Eine solche annähernde Fixierung der Dienstleistung liegt durchaus in der Gesamttendenz der Gesetzgebung; schrankenlose Ermessensfreiheit der Verwaltungsbehörden, und sei es auch der Dienstbehörden, sind nun einmal ein Anachronismus, und auch der Beamte darf im Rechtsstaat erwarten, daß die Idee gesetzlicher Bindung auch ihm gegenüber so weit wie möglich — gewiß nicht unbedacht und unbeschränkt — verwirklicht werde. Man könnte in diesem Punkte vielleicht auch zwischen höheren und niederen Beamten zugunsten der letzten einen Unterschied machen.

Das heikelste Problem im Problemkreis der Rechte des Beamten ist wohl das seiner politischen Rechte. Es handelt sich hier richtig gesehen gar nicht um ein spezifisches Beamtenrecht, sondern um die Frage, ob oder wie weit die allgemeinen Staatsbürgerrechte um der besonderen Staatsorganstellung des Beamten willen weichen sollen, anders ausgedrückt, um die Frage der Vereinbarkeit der Rechtsstellung eines Staatsbürgers und Staatsbeamten. Die deutschen Verfassungen haben bekanntlich diesem rechtspolitischen Probleme bereits präjudiziert, und zwar in einer Weise, die man sowohl vom demokratischen Standpunkt aus als auch vom Interessentenstandpunkt der Beamtenschaft aus fordern müßte und, da sie Wirklichkeit geworden ist, begrüßen muß. Der Beamte kann nicht in einer Demokratie, die mit dem Gleichheitsprinzipe wirklich Ernst macht, um der Auszeichnung willen, daß er qualifiziertes Staatsorgan sein darf, als Staatsbürger degradiert werden. Unbekümmert darum, welche Interessen für und wider sprechen, muß eine konsequente Demokratie den Beamten als Staatsbürger vollen Rechtes behandeln, ihn also an der Staatswillensbildung in demselben Umfang, wie jeden anderen Staatsbürger, teilnehmen lassen. Diese Lösung des Problemes kann weder durch den Einwand von beamtengegnerischer Seite, daß der Beamte im Hinblick auf sein Vorrecht als Organ durch die gleichzeitige volle Zubilligung der Staatsbürgereigenschaft privilegiert wäre (eine Vorstellung, die die Organpflichten über den Organrechten übersieht), noch auch durch die Bereitschaft der Beamtenschaft, um der Entpolitisierung willen auf die politischen Rechte zu verzichten, in Frage gestellt werden. Es wäre ein Mißverständnis, die politischen Rechte um der Unparteilichkeit willen dem Beamten zu versagen. Die Aberkennung der politischen Rechte gewährleistet weder Parteilosigkeit im Sinne des Ausschlusses einer innerlichen oder äußeren Parteinahme, noch auch Unparteilichkeit, die etwas völlig anderes als Parteilosigkeit ist, und obendrein viel weniger durch das eigene Parteibekenntnis als durch die Rücksicht auf die Wünsche der herrschenden Partei, der der Beamte möglicherweise persönlich ablehnend gegenübersteht, gefährdet ist. Durch Aberkennung der politischen Rechte kann man also ebensowenig Unparteilichkeit erzielen, wie man überhaupt durch Entrechtung Charaktere erziehen kann.

Eine andere Frage als die hiermit bedingungslos bejahte Frage der gleichberechtigten Teilnahme des Beamten an der Staatswillensbildung, ist die Frage, inwieweit der Beamte an anderen verfassungsgesetzlich gewährleisteten Rechten Anteil haben soll. In diesem Punkte kann auch ein demokratisch und liberal Denkender Schranken der Handlungsfreiheit des Beamten einräumen, zumal da ja solche Schranken einfachster Art auch für andere Staatsbürger, wenn auch nicht für ganze Berufsgruppen, vielfach bestehen. Solche Schranken können der Natur der Sache nach insbesondere in bezug auf die Freiheit der Meinungsäußerung, die Vereins- und Versammlungsfreiheit, und müssen sogar unvermeidlicherweise in bezug auf die Freiheit der Wohnsitznahme, der Auswanderung und der Erwerbsfreiheit bestehen. Im Antritt des Amtes liegt dann eben die freiwillige Unterwerfung unter diese positivrechtlich normierten Schranken der Grundrechte. Solche Schranken müssen aber, um juristisch erkennbar und rechtlich gegeben zu sein, ausdrücklich positivrechtlich normiert sein und können meines Erachtens nicht, wie es geschieht, aus dem Wesen oder aus den Notwendigkeiten des Dienstes gefolgert werden. Konkret gesprochen, kommt auch den Beamten die Freiheit der Meinungsäußerung im normalen Umfange zugute, soweit nicht bestimmte Vorschriften der Dienstordnungen im Sinne einer Beschränkung der Freiheit der Meinungsäußerung ausgelegt werden können, wie z. B. ein ausdrückliches Verbot, für eine Änderung der Staatsform Propaganda zu machen, oder das ausdrückliche Gebot, für die Veröffentlichung politischer Artikel die Erlaubnis der Dienstbehörde einzuholen. Andernfalls sind dienstliche Eingriffe in solche Äußerungen des Beamten nicht weniger die Verletzung eines verfassungsmäßig gewährleisteten Rechtes, wie wenn man einem nichtbeamteten Staatsbürger solche Äußerungen auf administrativem Wege zu verwehren suchte. Die geeignete rechtstechnische Form für solche Beschränkungen von Grundrechten sind Vorschriften der Beamtengesetze oder Dienstordnungen etwa des Inhaltes, daß sich der Beamte in politischen Kundgebungen der persönlichen Kritik zu enthalten verpflichtet ist, daß er an Anordnungen der Dienstbehörde oder der Regierung öffentlich nicht Kritik üben darf und dergleichen mehr. Solche dienstrechtliche Einschränkungen der Grundrechtssphäre haben selbstverständlich zur weiteren positivrechtlichen Voraussetzung, daß es sich überhaupt um einfachgesetzlich beschränkbare Grundrechte handelt. Dienstrechtliche Schranken der Freiheit der Meinungsäußerung sind beispielsweise nur darum zulässig, wenn und weil die Verfassung die Freiheit der Meinungsäußerung nur insoweit gewährleistet, als nicht das Gesetz Ausnahmen zuläßt; so wie z. B. das Strafgesetz durch die Strafandrohung für gewisse Meinungsäußerungen objektive Schranken setzt, kann dann auch ein Dienstrechtsgesetz subjektive (zugleich übrigens auch objektive) Schranken ziehen. Grundrechte, die auch gegenüber dem Gesetzgeber Geltung haben, sind selbstverständlich auch dienstrechtlich unantastbar und dulden auch gegenüber dem Beamten keine einschränkende Auslegung. Soweit nach den vorstehenden Richtlinien Beschränkungen der Grundrechtssphäre der Beamten überhaupt denkbar sind, ist es auch möglich, sie für verschiedene Beamtengruppen inhaltlich zu differenzieren. So können auch die bekannten Ausnahmebestimmungen für sogenannte politische Beamte platzgreifen, wofern man überhaupt diese, z. B. der österreichischen Rechtsordnung fremde, Grenzabscheidung für unentbehrlich erachtet. Warum soll ein Amt, das, wenn es als Ehrenamt dem Politiker vorbehalten ist, die denkbar größte Macht und Bewegungsfreiheit eröffnet, dann, wenn es dem Berufsbeamten erschlossen wird, durch eine Minderung der allgemeinen beamtenrechtlichen Stellung erkauft werden? Es würde übrigens die Auslese, die bei den Inhabern sogenannter politischer Ämter naturgemäß über den Durchschnitt rigoros ist, und die Tatsache, daß ja auch der Inhaber des politischen Amtes versetzbar ist, wie die Erfahrungen anderer Staaten zeigen, genügend Sicherheiten gegen Vorkommnisse bieten, die durch die weitergehenden positivrechtlichen Beschränkungen der Freiheitssphäre des politischen Beamten verhindert werden sollen. Allgemein darf zum Kapitel der politischen Rechte des Beamten festgestellt werden, daß gerade in diesem Punkte die Demokratie Gelegenheit hat, ihre grundsätzliche Abweichung von intoleranteren Staatsformen zu erweisen. Da sie ihrer Struktur nach in der Volksgesamtheit verankert ist, braucht sie und darf sie, wenn sie sich nicht untreu werden will, die Staatsautorität gegen Staatsbürger, und wären sie auch Staatsorgane, nicht betont zum Ausdruck bringen. Wenn man auch der Demokratie ein gewisses Maß von Eingriffen in die politische Freiheit ihrer Repräsentanten zubilligt, so nur darum, weil man ihr nicht zumuten kann, mit verschränkten Händen zuzusehen, wie die Repräsentanten anderer politischer Systeme dank der der Demokratie wesentlichen Toleranz den demokratischen Beamtenkörper durchsetzen und so gewissermaßen mittels friedlicher Durchdringung eine Staatsherrschaft herbeizuführen suchen, die die Negation der politischen Freiheit ist.

Die vorgeführten Berechtigungen sind von solcher Beschaffenheit, daß sie zumindest in demselben Umfange auch für privatrechtliche Dienstnehmer Geltung haben können; eine Einzelausführung über die vertretbaren Differenzen würde das Thema überschreiten. Die charakteristischen Besonderheiten des Beamtenrechtes können eben in der Zukunft nicht mehr im Inhalt der Organstellung, sei es nun die Seite der Berechtigungen oder Verpflichtungen des Dienstnehmers, sondern in der Form der Eingehung und Auflösung des Dienstverhältnisses liegen.

Die Sanktion der Rechte und Pflichten des Berufsbeamtentums ist zum guten Teile auch bereits verfassungsgesetzlich vorgezeichnet und damit der rechtspolitischen Diskussion entzogen. Für alle Beamtenrechte ist gerichtlicher Schutz zu fordern, wobei es eine sekundäre Frage ist, ob dieser Schutz im Wege der Verfassungsgerichtsbarkeit, der Verwaltungsgerichtsbarkeit oder der ordentlichen Gerichtsbarkeit gewährleistet wird.

Die Sanktion der Pflichten der Beamten ist bei den Disziplinarbehörden hüben und drüben wohl im allgemeinen in guten Händen; eine gewisse unsoziale Differenzierung, die bei reichsdeutschen Disziplinarbehörden gelegentlich in Erscheinung getreten ist, und befremdliche Erkenntnisse von der Art zeitigte, daß Beamten zwar entgeltliches Musizieren verboten, dagegen ein gelegentliches Glückspielchen in notabene guter Gesellschaft gestattet ist, dürfte ja mit dem Wandel der Zeit einer sozialeren Auffassung gewichen sein. Je nach der Zusammensetzung der Disziplinarbehörden entscheidet sich die Frage, ob ihre weitere gerichtliche Überprüfung erwünscht ist. Die Rechtslage, wie sie sich in Österreich nicht von Gesetzeswegen, sondern judikatmäßig herausgestellt hat, daß nämlich Erkenntnisse der Disziplinarbehörden unanfechtbar sind, auch wenn in dem Erkenntnis die Verletzung eines verfassungsmäßig gewährleisteten Rechtes erblickt wird, erscheint mir unbefriedigend, weil zumindest inkonsequent. Wenn sich z. B. die Dienstbehörde in einem zweifelhaften Falle entschließt, eine außeramtliche Meinungsäußerung des Beamten durch Weisung zu verbieten, so steht dem Beamten die Beschwerde an den Verfassungsgerichtshof wegen Verletzung des verfassungsmäßig gewährleisteten Rechtes offen, und die Weisung wird, wie Präzedenzfälle zeigen, aufgehoben. Wenn dagegen die Dienstbehörde weniger rücksichtsvoll vorgeht und gegen den Beamten wegen der außeramtlichen Äußerung ein Disziplinarverfahren provoziert, das zur Verhängung einer Disziplinarstrafe führt, so ist der Beamte dagegen wehrlos. Es ist gewiß inkonsequent, wenn ein Beamter gegen dienstrechtliche Weisungen besser geschützt ist als gegen Disziplinarstrafen. Daraus ergibt sich die rechtspolitische Forderung, daß entweder die oberste Disziplinarbehörde als vollwertiges, nicht bloß mit unabhängigen, sondern auch mit unabsetzbaren und unversetzbaren Richtern bestehendes Spezialgericht organisiert werde, oder daß von der obersten zuständigen disziplinarbehördlichen Instanz eine Rechtsbeschwerde an ein echtes Gericht, sei es nun ein ordentlicher Gerichtshof oder ein Verwaltungsgericht, eröffnet werde. Durch diese Rechtsschutzeinrichtungen wird sich bei noch so weitgehender Rechtsangleichung das Berufsbeamtentum von der Angestelltenschaft unterscheiden.

Andere Schutzeinrichtungen werden, ohne die Notwendigkeit völliger Uniformierung, vom Kreise der privatrechtlichen Dienstnehmer nach den beiderseitigen verfassungsgesetzlichen Programmen in den Kreis der Berufsbeamten übernommen werden müssen. Dies gilt namentlich für die Personalvertretungen. Aber auch eine Gesamtvertretung von der Art der sogenannten Beamtenkammer wird der Beamtenschaft auf die Dauer nicht versagt werden können, wenn die Angestellten, zumal solche der öffentlichen Körperschaften, in einer Wirtschafts- oder Ständekammer vertreten sind, außer man gewährt in dieser den Konsumentenkreisen eine neben den produzierenden Ständen paritätische Vertretung, da in diesem Falle die Beamten als Teil der Konsumenten repräsentiert sein würden. Eine solche organisatorische Zusammenfassung der Beamtenschaft würde eine rechtliche Brücke dieser unverstandensten Bevölkerungsschichte zu den anderen Teilen des Volksganzen darstellen.

Über allen Forderungen der inhaltlichen Entwicklung des Beamtenrechtes zu bestimmten Zielen, wie ich sie vorzuzeichnen versuchte, scheint mir aber die Forderung nach dem Ziele einer inhaltlichen Angleichung des österreichischen und deutschen Beamtenrechtes zu stehen. Die Gegensätze sind hier nicht so tief, daß sie nicht unter einen Hut gebracht werden könnten. Die beiden Verfassungen sind zwar, wie wir gesehen haben, mit ihren beamtenrechtlichen Anordnungen getrennte Wege gegangen, haben aber den Weg zur Rechtseinheit gewiß nicht verschüttet. Die beiderseitigen verfassungsgesetzlich verankerten Rechtseinrichtungen schließen einander nicht aus. Alles, was sich an beamtenrechtlichen Rechtsgedanken in der Weimarer Rechtsverfassung findet und der österreichischen Verfassung fremd ist, kann und wird, wie ich überzeugt bin, in das bevorstehende Grundsatzgesetz des österreichischen Beamtenrechtes eingehen; um gewissenhaft zu sein: mit der einen Ausnahme, daß statt der ordentlichen Gerichte nach wie vor der Verwaltungsgerichtshof für beamtenrechtliche Streitfälle zuständig sein wird. Andererseits wird das deutsche Grundsatzgesetz an jenen Rechtsfragen nicht vorübergehen können, die bereits die österreichische Verfassung zu lösen für gut befunden hat, und auch die Art dieser Lösung dürfte nicht unbeachtet bleiben. Ich denke dabei namentlich an das dienstliche Weisungsrecht, an das Prüfungsrecht, an die Pflicht der Amtsverschwiegenheit, zumal da ja hierbei der österreichische Gesetzgeber nur einem, wenn auch nicht unbestrittenem Ergebnis deutscher Rechtslehre positivrechtlichen Ausdruck verliehen hat. Wenn im übrigen die deutsche Beamtengesetzgebung in einigen Punkten von ihrem größeren Rigorismus etwas nachläßt, womit sie ja nur den zu Reformentwürfen verdichteten Wünschen der deutschen Beamtenschaft entgegenkäme, und ein gewisses Entgegenkommen gegenüber diesen Wünschen ist sozusagen ein Gebot der Zeit, ja bedeutet vielleicht erst die Liquidierung der Monarchie und die Realisierung der demokratischen Republik auf beamtenrechtlichem Gebiet — dann wird sie sich mit dem geltenden österreichischem Rechte auf einer Linie treffen. Im übrigen sollte und würde, woran ich nicht zweifle, Österreich das deutsche Grundsatzgesetz vorbehaltlos übernehmen. Eine so weitgehende Übereinstimmung des Beamtenrechtes, das ist jenes Rechtsgebietes, das wie kaum ein zweites die *Eigenheit*, um nicht zu sagen *Persönlichkeit des Staates* ausdrückt, wäre mehr als das Strafgesetz oder irgendeine andere Teilrechtsordnung *Symbol einer einheitlichen Staatsauffassung* und würde den *Kern der Rechtseinheit* abgeben. Diese ideelle Forderung wäre aber auch sachlich durchaus begründet, denn es gibt kaum einen zweiten Berufskreis im Reiche und in Österreich, den eine so einheitliche traditionelle Berufsauffassung verbindet, wie die Berufsbeamtenschaft im Reich und in Österreich. Die Vereinigung der deutschen Staatsrechtslehrer erfüllt eine nationale Sendung, wenn sie der deutschen Berufsbeamtenschaft und der deutschen Politik auf dieser Tagung den Weg zu dem Ziele weist: dem nur staatlich gespaltenen, durch den Beruf des Dienstes für das einheitliche deutsche Volk jedoch verbundenen deutschen Beamtentum das eine, gemeinsame deutscbe Beamtenrecht!

Leitsätze des Mitberichterstatters Prof. Dr. Merkl (Wien) zum Verhandlungsgegenstande „Entwicklung und Reform des Beamtenrechtes".

1. *Das geschichtliche Rechtsgut des deutschen Berufsbeamtentums hat im Deutschen Reiche und in Österreich in übereinstimmender Rechtsentwicklung alle Wandlungen der Staatsform überdauert und ist in schwerster Krisenzeit eine feste Stütze der Republiken geworden. Immer mehr wird jedoch der Berufsbeamtenkörper durch das Eindringen von Berufspolitikern und Vertragsangestellten einerseits, durch — die Berufstradition zersetzende — parteipolitische Einflüsse andererseits gefährdet. Die Erhaltung eines parteipolitisch neutral wirkenden Berufsbeamtentums als Brücke über die parteipolitische Zerrissenheit des deutschen Volkes ist rechtspolitische Aufgabe für die ganze, staatlich gespaltene deutsche Nation.*

2. *Der Berufsbeamte unterscheidet sich durch unverkennbare rechtliche Merkmale von anderen Organtypen, namentlich vom Ehrenbeamten und vom Vertragsbeamten, als seinen wichtigsten Konkurrenten in der Staatsorganisation. Indes stellt sich das herkömmlich angenommene Gewaltverhältnis als ein durchaus rechtswissenschaftlich zu erfassendes Rechtsverhältnis zwischen dem Beamten und Amtsträger dar, das durch die eigentümliche Rechtstechnik der Organbestellung (Anstellung) und durch die besondere Sanktion der Berechtigungen und Verpflichtungen von anderen Organtypen unterschieden ist. Die rechtswissenschaftliche Umdeutung der Rechtsstellung des Berufsbeamten im Sinne der »Reinen« Rechtslehre ändert nichts am positivrechtlichen Gehalt dieses Rechtsinstitutes. Der positivrechtliche Gehalt der Beamteneigenschaft ebenso wie der anderer Organstellungen ist jedoch nicht starr, sondern wandelbar, so daß sich durch eine besondere Gestaltung der Berechtigungen und Verpflichtungen des durch Verwaltungsakt berufenen Beamten und durch zivilrechtlichen Vertrag bestellten Angestellten eine beträchtliche Annäherung dieser beiden Organtypen ergeben kann.*

3. *Die Rechtsgrundlagen des Beamtentums haben einerseits die deutsche Reichsverfassung, andererseits die österreichische Bundesverfassung zum Teil in unmittelbar wirksamen Rechtssätzen, zum Teil in bloß programmatischen Bestimmungen in meist vorbildlicher Weise vorgezeichnet; die einschlägigen Verfassungsinhalte decken sich zwar nicht, schließen aber auch zum überwiegenden Teil einander nicht aus, sondern ergänzen einander. Der Reichsverfassung ist namentlich eigentümlich die Betonung der Befähigung und der Leistungen als Maßstab für die Zu-*

lassung zu öffentlichen Ämtern, die Verfassungsgarantie der wohlerworbenen Rechte und die grundsätzliche Anerkennung des Rechtsgedankens, daß die Beamten Diener der Gesamtheit, nicht einer Partei sind; der österreichischen Verfassung die allgemeingültige Regelung des Weisungsrechtes und der Gehorsamspflicht, des Prüfungsrechtes gegenüber Dienstbefehlen und der Verschwiegenheitspflicht. Unüberbrückbar erscheint nur der Gegensatz in der verfassungsrechtlichen Lösung der Frage des Schutzes der Beamtenrechte: im Reiche der durch die Verbindlichkeit administrativer Vorentscheidungen beschränkbare ordentliche Rechtsweg, in Österreich der durch keine administrative Vorentscheidung beschränkte Beschwerde- und Klageweg an den Verwaltungsgerichtshof. Die bemerkenswertesten Besonderheiten des einfachgesetzlichen österreichischen Beamtenrechtes kommen den überparteilichen Wünschen der Beamtenschaft entgegen, die vorbildlichen Rechtsgedanken werden jedoch vielfach durch eine parteipolitische Praxis getrübt.

4. *Die rechtspolitischen Aufgaben auf dem Gebiete des Beamtenrechtes sind angesichts der gegebenen Rechts- und Sachlage mehr konservativ, als reformatorisch; in der Hauptsache gilt es nur, auf den beiderseitigen richtigen Verfassungsgrundlagen aufzubauen und gegen die Aushöhlung der Rechtsinstitute in der Praxis Dämme aufzurichten. Die Einzelaufgaben betreffen vornehmlich eine reinliche gesetzliche Auseinandersetzung zwischen dem Wirkungsbereich des Berufsbeamten einerseits, des Laienbeamten und Angestellten andererseits; die Herausarbeitung einer festen Rechtsform der »Anstellung« im öffentlichen Dienst, Festlegung der Zustimmung des Anzustellenden als Bedingung der Rechtswirksamkeit des Berufungsaktes, jedoch Ablehnung der privatrechtlichen Vertragsform; die Aufstellung zwingender Anstellungsbedingungen gemäß den wirtschaftlichen Erfordernissen der Arbeisteilung und Berufsspezialisierung und zur Abwehr des fachunkundigen Laienelementes; die Einführung von Formen und Erfordernissen, durch die die parteipolitische, Durchsetzung des Beamtenkörpers nach Möglichkeit hintangehalten und der Rechtssatz: »Die Beamten sind Diener der Gesamtheit, nicht einer Partei« wahrgemacht wird; die schärfere rechtliche Präzisierung der im allgemeinen festzuhaltenden, soweit sie ungemessen sind, jedoch nach Möglichkeit rechtlich zu begrenzenden Beamtenpflichten; den Schutz der Beamtenrechte durch Gerichte, sei es nun ordentliche oder Verwaltungsgerichte, jedoch ohne inhaltliche Beschränkung ihrer Kontrollfunktion.*

5. *Die Zukunft der deutschen Beamtenschaft und selbst des deutschen Staates liegt in dieser rechtlichen Auseinandersetzung zwischen der Staatsautorität und dem sie repräsentierenden Organapparat, und im besonderen in der Findung und Gangbarkeit*

rechtlicher Wege zur Eindämmung der Mißbräuche des Parteiwesens, unter denen vor allem die Leistungsfähigkeit des Beamtenkörpers leidet, nicht aber in der Flucht aus dem demokratischen Vielparteienstaat in diktatorische Einparteienstaaten. Die übereinstimmende Staatstradition und die schon derzeit bestehenden weitgehenden Übereinstimmungen im deutschen und österreichischen Beamtenrecht ermöglichen die Vereinbarung inhaltsgleicher Grundsatzgesetze über das Beamtenrecht für das Deutsche Reich und Österreich im Sinne der Art. 129 Reichsverfassung und 21 Bundesverfassung.

3. Aussprache am 1. Tage. Beamtenrecht.

Helfritz-Breslau. Ich möchte den Versuch machen, die beiden Referate, die auf besonders hoher geistiger Warte stehen, in einzelnen Punkten der Jurisprudenz des täglichen Lebens näherzuführen, also die Funktion zu versehen, die der Philosoph als die des empirischen Juristen bezeichnet. Beiden Referaten stimme ich vollauf zu, wenn auch zum Teil unter anderer Begründung. Dem Herrn Mitberichterstatter stimme ich insbesondere darin bei, daß es der Klärung bedarf, was überhaupt der Beamtenbegriff bedeutet. Der Schlüssel zur Erkenntnis des Beamtenrechts liegt m. E. ja überhaupt darin, daß es keinen einheitlichen Begriff des Beamten gibt. Wird das Wort »Beamter« gebraucht, so muß man immer erst fragen, im Sinne welchen Gesetzes oder in welchem Zusammenhange dies geschieht. Ich erinnere nur an den — inzwischen freilich abgeänderten — § 10 Abs. 3 der Reichsabgabenordnung, »Die in Abs. 2 genannten Personen gelten als Beamte im Sinne der Steuergesetze und des Strafgesetzbuchs«. In Abs. 2 aber wurden u. a. »Sachverständige und andere Personen, die von Finanzbehörden oder Finanzgerichten zugezogen werden«, genannt. Die Schwierigkeit, ein einheitliches Beamtenrecht zu schaffen, liegt daher am Fehlen eines einheitlichen Beamtenbegriffes. Infolgedessen glaube ich, daß man in den Vordergrund der Betrachtung die Frage rücken muß: »Was heißt überhaupt Beamter«? Hierbei tut man gut, statt des Wortes »Beamter« zu setzen »Beamteneigenschaft«, denn diese läßt sich begrifflicher fassen als ein Komplex von Rechten und Pflichten, die selbstverständlich verschieden ausgestaltet sein können.

Für die gegenwärtige Besprechung handelt es sich um den Zusammenhang des Berufsbeamtentums. Will man diesem nähertreten, so empfiehlt es sich, in erster Linie zu unterscheiden die Funktionen, die der Berufsbeamte zu versehen hat und das Verhältnis, in dem er zu seiner Körperschaft steht. Freilich greifen im heutigen Staatsleben die Dinge ineinander über. Wir kennen Privatangestellte, die mit öffentlichrechtlichen Funktionen versehen sind, und Beamte, die privatrechtliche Verrichtungen ausüben. Will man aber den Begriff der Organschaft in den Kreis der Betrachtung ziehen, so kommt man damit wieder in eine gänzlich neue Gedankenreihe hinein. Meine Auffassung weicht hier ein wenig von der des Herrn Referenten ab. Auch in früherer Zeit sind die Beamten Organe des Staates, nicht des Staatsoberhauptes gewesen, wie das Staatsoberhaupt selbst in der Reihe der Staatsorgane steht nach dem bekannten Ausspruch Friedrichs des Großen vom Fürsten als erstem Diener des Staates. Es besteht also hier kein Gegensatz, sondern alle sind staatliche Organe, die den staatlichen Willen bilden und betätigen, selber aber dabei subjektlos sind. Vielleicht empfiehlt es sich hierbei, weniger den Unterschied zwischen mittelbarem und unmittelbarem Staatsorgan in den Vordergrund zu rücken als den, zwischen mittelbar berufenem und unmittelbar berufenem. Diese Unterscheidung ist ohne weiteres klar, während man für jene andere besser den Ausdruck des Unterschiedes zwischen »abhängigem« und »unabhängigem« Organ wählt, je nachdem die Willensbildung einer Beeinflussung von seiten eines übergeordneten oder nebengeordneten Organs unterliegt oder nicht.

Der Unterscheidung zwischen einem rechtlichen und einem politischen Funktionsbereich des Beamten vermag ich in dieser Terminologie nicht zuzustimmen. Der schwache Punkt liegt im Begriffe »des Politischen«. Hierin folge ich dem Herrn Referenten, wenn er sagt, daß wir Juristen größere Sorgfalt auf die Sprache verwenden müssen. Die Sprache ist für uns mehr, als nur ein Mittel der Mitteilung. Auf ihr baut sich unser ganzes Begriffssystem auf. Schließlich ist der Begriff nichts anderes, als die Bezeichnung eines bestimmt umrissenen Gedankeninhalts. Welches ist nun dieser Gedankeninhalt bei dem sogenannten Begriff des »Politischen«? Es geht hier, wie mit anderen Ausdrücken, die in unserer heutigen Sprache ohne die klare Vorstellung eines bestimmten Gedankeninhalts gebraucht werden. So läßt sich, um ein Beispiel zu wählen, das Wort »sozial«, das oft nur eine gewisse Gefühlsrichtung andeuten soll, in vielen Fällen völlig entbehren. Ein noch größerer Mißbrauch wird mit dem Worte »technisch« geübt. Wer mit seinen Obliegenheiten nicht fertig geworden ist und dieserhalb nach dem Grunde befragt wird, antwortet prompt »aus technischen Gründen«, und der Fragende ist befriedigt. Ebenso gedankenlos wird vielfach in der heutigen Sprache der vieldeutige Ausdruck »politisch« oder »das Politische« gebraucht. Ohne nähere Bestimmung dessen, was im Einzelfalle gemeint ist, kann man für die juristische Begriffsbildung das Wort nicht verwenden. Man denke allein an die Vieldeutigkeit schon in einer geistig hochstehenden juristischen Literatur. Hier ist die Rede vom »politischen Sinn des Gesetzes«, vom »politischen Teil der Verfassung«, von »einer politischen Grundentscheidung des Art. 113«, von »politischen Beamten«, von »politischen Fragen«, von einer »Entpolitisierung des Beamtentums«. So kann man m. E. auch nicht ohne Bedenken von dem

»politischen Funktionsbereich« der Beamten sprechen. Die angeführten Beispiele zeigen aber, daß, so angewendet, nicht nur der Begriff des »Politischen«, sondern auch der Begriff »Politik« ein nebuloses Gebilde ist. Man kann ihn m. E. nur erfassen, wenn man die Politik auffaßt als diejenige Tätigkeit im öffentlichen Leben, die von Zweckmäßigkeitserwägungen ausgehend die künftige Gestaltung der Dinge zum Gegenstande hat. Da aber diese Tätigkeit von Zweckmäßigkeitserwägungen getragen ist, kann man auch, sofern man die Denktätigkeit in den Vordergrund rückt, von der Politik als einer Methode des Denkens reden, die die verschiedensten Zweige der Tätigkeit im öffentlichen Leben zum Gegenstande haben kann. Im staatlichen Leben pflegt man jedoch nur die an leitender Stelle erfolgende Tätigkeit dieser Art als Politik zu bezeichnen. Es scheidet aus, was der Herr Berichterstatter als den rechtlichen Funktionsbereich bezeichnet hat, worunter also die ausführende Tätigkeit fällt. Soweit aber es sich weder um die leitende noch um die rein ausführende Tätigkeit im Beamtenberuf handelt, erscheint es mir als. richtiger, von einem Ermessensbereich anstatt von einem politischen Bereich der Beamtenfunktionen zu reden. — Zutreffend wird hierbei von den Herren Berichterstattern die Entpolitisierung des Beamtentums gefordert. Bei einer solchen Entpolitisierung wird man aber m. E. in erster Linie auf die Anstellung nach sachlichen Gesichtspunkten zu halten haben, um von vornherein die Führung des Amtes nach parteipolitischen Gesichtspunkten, die bei der Tätigkeit des Beamten gemäß Art. 130 der Reichsverfassung ausscheiden sollen, zu verhindern.

Es fragt sich weiter, wie man verfahren soll, wenn es sich um die Frage handelt, ob eine bestimmte Funktion einen Beamten oder einem Privatangestellten zu übertragen ist. Der Herr Berichterstatter erachtet dies für ein Gesinnungsproblem, er geht praktisch aus von dem Begriff der »öffentlichen Verantwortung«. Diesen Gedanken stimme ich zu, möchte aber auch sie ein wenig anders formulieren: Solche Verrichtungen, bei denen die rein geschäftsmäßige Einstellung auf den Verkauf der Ware Arbeitskraft nicht ausreicht, sondern die in zweckentsprechender Weise nur erfüllt werden können von Personen, die getragen sind von den Imponderabilien des Beamtentums, mithin von einem starken Idealismus, müssen öffentlichen Beamten übertragen werden. Umgekehrt erfordert die gesinnungsmäßige Einstellung des Beamtentums ein wechselseitiges Treueverhältnis, also auch die entsprechende Einstellung von seiten des Staates. Hier allerdings scheint mir beiden Herren Berichterstattern in vollem Umfange zuzustimmen zu sein, wenn sie so manches im Verhältnis des Staates zum Beamten vermissen. Leider aber wird man nicht umhin können, festzustellen, daß die Rechtswissenschaft selbst den Boden bereitet hat für eine Auslegung der Verfassung, die den Beamten in hohem Grade nachteilig ist. Aus den ausgesprochenen Rechten der Beamten wurde eine institutionelle Garantie. Schon in der Sprache ist dieser Ausdruck verfehlt. Man kann wohl von einer gewährleisteten Einrichtung aber nicht von einer einrichtungsmäßigen Gewährleistung reden, wenn man nicht der Sprache Zwang antun will. In Weimar aber dachte niemand an dieses Rechtsinstitut, es ist erst später erfunden. Hinzu kam zum Nachteile der Beamten zum Wort der Rechte das verhängnisvolle Wörtchen »wohlerworben«. Die Auslegungskunst gab die Möglichkeit, nunmehr festzustellen, daß nur die auf einem besonderen Rechtstitel beruhenden Rechte geschützt seien, nicht aber die aus den allgemeinen Gesetzen sich ergebenden. Hätte man das Wort »wohlerworben«, das ein Lob aussprechen sollte, nun aber eine Motivierung der Gesetzesnorm in den Gesetzestext aufnahm, fehlen lassen, so wäre der Text klarer. Hätte man aber die ganze Norm aus der Verfassung herausgelassen, so wäre nicht entfernt so viel an den Rechten der Beamten gerührt worden, als es nunmehr durch die Auslegungskunst der Rechtswissenschaft möglich geworden ist. Die Bestimmung teilt das Schicksal des Art. 127 RV.: Wäre nichts über die Gewährleistung der Rechte der Gemeinden in die Verfassung aufgenommen, so wären nicht so viele Rechte der Gemeinden verloren gegangen, wie es in den letzten Jahren der Fall gewesen ist. Ich schließe mit einem Wort, das auf dem letzten Juristentage der deutschen Juristen in der Tschechoslowakei in Eger gefallen ist: »Nachzuweisen, daß das, was in der Verfassung steht, nicht gilt, ist allein dem Juristen vorbehalten«.

Lutz Richter-Leipzig. Ich müßte befürchten, mißverstanden zu werden, wenn ich zu gewissen Außerungen der beiden Herren Berichterstatter schweige. Denn ich muß bekennen, daß ich der Autor der Meinung bin, gegen die sich die beiden Berichterstatter gewendet haben. Ich möchte dazu nur folgendes sagen: Ich stimme mit Herrn Gerber in vielem überein. Aber seine Betrachtungsweise hat mit der Betrachtung, die ich seinerzeit angestellt habe, zunächst einmal wenig zu tun. Es sind zwei verschiedene Standpunkte. Man hat der Auffassung, die ich vertrete, den Vorwurf gemacht, wenn man das Verhältnis arbeitsrechtlich und nicht beamtenrechtlich gestalte, so leiste man dem Staat keinen guten Dienst. Trotzdem muß ich daran festhalten: das Berufsbeamtenrecht ist eine Teilerscheinung des Arbeitsrechts. Für mich handelt es sich dabei nur um die Analyse des Tatbestands. Auch der, der zum Beamten gemacht wird, ist nicht vorher schon verpflichtet, die Dienste zu leisten, die er dann als Beamter zu leisten hat. Beim Arbeitsverhältnis ist es genau so. In beiden Fällen wird ein Rechtsverhältnis begründet um der Arbeit willen. Auf weite Strecken hin ist also das Verhältnis das gleiche. Auch das Rechtsgeschäft, durch das ein Mensch in dieses Verhältnis hineingerät, ist parallel gestaltet. In jedem Fall ist es so, daß zum Beamten nur der gemacht werden kann, der damit einverstanden ist. Da erscheint es doch als das Ehrlichste, von einem Vertrage zu sprechen, der das Beamtenverhältnis begründet. Ich habe nie bestritten, daß innerhalb der Einzelgestaltung das Beamtenverhältnis einerseits, das Arbeitsverhältnis der Arbeiter und Angestellten andrerseits wesentliche Unterschiede möglich und vorhanden sind. Das Beamtenverhältnis soll ein öffentlich-rechtliches Verhältnis sein. Wenn Sie sich der Mühe unterziehen, den von mir mitbeeinflußten Entwurf des Allgemeinen Deutschen Beamtenbundes näher durchzusehen, so sehen Sie, daß der Begriff der Treue in den Vordergrund gestellt wird. Zum zweiten ist hier der Versuch gemacht worden, dafür zu sorgen, daß die für den Staat als staatswesentlich zu leistenden Verrichtungen wirklich nur Beamten vorbehalten werden. Über die Formulierung der zu ziehenden Grenzen freilich haben Auseinandersetzungen stattgefunden. Das Ergebnis, wie es auch ausgefallen ist, bedeutet zugleich den Versuch einer praktischen Verwirklichung dessen, was man heute als »institutionelle Garantie« zu bezeichnen pflegt. Es sollen Vorkehrungen getroffen werden, daß von der Institution des Beamtentums Gebrauch gemacht werden muß. Daher sind beide Anschauungen sehr wohl vereinbar. Übrigens ist es unzutreffend, wenn man glaubt, daß die ethischen Faktoren beim Arbeiter und Angestellten keine Rolle spielen. Ich erinnere an die Theorie Nikischs über den Anstellungsvertrag. Nichts ist irreführender als die Phrase vom »Verkauf der Ware Arbeitskraft«; romanistische Vorstellungen sind im heutigen Arbeitsrecht längst überwunden. Wenn es heißt: Beamtenrecht = Arbeitsrecht, so soll das nicht bedeuten, daß die Stellung der Beamten nach unten gezogen werden soll; es soll vielmehr heißen, daß die übrigen Arbeitnehmer heraufgezogen werden sollen auf das sittliche Niveau des Beamtenrechts.

Richard Schmidt-Leipzig. Die beiden Referate haben uns eine mustergültige Übersicht über die Klassifizierung der typischen Formen gegeben, in denen die Rechtsstellung der Beamten Gestalt gewinnen kann, und auch die bisherigen Diskussionsredner sind ihnen hierin gefolgt. Unbezweifelbar sind diese Begriffsbildungen als Ausgangspunkt für die Analyse eines jeden Systems der Behördenorganisation wertvoll, ja, unentbehrlich. Ich möchte aber zu bedenken geben, ob es sich nicht lohnen würde, die Fragestellung im Verlauf unserer Diskussion zu verengern, indem wir sie mehr auf diejenigen organisatorischen Probleme des Beamtenrechts konzentrieren, die heute in der Staatenwelt überhaupt und in Deutschland insbesondere die eigentlich akut gewordenen bedeuten und von denen die Lebensinteressen der jetzigen Gesellschaft am stärksten berührt werden. Im Mittelpunkt scheint mir doch zur Zeit die Frage zu stehen, die von den Referenten wohl auch einbezogen worden ist, besonders von Herrn Merkl gegen den Schluß seiner Ausführungen hin, aber doch mehr als eine von den vielen in Betracht kommenden, nicht als die in erster Linie zu betonende. Ich meine die Frage nach dem Einfluß, den Bildungsgang und Schulung der Persönlichkeiten auf die Besetzung der Beamtenstellen auszuüben geeignet sind. Sehen wir von den Chefs der Ressortministerien in Reich und in den Ländern ab, so wird überall sowohl die Besetzung der »Ministeriellen« Ratsstellen bei Abteilungsvorständen wie Referenten, auch die der Stellen bei den höheren und mittleren Verwaltungsbehörden vor die Frage gestellt, inwieweit die Kandidaten aus den akademisch vorgebildeten, staatlich geprüften und im allmählichen Aufstieg der Ämterskala geschulten Anwärtern oder aus den nicht durch Studien und Examia gegangenen, in wirtschaftlichen Berufen, in der Presse, in politischer Vereinstätigkeit als Autodidakten vorbereiteten Persönlichkeiten entnommen werden sollen; und im Umkreis der erstgenannten Kategorie wird wieder eine Mittelgruppe zu berücksichtigen sein, die derjenigen Bewerber, die wohl den Bildungsgang eines Berufsbeamten durchlaufen, sich aber neben ihrer amtlichen Tätigkeit erheblich oder vorwiegend als Parteipolitiker betätigt haben. Daß in der modernen Demokratie, besonders in der parlamentarischen Demokratie eine Verbindung beider Elemente nicht zu entbehren ist, hat sich an der Praxis aller beteiligten modernen Staaten, auch an der deutschen Praxis der letzten zehn Jahre als ein von niemanden geleugneter Erfahrungssatz herausgestellt. Die Natur der Sache bringt es mit sich, daß bei den Angehörigen einer jeden der beiden Kategorien die Ausbildung bestimmter Eigenschaften des Intellektes, des Charakters, der Lebensgestaltung und des Auftretens im Leben begünstigt wird, die für die Bewährung im Staats- oder Kommunaldienst wesentlich sind und die sich zweckmäßigerweise in der Erfüllung der amtlichen Funktionen ergänzen. Sie sind in der neuesten Literatur, von Nawiasky, Giese u. a. vielfach beleuchtet worden, und ich brauche sie hier nicht noch einmal hervorzuheben. Aber nach welchem Modus, in welcher Mischung ihre Träger innerhalb unserer Behörden zum Amt herangezogen werden sollen, dafür haben wir in Deutschland sowohl in Reichswie im Länderdienst vorläufig kein gesetzliches oder gewohnheitsrechtliches Prinzip. Auswahl und Verwendung erfolgen von

Fall zu Fall, überwiegend nach persönlichen Erwägungen der für die Auslese verantwortlichen leitenden Stellen und nach persönlicher Berücksichtigung der einzelnen Kandidaten.

Auch ich kann mich in dem knappen Rahmen der Diskussion grundsätzlich über die Frage nicht äußern. Ich möchte nur auf die merkwürdige Antinomie hinweisen, die sich gerade nach den Vorgängen, die wir in den letzten zehn Jahren erlebt haben, zwischen der Entwicklung der ältesten parlamentarischen Demokratie, der englischen, und unsrer eigenen jüngsten Demokratie herausgebildet hat.

Es ist heute vollendete Tatsache, daß der britische Staat, der sich schon längst auf das System der Parteipatronage der Berufspolitiker, ursprünglich im aristokratischen, dann in sich mehr und mehr demokratisierenden Stil, sowohl für Staats- wie für Kommunalämter festgelegt zu haben schien, zuerst zögernd, schließlich mit immer zunehmender Entschiedenheit dem System der Berufung nach Wettbewerb im Fachstudium und Prüfung mit lebenslänglichem Staatsdienst zugewendet hat. Die Amtsstellen in den Ministerien, außer der des Ressortvorstandes und seines politischen Sekretärs, versorgt heute eine zentrale Prüfungsbehörde mit stärksten Kompetenzen ausschließlich mit Amtsanwärtern, und auch für den County Service und den Borough Service in den Selbstverwaltungskörpern der Grafschaften und Großstädte werden in der Regel die sämtlichen ausführenden Beamten mit lebenslänglich arbeitenden Fachmännern, meist akademischer Bildung besetzt, wenn auch hier nicht nach einem so fest geordneten Grundsatz wie innerhalb des Civil Service im engeren Sinn und mit so ausschließlicher Auslese und Zuständigkeit, wie sie die Civil Service Commission für die Angehörigen der Ministerien ausübt. Die Berufspolitiker beschränken ihre Tätigkeit im Staatsleben mit geringer Ausnahme auf die Mitwirkung in den parlamentarischen Kollegien, in Land, Grafschaft und Gemeinden, auf das Unterhaus, die Grafschafts- und Munizipalräte, wo sie vor allem in den Ausschüssen, den heute überall maßgebend beschließenden Gremien, mit den Fachbeamten sich begegnen und zusammenarbeiten. Die Hauptsache ist aber, daß jede der beiden Gruppen von Funktionsträgern sich als geschlossener Komplex homogener Arbeitsgenossen betätigt, die in ihrer Ideologie und Entschlußbildung durch die andere nicht beeinträchtigt wird. Jeder Komplex kann die Eigenschaften, die er für die durchschnittliche Wirkung des Kräftespiels überwiegend in sich verkörpert — vor allem einerseits die Neigung, bestimmte Parteiinteressen und Parteigrundsätze zu betonen, andrerseits die Tätigkeit zwischen den Parteibestrebungen und Interessen des Staatsganzen auszugleichen — in ihrer Reinheit zur Geltung bringen. Nur der Parteiminister jedes Ressorts mit seinen Adjutanten bildet eine verbindende Brücke, und im Betrieb der Kommunalverbände fehlt auch sie.

Die jetzigen deutschen Verhältnisse bedeuten hierzu einen starken Kontrast. Hier hat sich das fast rein bureaukratische Behördensystem der Vorkriegszeit nicht nur durch das »parlamentarische Prinzip« im engeren Sinn zur Aufnahme eines Verbindungsglieds zwischen Berufsbeamten und parlamentarischen Ausschüssen, sondern weit darüber hinaus zu einem aus beiden Elementen bunt gemischtem System entwickelt. Das Parteipolitikertum ist nicht nur an der Spitze der zentralen und lokalen Behörden vor-, sondern auch tief in ihr Inneres eingedrungen, und wer einer Prüfung der konkreten Verhältnisse genauer nachgeht, wird finden, daß in manchen Ministerien der dritte Teil oder mehr der Referenten- und Ministerialdirektorenstellen mit überwiegend parteimäßig gefärbten Bewerbern besetzt ist, die häufig freilich so, daß auch diese Bewerber berufsbeamtete Vorbildung und Schulung erworben haben, aber eben doch vorwiegend um ihrer Parteizugehörigkeit willen unter Zurückstellung anderer reiner Fachbeamter in ihre Position gelangt sind. Die Behördenkörper sind also heterogene Komplexe geworden, und ich möchte annehmen, daß viele der Übelstände, unter denen wir heute leiden, vor allem die vielbeklagte Unstetheit und Uneinheitlichkeit unsres politischen Handelns durch diese Lage bedingt ist. Nicht als ob man berechtigt wäre, über die auf dem Weg durch die Partei zum Amt gelangten als solche ein Minderwertsurteil zu fällen. Das wäre eine Absurdität. Es ist selbstverständlich, daß die größere oder geringere Tüchtigkeit der einzelnen an Intellekt, Charakter und Lebenshaltung an der Person, nicht an der Vorbildung hängt; es kann sehr einseitige Bureaukraten und sehr objektiv und staatspolitisch denkende Parteimänner geben, so wie sich Vorzug und Nachteil umgekehrt vertauschen können. Aber soviel wird man sagen dürfen, daß die enge Verkoppelung der Parteimänner und der Berufsbeamten bei der Regierungsvorbereitung von Gesetzesvorlagen und wiederum bei der Beratung und Beschlußfassung über die ausführenden Maßnahmen die Einheitlichkeit des Vorgehens in vielen Fällen in Frage stellen, die Energie und Planmäßigkeit des Vorgehens lähmen muß. Und noch mehr leuchtet ein, daß eine Bevorzugung mindertüchtiger Beamter um ihrer Parteistellung willen auf Kosten tüchtigerer rein fachmännischer Mitbewerber auf die Gesinnung des Nachwuchses höchst unheilvolle Einflüsse ausüben muß.

So tut eine Abwägung der Möglichkeit not, wie dieser labilen Lage durch bestimmte gesetzliche Bindungen abgeholfen werden könnte. Eine einfache Übertragung der englischen Zustände auf deutsche Verhältnisse kann kaum in Frage kommen, — schon deshalb nicht, weil die englische Vorbildung der Fachbeamten von der der entsprechenden Kategorie der deutschen Beamten sehr erheblich abweicht. Aber die Beschränkung der parteipolitischen Quote auf eine viel niedrigere, fest limitierte Zahl wäre ernsthaft zu überlegen, und ich würde es begrüßen, wenn sich die Vereinigung mit dieser Sache früher oder später besonders beschäftigen wollte.

Köttgen-Greifswald. Sehr richtig war die einleitende Problemstellung von Herrn Gerber, wenn er betonte, daß das Beamtenproblem nicht, wie bisher vielfach, allein als ein Problem der subjektiven öffentlichen Rechte und Pflichten begriffen werden könne, daß hier nur eine verfassungsrechtliche also nicht allein eine verwaltungsrechtliche Fragestellung zum Ziele führe. Aus diesem Grunde habe ich auch durchaus verstanden, wenn Herr Gerber auf dogmatische Einzelheiten des Verwaltungsrechts nicht eingegangen ist, obwohl etwa in der Frage der funktionellen Abgrenzung zwischen Beamten und Arbeitnehmern grade dogmatisch recht große Schwierigkeiten bestehen dürften, jene Grundsätze praktisch zu realisieren, die der Referent im einzelnen vertreten hat. Wenn weiter vorgeschlagen worden ist, die bisher im zweiten Hauptteil der Verfassung verankerten Grundsätze des Beamtenrechts in den organisatorischen ersten Hauptteil zu überführen, so möchte ich doch darauf hinweisen, daß etwa von dem von Smend in bezug auf die Grundrechte entwickelten Standpunkt aus, es vielleicht doch seinen guten Sinn hat neben anderen politischen Leitideen des deutschen Staates auch das Berufsbeamtentum in zweiten Hauptteil zu erwähnen. Die von dem Herrn Referenten vorgeschlagene Unterscheidung zwischen persönlichen und institutionellen Organen scheint mir, ohne abschließend zu dieser Lösung Stellung nehmen zu können, zum mindesten unfruchtbar. Es war mir daher sehr interessant, daß der Herr Referent letztens doch auf den Unterschied zwischen funktionell selbständigen und funktionell unselbständigen Organen als das Entscheidende herauskam, eine Unterscheidung, die sich doch wohl in wesentlichen Punkten mit der bisher üblichen zwischen mittelbaren und unmittelbaren Organen decken dürfte. Der Punkt, in dem ich unter allen Umständen glaube widersprechen zu sollen, ist die Trennung zwischen einem politischen und einem rechtlichen Funktionskreis, um den letzteren der Bureaukratie zur funktionell selbständigen Erledigung zu überlassen. Es mag dabei die Frage, ob und inwieweit eine solche Trennung zwischen rechtlichem und politischem Funktionskreis im einzelnen überhaupt möglich ist mit Rücksicht auf die bekannte Komplexität der Mehrzahl aller Staatsakte, hier dahingestellt bleiben. Wenn Herr Gerber den rechtlichen Funktionskreis dem Beamtentum zur selbständigen Erledigung überlassen will und damit jedem Verwaltungsbeamten oder zum mindesten doch der Gesamtheit des Berufsbeamtentums eine Stellung einräumt, die in ihrer Unabhängigkeit gegenüber der politischen Leitung der des Richters verwandt ist, so wird damit die Einheit der Exekutive in einer Weise gesprengt, die politisch betrachtet untragbar erscheint. Anders liegen die Verhältnisse allerdings, wenn nur auf dem beschränkten Gebiet der Personalpolitik jeder politische Einfluß seitens der Regierung ausgeschaltet werden soll. Aber auch hier wird man keine übergroßen Hoffnungen haben dürfen, zumal die relativ engen Grenzen nicht zu übersehen sind, die jeder gesetzmäßigen Bindung der Personalpolitik — Beispiel etwa das Beförderungswesen — gezogen sind. Zustimmen möchte ich dagegen grundsätzlich dem, was der Herr Referent über die Entpolitisierung des Beamtentums gesagt hat, insbesondere seiner These, daß es sich nicht allein darum handeln kann, das Beamtentum der Patronagepolitik der Parteien zu entziehen, das mindestens ebenso wichtig ist, daß die Beamten selbst sich der Partei fernhalten. Seine auf diesen Überlegungen aufgebauten Ausführungen über das passive Wahlrecht der Beamten kann ich nur unterschreiben. Was schließlich die Mängel des Disziplinarverfahrens anlangt, die Herr Gerber berührt hat, so ist ihm auch hier zuzustimmen, nur daß mir generell die Übertragung des kirchlichen Lehrzuchtverfahren auf beamtenrechtliche Tatbestände bedenklich erscheint, wohl erwägenswert dagegen für einige besondere Beamtenkategorien, so etwa die Lehrer.

Apelt-Leipzig. Das Berufsbeamtentum befindet sich in einer problematischen Lage. Das muß noch stärker herausgestellt werden, als es in den Referaten geschehen ist. Die Stellung der Beamten sei über die Revolution hinweg dieselbe geblieben wie früher, ist gesagt worden. Das ist richtig — und auch falsch. Auch früher waren die Beamten nicht unpolitisch! Sie waren Träger von staatsbürgerlichen Rechten genau wie heute und sie waren parteipolitisch interessiert. Es kann also keine Rede davon sein, daß das alte Berufsbeamtentum apolitisch gewesen wäre. Im preußischen Abgeordnetenhaus z. B. saßen zahlreiche Landräte, Richter und andere Beamte. Man erinnere sich nur an die berühmten Kanalrebellen. Nur war die Beamtenschaft politisch einseitiger orientiert, weil es der Staat auch war. Wie steht es heute? Diese Einseitigkeit der Entscheidungsmöglichkeiten ist in der demokratischen Republik gefallen. Die Parteien ringen um die Macht im Staat und haben abwechselnd die Macht in der Hand. Es gehört zum Wesen des heutigen Staats, wie auch der Staatsgerichtshof anerkannt hat, daß sich der Beamte frei entscheiden kann, welcher Partei er sich als Wähler anschließt. Damit ist aber auch für die parteipolitische Betätigung ein weiteres Feld eröffnet, und diese größere Freiheit der Entschließung des Beamten steigert die Problematik seines Verhältnisses zum Staate. Nun zu den Bestrebungen, das Beamtentum zu entpolitisieren. Ein solches Ziel ist meines Erachtens völlig aussichtslos und auch nicht einmal wünschenswert. Schon der Gedanke an das Wahlrecht macht eine solche Lösung unmöglich. Man darf den Beamten auch nicht die Möglichkeit der Kandidatur zu den Parlamenten nehmen, obwohl das englische Vorbild erwägenswert ist. Eine neutrale Prüfung der Fähigkeiten findet heute bei den Beamten vor der Anstellung ebenso wie in England, nämlich in den staatlich geordneten Fachprüfungen statt. Ich kann aber Richard Schmidt nicht beistimmen, wenn er sagt, daß der Fachbeamte unter allen Umständen ein besserer Hüter des Rechtsstaates wäre, als der Parteibeamte. Gerade die Erfahrungen der letzten Zeit sollten uns hier vorsichtiger stimmen. Wir haben z. B. in Sachsen gegenwärtig vier Minister, die Fachbeamte gewesen sind, die aber gleichwohl nicht gezögert haben, mit Ausnahmeverordnungen gegen den Rechtsstaat vorzugehen. Der Berufsbeamte ist dazu erzogen, unter allen Umständen eine Sache, die von ihm verlangt wird, zustande zu bringen. Er hat nicht gelernt, auch einmal zu sagen, »nein, das mache ich nicht, sucht Euch dazu einen andern!« Das ist aber ein Nachteil, und deshalb bestreite ich, daß der fachlich geschulte Berufsbeamte stets fester steht als der politische Beamte. Wie kann die schwierige Lage des Beamtentums geklärt werden? Ich meine, das Entscheidende ist nicht eine Entpolitisierung, sondern die sachliche Unabhängigkeit des Berufsbeamten. Wir müssen dahin streben, daß die sachliche Unabhängigkeit auch dem Verwaltungsbeamten zugestanden wird, wenigstens insoweit, als er Recht anwendet. Diese Unabhängigkeit kann nicht unpolitisch sein, ebensowenig wie es eine voraussetzungslose Rechtsprechung oder eine solche Wissenschaft gibt, wohl aber frei von unmittelbarem Parteieinfluß. Der Berufsbeamte muß ferner ein neues Ethos entwickeln. Früher bestand es in der Treue zum Monarchen. Heute wird Treue auch gefordert, aber es kommt eine zweite Forderung hinzu: unbedingte Sachlichkeit gegenüber allen politischen Einflüssen. Denn es gibt nicht nur eine parteipolitisch abhängige, sondern es gibt auch eine unbedingt sachliche Einstellung. Der Berufsbeamte ist der Wächter des hohen Gutes der Gleichheit vor dem Gesetz. In dem Augenblick, wo der Staatsbürger auf der Behörde nur den Parteimann findet, wo die Sachlichkeit verloren geht, ist das Todesurteil über das Berufsbeamtentum gesprochen. Nicht die politische Neutralisierung ist anzustreben, sondern die Erziehung zur Sachlichkeit.

Noch ein Wort zu den »wohlerworbenen Rechten«. Nach

meinen Erfahrungen in Weimar hat der Verfassungsausschuß den Beamten mehr geben wollen als nur eine institutionelle Garantie. Daß gewisse Rechte als subjektive Rechte anerkannt werden sollten, ist sicher. Heute ist leider auch in der Wissenschaft der Standpunkt weit verbreitet: wir kümmern uns nicht um den Willen derer, die in Weimar die Verfassung schufen, wir interpretieren so, wie wir es um des augenblicklichen Bedürfnisses oder auch um des geistreichen Effektes willen für zweckmäßig halten. Vieles, was z. B. Hofacker in seiner bekannten Schrift über die Auslegung der Grundrechte sagt, ist richtig, und man sollte nicht leichten Herzens über die Absichten hinweg gehen, die den Formulierungen in Weimar zugrundegelegen haben.

Koellreutter-Jena: Die Problematik der herrschenden Auffassung in der Frage der Stellung des Beamtentums im Staate zeigt sich m. E. besonders deutlich in der unsicheren Auslegung des Art. 130 II RV. durch sie.

Denn wenn man von der Auffassung ausgeht, daß man im Berufsbeamtentum den Repräsentanten einer politisch geprägten Lebensgemeinschaft sehen muß, daß das Berufsbeamtentum, wie ich an anderer Stelle gesagt habe, der Nation verhaftet ist, so ist von diesem Ausgangspunkte aus die Meinung Gieses unhaltbar, der wenigstens grundsätzlich die Zugehörigkeit des Beamten zu jeder politischen Partei für möglich erklärt. Und auch die von einem Teil der Literatur und dem preußischen OVG. in die Bestimmung des Art. 130 hineingelesene Unterscheidung von bloßem Bekenntnis zu einer Partei und aktiver Betätigung in derselben, bietet, wie z. B. auch die neueste Rechtsprechung der Disziplinargerichte und des OVG. in Thüringen zeigt, keinen festen Anhaltspunkt für die Entscheidung mehr.

An Herrn Jellinek möchte ich dabei die Frage richten, wie seine Auffassung des Art 130 II als absolute Schranke des Verfassungsgesetzgebers eigentlich gemeint ist und welche rechtliche Folgerungen sich daraus ergeben.

Aus derselben Grundauffassung heraus sehe ich das Problem des Berufsbeamtentums im heutigen Parteienstaate etwas anders als mein Vorredner. Denn jeder Staat muß auf einer ihn tragenden politischen Grundentscheidung beruhen und deshalb von einer bestimmten politischen Idee getragen sein. Nicht darin besteht die Problematik der heutigen Lage, daß innerhalb einer solchen gemeinsamen politischen Basis der parteipolitische Kampf um die politische und staatsrechtliche Konkretisierung im einzelnen geht, sondern darin, daß diese gemeinsame politische Basis heute weitgehend nicht mehr vorhanden ist und das Berufsbeamtentum durch seine starke Politisierung im parteipolitischen Sinne in diesen Kampf mithereingezogen worden ist. Ich stimme deshalb

Richard Schmidt darin bei, daß sich die Erhaltung unseres Berufsbeamtentums auf ein Fachbeamtentum stützen muß und der Parteibeamte bzw. der politisierte Beamte dafür doch nicht die notwendigen Garantien zu geben vermag.

Die Aufstellung der »institutionellen Garantien« durch Carl Schmitt halte ich für sehr bedeutsam und wertvoll. Ich sehe aber in ihnen nicht nur ein konstruktives Element, vor dessen Überschätzung Heinz O. Ziegler in seiner Monographie »Die moderne Nation« m. E. nicht ganz zu Unrecht warnt, sondern mehr den Ausdruck einer prinzipiellen Auslegung der Verfassung, vor allem wenn Carl Schmitt neuestens ausdrücklich die »wohlerworbenen Rechte« nur im Rahmen der institutionellen Garantien nicht als individualistischen Selbstzweck anerkannt und gesichert wissen will. Abweichend von meinem Vorredner halte ich aber diese Auslegung für möglich, da man bei der Auslegung dieser Grundfragen m. E. nicht allein auf den behaupteten oder vorhandenen Willen der in Weimar Versammelten abheben kann. Ich verweise für dieses wichtige Auslegungsproblem auf die Ausführungen meines Schülers Hermann Ule im 21. Bande des Archivs des öffentlichen Rechts.

Herrfahrdt-Greifswald. Die Stellung des Beamten zur Politik möchte ich auf die Formel bringen: nicht Entpolitisierung, sondern Politisierung, aber Entparteipolitisierung. Der Forderung nach »Entpolitisierung« der Beamten liegt meist die Vorstellung zugrunde, daß politische Führung notwendig eine parteipolitische Richtung hat. Das entspricht aber nicht dem Sinn der Verfassung. Die Verfassung will nicht Herrschaft der Mehrheit über die Minderheit, sondern Regierung durch Vertreter des ganzen Volks, die sich allen Volksteilen gleich verantwortlich fühlen. Die Mehrheitsherrschaft ist nur eine Folge des Mißbrauchs der zunächst nur als technisches Mittel gedachten Abstimmung. Der Grundsatz des Art. 21 RV. ist auch nicht bloß eine Utopie. In der gegenwärtigen Reichsregierung finden wir Ansätze zu einer solchen »Vertretung des ganzen Volks«, wenn auch noch durch parteipolitische Einflüsse getrübt. Setzt sich dieses Prinzip durch, dann brauchen wir nicht mehr den Beamten zu »entpolitisieren«. Dann muß er vielmehr »politisiert« werden, in demselben Sinne wie die Regierung, d. h. erzogen werden zu der spezifisch politischen Aufgabe, auseinanderstrebende Volkskräfte im Staat zusammenzufassen. Der Beamte muß die Fähigkeit haben, aus jeder Volksbewegung das Positive herauszuholen und für den Staat auszuwerten. Dann liegt auch kein Anlaß mehr vor, die Unvereinbarkeit von Beamteneigenschaft und Parlamentszugehörigkeit zu fordern. Wenn der Beamte als erster die Forderung erfüllt, Vertreter des ganzen Volks zu sein, kann er auch in Parteien und Parlament erzieherisch wirken.

Jellinek-Heidelberg: Es sei mir gestattet, zu zwei Punkten das Wort zu nehmen: zur Frage der Maßregelung von Beamten wegen politischer Betätigung und zur Frage der ausschließlichen Verwendung von Beamten für gewisse staatliche Funktionen.

1. Wer entscheidet darüber, ob ein Beamter verpflichtet ist, sich dem Verbote einer Betätigung in bestimmter politischer Richtung zu fügen? Nach dem heute fast durchweg geltenden Rechte kann der Beamte gegenüber dem nach seiner Ansicht unzulässigen Verbote ungehorsam sein, aber auf eigene Gefahr, er hat also disziplinare Bestrafung zu gewärtigen, wenn das Dienststrafgericht anderer Ansicht ist als er. Mit Recht hat Herr Gerber auf das Unzuträgliche einer solchen Regelung hingewiesen, sein Vorschlag jedoch, die Schwierigkeit durch sinngemäße Ausdehnung des Irrlehrenverfahrens des protestantischen Kirchenrechts auf das weltliche Beamtenrecht zu beheben, begegnet großem Bedenken. Näher liegt wohl der zum Teil bereits im thüringischen Beamtenrecht verwirklichte Gedanke, dem Beamten zu gestatten, die Entscheidung einer richterlichen Behörde anzurufen, bevor er sich — möglicherweise — strafbar gemacht hat. Bei dem umfassenden Rechtsschutz des Beamten in Österreich dürfte, was vielleicht Herr Merkl in seinem Schlußwort bestätigen wird, diese Möglichkeit der Beseitigung jener Ungewißheit schon heute bestehen.

Zu der von Herrn Koellreutter an mich gerichteten Frage über meine Auffassung von der Tragweite des Artikel 130 Abs. 2 RVerf. bemerke ich, daß ich glaube, mich hierüber in meinem Vortrag über die Grenzen der Verfassungsgesetzgebung hinreichend deutlich ausgesprochen zu haben. Jener Artikel gewährleistet den Beamten die Freiheit ihrer politischen Gesinnung und die Vereinigungsfreiheit. In ruhigen Zeiten mag dies angehen, es kann aber Lagen geben, in denen die Bestimmung eine politische Unmöglichkeit bedeutet, da das Reich dann nicht gleichzeitig zweierlei wollen kann: seinen eigenen Bestand und die diesen Bestand auflösende Freiheit der Beamten. Für diesen Fall hat der Verfassungsgesetzgeber von 1919 den Mund zu voll genommen, er hat, wenn man den Dingen in die Augen sieht, die äußersten auch dem Verfassungsgesetzgeber gezogenen Schranken überschritten, mag auch der Richter durch Interpretationskünste die absolute Schranke in eine selbstgewollte Schranke umdeuten, wovon näheres in meinem Vortrag am Schlusse zu lesen ist.

2. Mit zu den wichtigsten Teilen des Gerberschen Berichts gehörte m. E. die rechtspolitische Forderung, gewisse staatliche Stellen dem Berufsbeamtentum vorzubehalten, so vor allem die mit wesentlichen Hoheitsbefugnissen versehenen. Dies steht in engem Zusammenhang mit der in der heutigen Aussprache vielfach genannten sog. institutionellen Garantie des Berufsbe-

amtentums. Nur glaube ich, daß man den richtigen Kern dieser von Carl Schmitt vorgetragenen Lehre nicht nur rechtspolitisch anerkennen, sondern auch rechtsdogmatisch für die Lösung einer bekannten Streitfrage nutzbar machen kann. Bekanntlich erklärt der dritte Zivilsenat des Reichsgerichts in ständiger Rechtsprechung, durch die Übertragung obrigkeitlicher Befugnisse werde ein von einem öffentlichen Gemeinwesen Angestellter ohne weiteres Beamter. Als der Senat diese seine Ansicht in einer vor kurzem erlassenen Entscheidung mit naturrechtlichen Wendungen begründet hat, stieß er auf heftigen Widerstand. Von den hier Anwesenden hat Herr Lassar die Rechtsprechung in einem ausführlichen Gutachten bekämpft, viele Ländernotverordnungen der letzten Wochen haben es ausdrücklich ausgesprochen, daß die Übertragung obrigkeitlicher Befugnisse auf einen öffentlichen Bediensteten diesen noch nicht zum Beamten mache. Die Lehre von der institutionellen Garantie des Berufsbeamtentums bringt, wenn ich recht sehe, neues Licht in diese Rechtslage. Schützt nämlich RVerf. Art. 129 auch das Berufsbeamtentum als solches, verbietet also diese Bestimmung die Beseitigung des Berufsbeamtentums und seine Aushöhlung, so muß zum mindesten der mit obrigkeitlichen Befugnissen ausgestattete Bedienstete Beamter sein, da es sonst z. B. den Ländern freistände, auch Regierungs-, Polizeipräsidenten, Oberpräsidenten usw. auf Privatdienstvertrag anzustellen und damit das Berufsbeamtentum allmählich ganz zu beseitigen. Im Kerne hat also das Reichsgericht auch heute, trotz der Ländernotverordnungen, recht, nur hätte es sich statt auf naturrechtliche Gedankengänge auf RVerf. Art. 129 stützen sollen.

So fruchtbar also die Lehre Carl Schmitts von der auch institutionellen Garantie ist, die im Art. 129 RVerf. liege, so wenig vermag ich ihm in seiner Ansicht über die Nicht-Garantie von Gehaltsansprüchen in bestimmter Höhe beizupflichten. In der Deutschen Juristenzeitung vom 15. Juli beruft sich Carl Schmitt auf die Äußerung eines Abgeordneten der preußischen Landesversammlung bei der Beratung des Gesetzes über Groß-Berlin, der dort erklärte, er sei in Weimar dabei gewesen und könne sagen, man habe damals nicht daran gedacht, dem Beamten den Genuß eines Gehalts von bestimmter, ziffernmäßiger Höhe zu gewährleisten. Durch genaue Prüfung der dem fraglichen preußischen Ausschuß angehörigen Persönlichkeiten bin ich zu der Überzeugung gelangt, daß jener Abgeordnete niemand anderer als Hugo Preuß sein kann. Aber gerade Preuß ist für unsere Frage kein Kronzeuge. So gehörte er nicht dem Unterausschuß für Grundrechte an, in dem der Satz über die wohlerworbenen Beamtenrechte erstmalig entstand. Als er einmal in anderem Zusammenhang im Verfassungsausschuß nach der Bedeutung einer Bestimmung gefragt wurde, antwortete er, für die fettgedruckten Sätze sei er nicht zuständig, sie seien ohne sein Zutun entstanden. Zu den fettgedruckten Sätzen gehörte aber auch der über die wohlerworbenen Beamtenrechte. Gegen Schmitts These sprechen aber neben der psychologischen Tatsache, daß es doch dem Beamten bei seinen wirtschaftlichen Forderungen in erster Linie auf die Höhe seiner Bezüge ankommt, folgende Gründe: Als im Jahre 1920 die bayerischen und württembergischen Postbeamten und als im gleichen Jahre, also sehr bald nach Verabschiedung der Reichsverfassung, die Eisenbahnbeamten der Länder vom Reiche übernommen wurden, sicherte ihnen das Reich die bisherigen Bezüge in ziffermäßiger Höhe zu. Sodann: Schon das Besoldungsgesetz von 1920 enthält den bekannten Gesetzesvorbehalt für Besoldungsänderungen; in der Begründung des Entwurfs aber heißt es ausdrücklich, der Vorbehalt sei nötig mit Rücksicht auf die Vorschrift des Art. 129 RVerf., daß wohlerworbene Rechte unverletztlich seien. Dann die Vorkriegsbesoldungsgesetze: eine Reihe von ihnen bestimmt ausdrücklich, daß, soweit durch die Neuordnung Beamte in ihren Bezügen geschmälert würden, der Unterschiedsbetrag als Zulage gewährt werde oder dgl.; in einer badischen Bestimmung dieses Inhalts von 1908 heißt es am Rande: »Wahrung erworbener (!) Gehaltsansprüche«. Endlich die Reichsverfassung selbst: Dadurch, daß sie im Art. 129 Abs. 2 die Versetzung eines Beamten in ein Amt mit geringerem Gehalt nur unter den — nach der billigenswerten Rechtsprechung: vorher — gesetzlich bestimmten Voraussetzungen zuläßt, erkennt sie das Recht auf ein Gehalt von bestimmter Höhe als wohlerworbenes Recht an. Allerdings besteht das von Schmitt richtig gesehene Problem, wie der Staat seiner Verpflichtung zur Gewährung fester Bezüge in Zeiten sinkender Konjunktur nachkommen soll. Hierfür gibt es aber eine bessere Lösung als die Leugnung wohlerworbener Gehaltsansprüche von bestimmter Höhe: die Gehaltssonderbesteuerung, wie sie durch die »Reichshilfe« vom Juli 1930 tatsächlich vorübergehend eingeführt wurde. Bei sinkender Konjunktur geht es dem Beamten verhältnismäßig gut, also ist eine Sonderbesteuerung seiner Bezüge keine Unbilligkeit. Dieser Ausweg ist aber für die Rechte der Beamten weniger gefährlich als eine Gehaltskürzung, da die Sonderbesteuerung nur im Rahmen des Art. 134 RVerf. möglich ist, also unter dem Gebote der Gleichmäßigkeit steht, während es bei Gehaltskürzungen doch sehr fraglich ist, ob ein Gericht sie wegen Verstoßes gegen den allgemeinen Gleichheitssatz der RVerf., den so viel umstrittenen Art. 109 Abs. 1, für ungültig erklären wird.

Wolff-Frankfurt: Das entscheidende Problem des Beamtentums liegt nicht in der technischen Gestaltung des Beamtendienstverhältnisses und auch nicht in dem der »institutionellen Garantie«. Es ist vielmehr ein Problem der Staatsgesinnung der Nation und damit allerdings vornehmlich der Beamtenschaft. Denn dem Volke muß der Gegenstand seiner Gesinnung vorgegeben sein durch die Beamten, die »den Staat« repräsentieren. Die Forderung der »Sachlichkeit« genügt da nicht, da sie nur formal ist. Es geht vielmehr darum, ob die Beamten die faktischen Interessen einzelner, einer Gruppe oder einer (koalierten) Mehrheit — oder ob sie die Interessen des ganzen Volkes wahrzunehmen haben, die nicht faktische, sondern nur »wahre Interessen« sein können.

Im übrigen ist die sogen. Krise des Berufsbeamtentums weitgehend ein Problem der Personalpolitik — weitergehend: der Gerüchte über die Personalpolitik.

Wolgast-Rostock: Sie werden mit mir in der Ansicht übereinstimmen, daß das schwedische Beamtentum mit das beste Europas ist, dies, obwohl auch Schweden praktisch den Parlamentarismus hat. Von den Mitteln, mit denen der Erfolg erreicht worden ist, lassen Sie mich zwei nennen, die für den Zusammenhang unserer Diskussion interessant erscheinen und die beide unser Staatsrecht nicht kennt.:

1. Die Anstellung erfolgt in sehr hohem Grade nach der Anziennität. Daß parteipolitische Rücksichten sich geltend machen, ist nicht ganz ausgeschlossen, jedoch äußerst ungewöhnlich.

2. Der gesamte öffentliche Dienst ist in dem Sinne öffentlich, daß jeder von jedem Aktenstück — gegen Zahlung der Schreibkosten — eine Abschrift erhalten kann. Ausnahmen (so für auswärtige Angelegenheiten) sind enumerativ durch Gesetz festgelegt. Zu diesem Mittel hat man auf Grund von Erfahrungen in einer Zeit gegriffen, die der Zeit vergleichbar ist, in welcher wir leben oder aus der wir eben kommen. Damals herrschte der Reichstag. Das öffentliche Leben war so verrottet, daß ein Tohuwabohu bestand. Die Reichstagsabgeordneten wurden in einem Maße z. B. von den fremden Gesandten bestochen, daß es zur Verlegung des Reichstags in das Innere des Landes kam. Futterkrippenpolitik stand in höchster Blüte. Für den Fall der Unterschriftsverweigerung seitens des Königs hatte man Gummistempel seiner Unterschrift angefertigt. Die Zeit wurde zuerst mit Stolz, nachmals mit weniger Stolz, die »Freiheitszeit« genannt (frihetstiden).

Jacobi-Leipzig: Im Interesse der Klärung muß die schon von Herrn Gerber berührte Tatsache unterstrichen werden, daß das Schlagwort »Entpolitisierung der Beamtenschaft« in ganz verschiedenen, allerdings zum Teil unter sich zusammenhängenden Bedeutungen gebraucht wird. Bei unseren heutigen Erörterungen sind mir bisher vier solcher Bedeutungen aufgefallen:

1. Entpolitisierung der Beamtenschaft im Sinne der Beschränkung auf fachmäßig vorgebildete Berufsbeamte; keine lediglich mit Rücksicht auf die Parteizugehörigkeit ausgewählten Nichtfachleute. Das ist besonders in den Ausführungen von Herrn Richard Schmidt hervorgetreten und bedeutet eine namentlich von dem höheren Berufsbeamtentum selbst vertretene Forderung.

2. Entpolitisierung der Beamtenschaft im Sinne einer Beschränkung der Selbständigkeit des Beamten auf den rechtlichen im Gegensatz zum politischen Funktionsbereich, an welch letzterem das Beamtentum nur unselbständig und in Abhängigkeit von persönlichen Staatsorganen teilnehmen soll. Das ist von Herrn Gerber vertreten worden und bedeutet eine der parlamentarischen Regierung entsprechende Machtminderung des Berufsbeamtentums im Verhältnis zu seiner Stellung in der konstitutionellen Monarchie, während deren zum mindesten tatsächlich in den Regelfällen auch die politische Entscheidung beim Beamtentum lag. Das höhere Beamtentum widerstrebt vielfach dieser Machtminderung aus der Überzeugung heraus, daß die Leitung der staatlichen Angelegenheiten bei ihm am besten aufgehoben sei, und versucht — z. B. mit Hilfe des Verordnungsrechts — seine überlieferte Position zu halten.

3. Entpolitisierung des Beamtentums im Sinne einer positivrechtlichen Ordnung, nach der die Beamten keiner politischen Partei zugehören dürfen, möglicherweise auch keine Wahlberechtigung zu Reichstag und Landtagen haben oder wenigstens nicht wählbar sind. Auch das ist von Herrn Gerber behandelt und in der Richtung der Unvereinbarkeit von Amts- und Abgeordnetenstellung befürwortet worden.

4. Entpolitisierung des Beamtentums als die Forderung, daß die Beamten sich nicht in den Dienst einer Parteipolitik, sondern der Staatspolitik stellen, daß sie in einer auf das Ganze gerichteten Tätigkeit den wahren Interessen des Volkes dienen sollen. Diese besonders von meinem unmittelbaren Vorredner, Herrn Wolf, unterstrichene, vom Art. 130 Abs. 1 der Reichsverfassung zur Rechtspflicht erhobene Haltung der Beamten als Diener der Gesamtheit rollt aber die ganze Tragik unseres gegenwärtigen deutschen Schicksals auf. Wer soll entscheiden, was die wahren Interessen des deutschen Volkes sind, wenn dieses Volk in sich so zerrissen ist, daß nichts Gemeinsames übrig bleibt? Wie soll man der Volksgesamtheit dienen, wenn das Volk keine Einheit mehr ist? Unser Beruf als Staatsrechtslehrer ist in der Trostlosigkeit dieser gegenwärtigen Lage verfangen, und es ist kein Zufall, wenn

heute morgen von dem Versagen der Staatsrechtslehre gegenüber den gegenwärtigen Erscheinungen des Staatslebens gesprochen wurde. Der zur Entscheidung staatsrechtlicher Fragen aufgerufene Jurist muß bei wirklich zweifelhafter Rechtslage auf das zurückgehen können, was als im Interesse des Volksganzen gelegen und damit vernünftigerweise als Inhalt der Rechtsordnung angenommen werden kann. Ein solches Urteil ist nicht mehr möglich, wenn die gemeinschaftsbildende Kraft des Volkes versagt.

Hugelmann-Wien: Das Verhältnis des Beamten zur Politik ist auch für mich das Hauptproblem im Rahmen der heutigen Referate. Um nur auf eine Seite desselben einzugehen, ist es ganz gewiß inkompatibel, daß ein aktiver Berufsbeamter zugleich ein parlamentarisches Mandat ausübt, gerade vom Standpunkt desjenigen aus, der dem Berufsbeamtentum auch im parlamentarisch-demokratischen Staat eine wichtige Aufgabe vorbehalten wissen will. Es darf aber das vom Herrn Berichterstatter Gerber erwähnte Moment meines Erachtens nicht zu gering angeschlagen werden, daß durch eine Verhinderung der Kandidatur und der Mandatsbekleidung seitens Berufsbeamter dem politischen Leben, welches zu heben ja eine vordringliche Frage ist, gerade nach ihrer Vorbildung qualifizierte Personen verloren gehen. Da scheint mir der Vorschlag des Berichterstatters, Beamte, die ein Mandat bekleiden, in den zeitlichen Ruhestand zu versetzen, doch kein geeigneter Ausweg, weil er Berufsbeamten die Bekleidung von Mandaten kaum möglich machen wird. Weit besser scheint mir das österreichische Recht, welches allerdings wenig bekannt ist. Die noch aus der Vorkriegszeit stammende Dienstpragmatik bestimmt, daß ein Beamter, wenn er ein Mandat in der Volksvertretung bekleidet, aber auch bereits, wenn er sich um ein solches bewirbt, außer Dienst zu stellen ist, ohne daß er sonst einen Schaden in seiner Beamtenstellung erfährt. Ich weiß, daß die Gültigkeit dieser Bestimmung nach der neuen österreichischen Verfassung bestritten wird. Sie wird aber durchwegs gehandhabt, und die verfassungsrechtliche Frage interessiert uns in diesem Zusammenhange nicht. Ihrem Inhalte nach scheint mir diese Bestimmung nachahmenswert zu sein.

Ein Bedenken bezüglich des so lichtvollen Referates des Herrn Gerber möchte ich noch vorbringen. Bei der Abgrenzung der Aufgabe des Berufsbeamtentums wird der rechtliche und der politische Wirkungsbereich unterschieden. Man muß sich aber fragen, ob diese Einteilung eine erschöpfende ist. Gibt es nicht gerade im Tätigkeitsgebiet des Verwaltungsbeamten Aufgaben, die sich in keinen der beiden hier unterschiedenen Bereiche eingliedern lassen? Ich denke vor allem an diejenige Verwaltungstätigkeit, welche äußere Anstalten zu schaffen, etwa Schulbauten zu veranlassen hat u. dgl.

Ganz besonders aber möchte ich mich gegen eine Tendenz aussprechen, die ich in der Wechselrede wahrgenommen habe. Wenn die Grundlagen des Rechtsstaates nicht erschüttert werden sollen, geht es nicht an, über eine Verfassungsbestimmung, wie es der Art. 130 ist, einfach mit der Bemerkung hinwegzugehen: sie ist unanwendbar und daher nicht verpflichtend. Auf diese Weise könnte man die ganze Verfassung aus den Angeln heben. Solange der Art. 130 besteht, bleibt meines Erachtens nichts anderes übrig, als ihn ehrlich und vorbehaltlos zu befolgen.

Giese-Frankfurt a. M.: In der Frage der »institutionellen Garantie« scheint mir in dieser Versammlung das weitestgehende Einverständnis zu bestehen. Wir sind nicht nur — mit Ausnahme, wie mir scheint, des Kollegen Helfritz — darüber einig, daß Art. 129 der RV. das Berufsbeamtentum als Staatseinrichtung verfassungsmäßig festgelegt hat, sondern auch — mit Einschluß des Kollegen Schmitt — darüber einig, daß Art. 129 zugleich subjektive Individualrechte gewährleistet. Nur darüber gehen unsere Ansichten auseinander, wieviele subjektive Rechte dazu gehören. Ich bleibe im Gegensatz zum Kollegen Schmitt mit der überwiegenden Mehrheit der hier anwesenden Staatsrechtslehrer dabei, daß unter die Garantie der »wohlerworbenen Rechte« nicht nur die für das Berufsbeamtentum begriffswesentlichen, sondern sämtliche aus dem Beamtendienstverhältnis fließenden subjektiven Rechte des Beamten als solchen fallen.

Bilfinger-Halle: Man kann sich vom gegenwärtigen Stande des Beamtenrechts kaum Rechenschaft geben ohne Berücksichtigung der durch die akute Not geschaffenen Lage. Es handelt sich doch wesentlich auch um die notrechtliche Entwicklung und darum, inwieweit dieselbe legal geblieben oder illegal geworden ist. Diese Erörterung ist wiederum nicht möglich ohne Besprechung der grundsätzlichen gegenwärtigen Notrechtsfragen, wozu aber die Tagung ohne Vorbereitung nicht wohl in der Lage ist.

Schlußwort Gerber: Zu den vielerlei Anregungen, die in der Aussprache gegeben wurden, vermag ich bei der vorgerückten Zeit nur ganz kurz noch Stellung zu nehmen. Ich muß mir vorbehalten, auf Einzelheiten in den Anmerkungen des gedruckten Referates zurückzukommen.

Zunächst möchte ich noch einmal betonen, daß es mir gegenwärtig das wichtigste zu sein scheint, einzusehen, daß dem Beamtentum als Ganzem, als Träger der institutionellen Organe der Ämter eine Stellung unter den Grundorganen des parlamentarisch-demokratischen Staates zukommt und daß nur nach Beantwortung dieser Vorfrage auch die vielfältige Problematik, die aus dem individuellen Beamtenverhältnis erwächst, einer zulänglichen Lösung zugeführt werden kann. Man wird über manche der Formulierungen, die ich zu geben mir erlaubte, natürlich streiten können; aber ich bin überzeugt, daß ich mich in der Hauptrichtung meiner Ausführungen nicht geirrt habe. Insbesondere haben mich die gegen die von mir vorgenommene Trennung eines rechtlichen und eines politischen Funktionsbereichs vorgebrachten Bedenken in meiner Ansicht nicht wankend gemacht. Was zunächst den Einwand des Herrn Helfritz anlangt, bei meinen Darlegungen sei unklar geblieben, was politisch heiße, so kann ich darauf verweisen, daß mir die Klärung dieses Begriffes gerade am Herzen lag und daß ich deswegen sogar versuchte, mit einigen ins Philosophische übergehenden Bemerkungen darauf aufmerksam zu machen, daß das Gesetz des Lebens nicht nur die Identität des Seins, sondern auch dessen Entwicklung betreffe. Wenn ich diese sehr bedeutsame Grundfrage im Referat nur mit wenigen Worten streifen konnte, so darf ich jetzt ausdrücklich betonen: wir werden die Eigenart des Politischen und den Gegensatz Recht und Politik nicht klären, wenn wir nicht bis in diese letzten Tiefen der Erkenntnis vordringen. Der Begriff der Zweckmäßigkeit, der immer wieder zur Erklärung des Politischen verwendet wird, ist kein letztes Erklärungsmittel, denn er bedarf ja selbst der näheren Bestimmung durch eine grundlegende Zwecksetzung!

Das muß auch den Herren erwidert werden, die im Anschluß an meine Ausführungen über die geforderte Entpolitisierung des Beamtentums glaubten dafür eintreten zu müssen, daß es Sache des Beamten sei, bei seinen Entscheidungen eine »sachliche« Politik zu treiben im Gegensatze zur Parteipolitik. Sachlich muß alle Politik sein, sofern sie darauf ausgeht, einer bestimmten Regelung des Gemeinschaftslebens Anerkennung im Recht und mit Hilfe des Rechts zu verschaffen. Nicht nur der Beamte, sondern auch der Politiker hat »etwas« zu wollen. Ob aber gerade diese oder jene Bestimmtheit gewählt wird, liegt an der Wertschätzung, unter welcher der Wählende an die Auswahl herantritt. Der Parteipolitiker wählt nach seinem Parteidogma, um es grob zu sagen; darüber herrscht kein Zweifel. Daß aber der Beamte »sachlich« zu wählen habe, im Sinne von unparteiisch, neutral, ist ein Irrtum. Der Beamte hat nur nicht nach »seiner« Partei, nach dem Dogma einer ihm persönlich nahestehenden Gruppe zu wählen, sondern er hat sich den Anschauungen der politischen Richtung zu fügen, deren Grundsätze zur Zeit der Entscheidung für das Staatsleben als maßgebend anerkannt sind. Der Beamte ist bei seinen politischen Entscheidungen an Vorentscheidungen persönlicher Grundorgane gebunden, sagte ich im Referat; und darin besteht seine Abhängigkeit. Aber ich versuchte auch zu zeigen, wie verwickelt diese Bindung im modernen Staate ist.

Ich darf gerade darauf noch einmal das Augenmerk lenken; denn die hier gegebene Problematik ist so gut wie ununtersucht. Die Behauptung von der politischen Abhängigkeit des Beamten bedarf der gründlichsten Nachprüfung. Und diese hat davon auszugehen, daß der Beamte auch bei seiner Mitwirkung im politischen Funktionsbereiche Verwalter des Rechts ist, insofern für ihn nur solche politischen Vorentscheidungen maßgebend sind, die ihm in gesetzmäßiger Weise zugekommen sind. Das unterscheidet seine Stellung grundsätzlich von der des »freien« Politikers, des persönlichen Organs. Und wenn man mit sachlicher Politik eine auf gesetzesmäßigem Wege durch Vorentscheidungen gebundene Politik verstehen will, so habe ich dagegen nichts einzuwenden. Nur darf man das nicht »Neutralität« nennen; denn Entscheidungen können nur von bestimmten Wertgesichtspunkten aus getroffen werden, Neutralität kann deswegen nicht eine Entscheidung ohne Wertgesichtspunkte sein, sondern nur Verzicht auf Mitentscheidung. Der Beamte muß aber entscheiden, also kann er nicht neutral sein. Es war mir bedeutsam, die Wichtigkeit dieser Problematik von Herrn Geh. Rat Richard Schmidt bestätigt zu bekommen, wenn ich auch annehmen muß, daß meine Ausführungen leider nicht so klar waren, daß diesem die Übereinstimmung unserer Ansichten hinsichtlich der »gesetzlichen Sicherung des Wirkungsgebietes« des Beamten im Gegensatz zum Parteipolitiker erkennbar werden konnte.

Auch gegen den Köttgenschen Einwand, durch die Gegenüberstellung des politischen und des rechtlichen Funktionskreises werde die Einheit der Exekutive zerrissen, weiß ich mich gesichert. Ich habe zunächst ausdrücklich die Folgerung aus meiner Grundthese abgelehnt, als müßte die Abscheidung der Funktionsbereiche gegeneinander auch zu einer organisatorischen Verselbständigung führen. Ferner habe ich in meinen Andeutungen über die politische Bindung des Beamtentums gerade zu zeigen versucht, daß diese notwendig ist, um »die Einheit des Staates, die im wesentlichen eine solche seiner politischen Entscheidung ist«, zu erhalten!

Sehr dankbar bin ich Herrn Jacobi für seine systematisierenden Bemerkungen zum Thema Entpolitisierung der Beamtenschaft, die auch nach meiner Auffassung voll zutreffen und dringend beachtet werden müssen, weshalb ich mir erlaubte, in meinem Referat einerseits den Begriff »Entpolitisierung« aufzunehmen, andererseits zu bemerken, daß er heute beinahe zum Schlagwort geworden sei, und zu fordern, daß man sehr genau untersuchen müsse, was darunter zu verstehen ist.

Dankbar bin ich auch Herrn Hugelmann für den Hinweis auf die Eigentümlichkeit der österreichischen Regelung der Inkompatibilitätsfrage.

Daß unter der Garantie des Beamtenrechts durch die Reichsverfassung nicht nur die institutionelle Garantie des Beamtentums zu verstehen ist, sondern auch die Gewähr ganz bestimmter beamtenrechtlicher persönlicher Rechtsverhältnisse, darin bin ich mit den Herren Apelt und Giese gegen Herrn Carl Schmitt einig. Nur meine ich, daß die persönlichen Gewährleistungen und die institutionelle Garantie voneinander nicht getrennt werden können, und daß jene deswegen nicht rein individualistisch ausgelegt werden dürfen, was wiederum nicht bedeutet, daß die Auslegung der gegenwärtigen Regierungspraxis die richtige wäre. Ich habe vielmehr gerade aus der Durcharbeitung der beamtenrechtlichen Literatur der letzten eineinhalb Jahrhunderte die stärksten Bedenken dagegen gewonnen.

Ein Wort nur noch zu Herrn Kollegen Richter. Wenn ich mit Schärfe gegen den Beamtengesetzentwurf des Allg. Dtsch. Beamtenbundes Stellung genommen habe, so betrifft diese Ablehnung zunächst nur die grundsätzliche Auffassung. In den Anmerkungen zum gedruckten Referate wird Herr Richter manche dankbare Anerkennung von Einzelheiten des Entwurfs finden. Mein Haupteinwand gegen die arbeitsrechtliche Grundansicht, wie sie Herr Richter vertritt, ist der, daß sie sich auf einen Begriff von Arbeit stützt, der so abstrakt ist, daß er schlechthin unverwertbar für wissenschaftliche Bestimmungen ist. Mit einem Satz, wie ihn etwa Zachariä ausgesprochen hat: »Auch das Regieren ist eine Arbeit und die Verfassung ist die Werkstätte der Arbeit«, ist wissenschaftlich schlechterdings nichts für die juristische Klärung des Beamtenrechts zu gewinnen. Deswegen bleibt auch die Richtersche Unterscheidung von Arbeit, die in einem privatrechtlich geregelten Dienstverhältnis geleistet wird, und solcher, deren Grundlagen öffentlich-rechtlich geregelt sind, fruchtlos, da sie nur sagen kann, was ist, nicht aber, welcher tiefere Sinn in den Regelungen steckt. Die Wissenschaft hat aber nicht nur mitzuteilen, sondern Erkenntnisse zu schöpfen. Zu solchen Erkenntnissen sollte mein Referat beitragen, weswegen man ihm nachsehen möge, daß es manchem Hörer vielleicht über Gebühr »grundsätzlich belastet« war!

Schlußwort Merkl: Die wertvollen Ergänzungen, die die Diskussion zum Gegenstande gebracht hat, decken sich im wesentlichen zum großen Teil mit Ausführungen, die ich in meinem mündlichen Berichte, dem Appelle des Herrn Vorsitzenden und der meisten Herren Kollegen folgend, infolge der vorgerückten Zeit und in Anbetracht der mir zugemessenen knappen Vortragsstunde zurückstellen mußte. Die Tatsache, daß sich mein mündlicher Bericht auf eine bloße Auslese aus den zum Vortrag bestimmten Teilen meines schriftlichen Berichtes beschränken mußte, erklärt es denn auch, wenn manche Diskussionsredner in meinen Ausführungen die Behandlung des einen oder andern Problemes vermißt haben. Alle heute vermißten Fragen werden in dem ohnehin gekürzten schriftlichen Berichte Antwort finden. Darum will ich nur jene Bemerkungen der Herren Diskussionsredner herausgreifen, die mir zu einer ergänzenden Stellungnahme Anlaß geben.

Die feinsinnigen Bemerkungen des Herrn Helfritz haben unter anderem die chamäleonartige Natur des Wortes »politisch« ins Licht gerückt. Wie sehr auch wir Juristen Grund haben, vor dem Gebrauch und Mißbrauch dieses Wortes auf der Hut zu sein, so sind wir leider doch nicht in der Lage, uns diesen Ausdruck gänzlich zu versagen, zumal in einer Problembehandlung, die ausgesprochen »rechtspolitischer« Natur, will sagen »de lege ferenda« gehalten ist. Wenn nun über die Bedeutung, in der ich den Ausdruck »politisch« verwendet habe, ein Zweifel übrig geblieben sein sollte, so möchte ich feststellen, daß mir unter den vier verschiedenen Bedeutungen des Wortes »politisch«, die Herr Jacobi mit treffsicherer Schärfe herausgearbeitet hat, je nach dem Zusammenhang meiner Ausführungen das eine Mal die Amtsführung durch Berufspolitiker zum Unterschied von beamteten Fachleuten, das andere Mal die parteipolitische Beeinflussung des Berufsbeamten, dessen Amtsführung von Verfassungs wegen über den Parteien stehen soll, vorgeschwebt hat. Ob die eine oder andere der beiden Bedeutungen zutrifft, ist wohl für jedermann aus dem Zusammenhang, in dem sich der Ausdruck »politisch« findet, ersichtlich, wie denn überhaupt der Sinn jedes mehrdeutigen Wortes durch den Sinnzusammenhang bestimmt wird. Demgemäß ziele ich mit der Forderung nach Entpolitisierung des Behördenapparates auf die Zurückdrängung des Berufspolitikers aus der Verwaltung ab, in der ihm eine mißverständliche Auffassung der Demokratie, insbesondere die Annahme, daß die Forderung einer demokratischen Verwaltung durch organisatorische Maßnahmen erfüllt werden müsse, auch in deutschen Landen allzu großen Raum gegeben hat, außerdem auf die Fernhaltung parteipolitischer Einflüsse von der Geschäftsführung des Berufsbeamten selbst, den die politischen Parteien entgegen seinem verfassungsmäßigen Berufe als Diener des Volkes zum Werkzeug ihrer Sonderbestrebungen gewinnen wollen. Ich darf wohl in diesem Zusammenhang auf die einschlägigen Ausführungen in meinem »Allgemeinen Verwaltungsrecht« (Verwaltung und Staatsform, S. 334 ff.) und die grundsätzliche Erörterung dieses Themas in meiner Broschüre »Demokratie und Verwaltung« (Verlag M. Perles, Wien, 1923) hinweisen.

Dagegen haben mich selbst die Ausführungen solcher anerkannter Kenner des Beamtenrechtes, wie sie unbezweifelbar die

Herren Gerber und Köttgen sind, nicht davon überzeugt, daß die Entpolitisierung des Beamten in seinem Ausschluß aus der Politik bestehen sollte. Wenn ein Beamter überhaupt nicht zwischen dem dienstlichen uund außerdienstlichen Verhalten zu scheiden weiß, — darf man dann glauben, daß er seine politische Gesinnung in der Amtsführung zum Schweigen bringen wird, wenn man ihn außeramtlich zum Schweigen in politischen Dingen verurteilt? Die Parteilichkeit des Beamten kommt doch nicht von der politischen Gesinnung und von seiner Eigenschaft als vollwertiger Staatsbürger, sondern wohl viel eher von einem Manko an Gesinnung, von der Rücksicht auf die geäußerten oder erratenen Wünsche der höheren behördlichen oder Parteiinstanzen. Solche Gesinnungsmängel würde man durch politische Entrechtung des Beamten nicht beseitigen. Abgesehen davon, erscheint mir — und damit darf ich an die Ausführungen des Herrn Ministers Apelt anknüpfen — die Aberkennung des Wahlrechtes der Beamten, wie überhaupt für irgendeine ins Gewicht fallende Bevölkerungsgruppe, solange grundsätzlich demokratisches Regime besteht, schlechterdings ausgeschlossen. Solche in den Grundlagen des Regimes verwurzelte politische Rechte lassen sich nur mit dem Regime selbst entwurzeln.

Leider muß ich feststellen, daß meine Vorschläge für rechtliche Garantien gegen die versteckte Politisierung der Verwaltung, die das faktische, dem Geist der Verfassung und im besonderen der Demokratie gewiß widersprechende Anstellungs- und Beförderungserfordernis der Zugehörigkeit zu einer bestimmten Partei bedeute, wenig Anklang gefunden haben. Ich gebe mich gewiß keiner Täuschung hin, daß jeder derartigen Forderung die stärksten, freilich nicht im demokratischen Regime als solchem, sondern nur in der Überbetonung der Parteiherrschaft begründeten Hindernisse entgegenstehen würden, dies sollte aber den Verfassungsjuristen nicht hindern, den Forderungen der Parteiinteressen die Forderung der Demokratie auf Gleichberechtigung aller Parteiangehörigen und nicht weniger der Parteilosen bei der Ämtervergebung entgegenzustellen. Ich bin Herrn Wolgast außerordentlich dankbar, daß er durch seinen Hinweis auf mir unbekannt gewesene schwedische Einrichtungen gezeigt hat, daß man auch in der Demokratie dem Mißbrauch der Parteiherrschaft bei der Ämtervergebung, sei es auch um den Preis eines vielleicht starr erscheinenden Formalismus, Schranken ziehen kann, wenn man nur will.

Die Problematik der Grenzziehung des Funktionsbereiches des Beamten einerseits, des Angestellten andererseits, hat in mehreren Diskussionsreden, vor allem auch in der Eröffnungsrede des Herrn Helfritz angeklungen. Wie gern ich auch dem Herrn Berichterstatter Gerber folgen möchte, finde ich doch in seinen Ausführungen keine eindeutige Richtlinie für die Scheidung dieser beiden Funktionsbereiche. Die Frage, mit welchen Funktionen öffentliche Verantwortung verbunden ist oder sein soll, unterliegt zu sehr subjektiver Auffassung, als daß sie eine eindeutige Antwort nach einem objektiven Kriterium ermöglichen würde. Die Wahl des einen oder anderen Organisationsprinzipes wird wohl auch in Hinkunft eine quaestio facti bleiben, insolange nicht ein Gesetz eindeutig die vergebbaren Staatsfunktionen auf die beiden Organisationsformen aufteilt. Indes verliert die Streitfrage wohl manches von ihrer Schärfe, wenn man die Rechtsstellung des mit Organfunktionen betrauten Angestellten, z. B. durch Forderung und Sicherung des gleichen Maßes von Berufstreue, der des Berufsbeamten annähert, was ja — nach den dankenswerten Ausführungen des Herrn Lutz Richter — auch der Wunsch jener Kreise ist, die das Berufsbeamtensystem durch den Angestelltentypus ersetzen wollen. Ich ziehe trotz alledem in dem von mir beschriebenen Umfang das öffentlichrechtliche Dienstverhältnis dem privatrechtlichen Angestelltenverhältnis vor.

Auf die positivrechtliche Auslegungsfrage des verfassungsrechtlichen Charakters der beamtenrechtlichen Bestimmungen der Reichsverfassung fühle ich mich als Österreicher nicht näher einzugehen berufen, doch will ich, um nicht meinungslos zu erscheinen, andeuten, daß mir die Doppelnatur dieser Einrichtungen als sowohl persönlicher als auch institutioneller Garantien, zumal nach den überzeugenden Ausführungen der Herren Richard Schmidt, Apelt und Jellinek, unzweifelhaft erscheint.

Wie dankenswert mir auch die verfassungstheoretische Unterbauung unseres Problemkomplexes in dem tiefschürfenden Referat des Herrn Gerber sowie überhaupt in der neuesten verfassungsrechtlichen und beamtenrechtlichen Literatur erscheint, so habe ich demgegenüber doch die rechtstechnische Aufgabe vorangestellt und möchte sie auch zum Schlusse unterstreichen, die uns die Reichsverfassung zu lösen gibt — soweit sie überhaupt mit rechtlichen Mitteln zu lösen ist — ich meine die Aufgabe, den Beamten zum Diener der Gesamtheit und damit des Volkes selbst zu machen.

III. Zweiter Beratungsgegenstand:

Die Reform des Wahlrechtes.

1. Bericht von Professor Dr. **Heinrich Pohl** †.

Meinem Kollegen Leibholz und mir ist der Auftrag geworden, über die Wahlrechtsreform zu berichten, ein Thema, über das unendlich viel Kluges und Dummes gesagt und geschrieben worden ist. Wenn unser erhabener Duce Sartorius einen solchen Auftrag gibt, dann gibt es nur Eins: parieren. So wird denn Herr Leibholz versuchen, trotz der großen Schwierigkeiten noch etwas Kluges zur Sache zu bringen, während ich mich glücklich schätze, wenigstens nichts Dummes zu sagen.

Nach dieser zart andeutenden captatio benevolentiae lassen Sie mich gleich in medias res gehen — auf deutsch: gleich hinein in die Mittelmäßigkeiten.

I.

Seitdem die Weimarer Verfassung mit den Worten »Die Staatsgewalt geht vom Volke aus« den Fundamentalsatz aller Demokratie, das Prinzip der Volkssouveränität, als geltendes Recht verkündet hat, ist die Gestaltung des Wahlrechts eines der wichtigsten und aktuellsten Probleme unseres politischen Lebens geblieben.

Schon vor dem Inkrafttreten der Verfassung wurden gegen das neue Wahlrecht sehr heftige Angriffe gerichtet. Die scharfe Kritik, die es erfuhr, hätte möglicherweise bereits die Nationalversammlung veranlaßt, einer grundlegenden Änderung des Wahlrechts näher zu treten, wenn nicht infolge des Kapp-Putsches und der danach notwendigen schleunigen Ausschreibung der Reichstagswahlen eine schnelle Verabschiedung des Reichswahlgesetzes geboten gewesen wäre. Dieses Gesetz vom 27. April 1920 ist bis heute in allen wesentlichen Punkten unverändert in Kraft. Dies gilt für das Wahlsystem als solches und auch für die Wahlkreiseinteilung. Die drei Novellen aus den Jahren 1922—1924 brachten — abgesehen von der Einführung des amtlichen Stimmzettels — lediglich eine Neuregelung einiger wahltechnischer Fragen von untergeordneter Bedeutung. Die Dringlichkeit einer durchgreifenden Wahlreform war nahezu unbestritten. Die Reichsregierung war bereit, den Reformwünschen zu Beginn des Jahres 1924 durch eine einschneidende Novelle zum Reichswahlgesetz Rechnung zu tragen. Doch hielten es die Reichstagsfraktionen mit Rücksicht auf die nahe bevorstehenden Neuwahlen nicht mehr für möglich, die Wahlvorbereitungen in der kurzen noch zur Verfügung stehenden Zeit auf eine neue Wahlkreiseinteilung umzustellen. So wurde erst im August 1924 dem neuen Reichstag ein Reformentwurf vorgelegt. Er kam indessen nicht zur Verhandlung, weil der Reichstag Ende Oktober 1924 aufgelöst wurde. Dieser Reformentwurf stellte sich die Aufgabe, der Einerwahl im Rahmen der Verhältniswahl möglichst nahe zu kommen. Er suchte das Verhältniswahlsystem so umzubauen, daß die bisherige Mechanisierung und Entpersönlichung mit ihren Nachteilen für das öffentliche Wohl abgemildert würde. Er bildete statt der 35 großen 156 kleine Wahlkreise, ließ in jedem Wahlkreise nur einen, höchstens zwei Bewerber zu, faßte die Wahlkreise zu den bisherigen 16 großen Wahlverbänden zusammen, sah die Addierung der innerhalb des Verbandes für eine Partei aufgebrachten Stimmen und die Verteilung der auf den Verband entfallenden Abgeordnetensitze unter die Bewerber in den einzelnen Wahlkreisen nach Maßgabe ihres Wahlerfolges vor. Nicht der Platz auf der Liste, sondern der Wahlerfolg sollte entscheidend werden. Der Entwurf wollte eine feste Zahl von 399 Abgeordneten und eine feste Verteilungszahl von 75 000 Stimmen. Die Reichsliste sollte beibehalten werden. Die Reichsregierung versprach sich, wie sie in der Begründung ausführte, von dieser Lösung eine Reihe von Vorteilen: »Die Wählerschaft wird an der Aufstellung der Bewerber unmittelbar beteiligt, sie hat eine Reihe von Persönlichkeiten nicht mitzuwählen, die ihr nicht passen oder ihr unbekannt sind; die Bewerber und die Abgeordneten sind in der Lage, ihren Wahlkreis wirklich kennenzulernen, die Wähler wissen, an wen sie sich zu wenden haben; im Falle des Ausscheidens von Abgeordneten rücken als neue Abgeordnete solche Persönlichkeiten nach, die den ganzen Wahlkampf vorher persönlich geführt haben«.

Sehr erhebliche Änderungen am geltenden Wahlrecht faßte Reichsinnenminister Dr. Külz mit seinem Entwurf von 1926 ins Auge. Interessante Einzelheiten dieses amtlich nicht veröffentlichten Entwurfs sind — insbesondere durch Erdmannsdörffer und Schauff — bekannt geworden. Külz will die Reform gegenüber der Vorlage von 1924 dadurch wesentlich verstärken, daß nur ein Bewerber auf jedem örtlichen Wahlvorschlag zugelassen wird, daß also auch der Rest der Liste, wie er in der Novelle von 1924 noch beibehalten wird, verschwindet, sodann dadurch, daß die bestehenden Wahlkreise in 227 Stimmkreise zerlegt werden. Auf einen Wahlkreis entfallen durchschnittlich sechs Stimmkreise, auf jeden Stimmkreis kommen 275 000 Einwohner. Derselbe Bewerber kann in mehreren Stimmkreisen desselben Wahlkreises aufgestellt werden. Nach Addition der Ziffern für die einzelnen Parteien im Wahlkreis wird die Zahl der einzelnen Mandate festgestellt. Die Anzahl der auf einen Wahlkreis entfallenden Mandate ergibt sich durch Teilung der abgegebenen Stimmen durch 70 000. Der Külz'sche Entwurf ist auf dem automatischen System aufgebaut. Die Aufrechterhaltung des automatischen Systems rechtfertigt die Begründung des Entwurfs mit dem kurzen Satze: »Die feste Verteilungszahl hat sich als ein so günstiges wahltechnisches Moment erwiesen, daß von ihr nicht ohne Not abgegangen werden darf«. Der Kandidat, der im Stimmkreis oder in seinen Stimmkreisen 70 000 Stimmen erhalten hat, sowie die Kandidaten, die die höchsten Stimmprozentsätze im Stimmkreis oder in den Stimmkreisen erreicht haben, erhalten ein Mandat.

Die Reststimmen werden an den Reichswahlausschuß weitergegeben. Von einer Reichsliste wird vollständig abgesehen. Die Reststimmen gehen in die Wahlkreise bzw. Stimmkreise mit höchsten Prozentsätzen. Hat aber eine Partei in keinem der Wahlkreise 70 000 Stimmen erreicht, so kann sie bei der dritten Zuteilung keine Mandate bekommen.

Seitdem hat sich jede Reichsregierung veranlaßt gesehen, zu der Frage der Wahlreform irgendwie Stellung zu nehmen. Es dauerte aber volle sechs Jahre, bis dem Reformversuch von 1924 ein neuer der Öffentlichkeit unterbreiteter Regierungsentwurf eines Reichswahlgesetzes folgte. Inzwischen hatte das dritte Kabinett Marx und die Regierung Hermann Müller sich zu der Notwendigkeit einer Wahlreform bekannt. In einer Erklärung vom 3. Juli 1928 hatte Müller anerkannt, daß das geltende Wahlrecht Mängel aufweise, die zu einer Entfremdung des Gewählten von den Wählern und zu einer Zersplitterung des Parteiwesens führten; es werde Aufgabe der Reform sein, das verfassungsmäßig festgelegte System der Verhältniswahl aufrechtzuerhalten, aber zugleich eine engere Beziehung des Abgeordneten zu den Wählern sicherzustellen.

Am 20. August 1930 legte der Reichsminister des Innern Dr. Wirth dem Reichsrat den Entwurf eines Reichswahlgesetzes nebst Begründung vor. Er sucht der Einerwahl, soweit dies im Rahmen der Verhältniswahl überhaupt erreichbar ist, möglichst nahezukommen und die politische Gesamtpersönlichkeit des Bewerbers mehr als bisher in den Vordergrund treten zu lassen. Als Ziel der Reform wird die Beseitigung der langen Listen und der großen Wahlkreise bezeichnet. Gleichzeitig müsse — so heißt es in der Begründung — angestrebt werden, klare Mehrheitsverhältnisse im Parlament zu schaffen. Aufgabe des Parlaments im Staate mit parlamentarischer Verfassung sei es, dem Staate die Führung zu geben. Diese Aufgabe könne das Parlament nicht erfüllen, wenn die Zersplitterung der Parteien überhand nehme.

Dem Entwurf eines Reichswahlgesetzes ließ der Reichsinnenminister am 26. August 1930 eine umfassende Denkschrift »Vorschläge zur Wahlreform« folgen. Die Denkschrift befaßt sich mit den wenigen positiven Besserungsvorschlägen, die für eine andere Gestaltung der Verhältniswahl im Laufe der Jahre gemacht worden sind. Sie gibt sechs der wichtigsten Wahlreformvorschläge wieder, nämlich die Vorschläge von Jellinek, Heile, Heymann, Thoma, Klöcker, vom Demokratischen Arbeitsausschuß; kürzer werden Vorschläge von Campes und aus Kreisen des Jungdeutschen Ordens sowie einige weitere Anregungen, darunter die von Pfister, gewürdigt. Die erstgenannten sechs Wahlreformvorschläge sind vom Reichswahlleiter eingehend durchgeprüft worden; diese gutachtliche Stellungnahme des

Reichswahlleiters ist im zweiten Teil der Denkschrift zum Abdruck gebracht.

Man kann wohl sagen, daß der Wirthsche Entwurf keine schlechte Presse gefunden hat. Und auch im Reichsrat ist er ohne wesentliche Korrekturen mit überraschend großer Mehrheit angenommen worden. Der Entwurf sah eine Heraufsetzung der Verteilungszahl von 60 000 auf 70 000 vor. Auf Antrag Preußens wurde die Zahl im Reichsrat auf 75 000 erhöht; die Annahme des preußischen Antrags erfolgte mit 34 gegen 29 Stimmen bei 3 Stimmenthaltungen. Dann wurde die Vorlage des Reichsinnenministers im ganzen mit 56 gegen 10 Stimmen angenommen. Die Gegenstimmen wurden von den Ländern Thüringen, Mecklenburg-Schwerin und Sachsen abgegeben.

Die in dem Wirthschen Entwurf enthaltenen Neuerungen lassen sich kurz, wie folgt, zusammenfassen:

Abschaffung der langen Listen; die Stimmzettel können nur bis drei Bewerber enthalten.

Im Zusammenhang mit der Abschaffung der langen Listen ist eine erhebliche Verkleinerung, also Vermehrung, der Wahlkreise vorgesehen (162 gegen bisher 35).

Die Reichsliste verschwindet; die Stimmen werden in Wahlkreisverbänden und äußerstenfalls die hierbei verbleibenden Verbandsreststimmen in Ländergruppen zusammengezählt.

Der amtliche Stimmzettel wird abgeschafft.

Das bisherige Wahlvorschlagsverfahren fällt weg. Ein vereinfachtes Anmeldeverfahren für die Stimmzettel, dessen Ausgestaltung der Reichsstimmordnung vorbehalten ist, tritt an seine Stelle.

II.

1. In der Kritik am geltenden Wahlrecht und am Wirthschen Entwurf spielt die Abgrenzung des Wählerkreises eine relativ geringe Rolle. Daher sei vorab zu diesem Fragenkomplex kurz Stellung genommen.

Über das Frauenstimmrecht wird heute in Deutschland nicht ernstlich debattiert, obwohl es sich anders ausgewirkt hat, als mancher bei seiner Einführung gedacht haben mag. Es zeigte sich bei den Wahlen seit 1919 im ganzen eine deutliche Hinneigung der Frauen zu den konfessionell betonten Parteien und eine starke Abneigung gegen jeden Radikalismus. Die grundsätzliche Gleichberechtigung von Männern und Frauen in Ansehung der staatsbürgerlichen Rechte und Pflichten ist eine Selbstverständlichkeit geworden. Die unverkennbar ablehnende Haltung der politisch führenden Frauen gegenüber Änderungen am bestehenden Wahlrecht ist nicht von Sorge vor einer Beseitigung oder Beeinträchtigung des Frauenstimmrechts diktiert, sondern von der Besorgnis um die Aussichten von Frauenkandidaturen für den Fall, daß am Wahlverfahren wesentliche Änderungen vorgenommen werden. Das Frauenstimmrecht, so wie es jetzt ist, erscheint in keiner Weise bedroht; es wird auf legalem Wege schwerlich wieder zu beseitigen sein.

2. Liegen die Dinge anders bei der Frage des Wahlrechts der Zwanzigjährigen?

Seine Einführung durch die Revolutionsregierung von 1918 entsprach einer alten sozialistischen Forderung des Erfurter Programms. Weite Kreise des Bürgertums fanden sich damit ab und billigten diese Neuerung im Hinblick auf die aus dem Felde zurückgekehrten Zwanzigjährigen — ein Gesichtspunkt, der heute nicht mehr in Betracht kommt.

In der Nationalversammlung setzten die sozialistischen Parteien es durch, daß ein Wahlalter von 20 Jahren in der Verfassung festgelegt, also seine Bestimmung nicht dem künftigen Reichswahlgesetz überlassen wurde. Sie schmiedeten das Eisen, solange es heiß war.

Vergebens widersprach Hugo Preuß: ebensogut könne man das ganze Wahlgesetz in die Verfassung aufnehmen, die Altersgrenze für aktives und passives Wahlrecht, die näheren Modalitäten der Wahl, wie die näheren Bestimmungen über die Methode des Proportionalwahlrechts. All diese Bestimmungen solle man nicht den Erschwerungen einer Verfassungsänderung aussetzen; es könnte sich immerhin im Laufe der Zeit eine Abänderung als nötig erweisen. Es sei mindestens ein Herausgreifen einer Einzelbestimmung des Wahlgesetzes, das Wahlalter in das Grundgesetz hineinzubringen.

Diese Ausführungen machten auf die Sozialisten keinen Eindruck. Für sie war die Festlegung des Wahlalters in der Verfassung von ebenso fundamentaler Bedeutung wie die Vorschrift, daß die Wahl allgemein, gleich und geheim sei. Sie erklärten mit großer Entschiedenheit, die Ablehnung des einmal gestellten Antrages würde gefährlich sein. Das klang wie eine Drohung. Ein Verzicht auf die Fixierung des Wahlalters in der Verfassung müßte den Verdacht aufkommen lassen, daß in diesem Punkte Änderungen beabsichtigt seien; gerade hier aber sei an eine Änderung nicht zu denken. In das Reichswahlgesetz würden die Sozialdemokraten das Wahlalter von 20 Jahren unter allen Umständen hineinschreiben. Man komme um die 20 Jahre nicht herum; es sei daher klüger, sie gleich in die Verfassung aufzunehmen.

Der von den bürgerlichen Parteien geleistete Widerstand war von vornherein aussichtslos und daher wenig energisch. Bezeichnend war eine Äußerung des Abgeordneten Dr. Spahn im

Verfassungsausschuß: »Das Wahlalter von 20 Jahren kann, nachdem es einmal eingeführt, nicht mehr rückgängig gemacht werden. Es ist aber nicht zweckmäßig, es in der Verfassung festzulegen, schon mit Rücksicht auf die Rückwirkung, die die Bestimmung auf das Mündigkeitsalter notwendigerweise haben muß. Auch dieses«, so meinte Dr. Spahn, »wird auf 20 Jahre herabgesetzt werden müssen.«

Die Herabsetzung des Wahlalters von 25 auf 20 Jahre war ein Fehler. Es ist unsinnig, ja widersinnig, daß Unmündige wählen dürfen. Das Mindeste, was mit allem Nachdruck zu fordern wäre, ist die Heraufsetzung auf 21 Jahre; hier liegt auch in Frankreich und in den beiden angelsächsischen Großstaaten das Wahlalter. Der Wahlgesetzentwurf vom August 1930 sieht davon ab, das Wahlalter zu erhöhen, wahrscheinlich nur aus dem Grunde, weil selbst für eine so maßvolle Erhöhung die erforderliche Zweidrittelmehrheit nicht zu erreichen ist. Man hält eine Festsetzung des Wahlalters auf 24 Jahre, die sich, in verschiedenen Anträgen gefordert, im Reichstag nicht durchsetzen konnte, auf absehbare Zeiten für völlig aussichtslos. Selbst für 21 Jahre stehen die Chancen heute noch ungünstiger als im August 1930. Die extremen Parteien sind nicht dafür zu haben. Entscheidend ist für sie, daß sie aus den Reihen der Unmündigen starken Zulaufs sicher sind. Und auch die Sozialdemokraten, für die es sich hier im Grunde auch um eine Prestige-Frage handeln dürfte, werden von den 20 Jahren nicht abgehen wollen. Darlegungen, die der Reichstagspräsident Paul Löbe unlängst auf eine Rundfrage des Berliner Tageblatts (am 22. Februar 1931) gemacht hat, möchte ich im Wortlaut wiedergeben:

»Es ist nicht zu bestreiten, daß die unangenehmen Vorkommnisse im Parlament von außerhalb desselben Zweifel an der Wahlfähigkeit und Wahlreife der jungen Wähler zwischen zwanzig und vierundzwanzig Jahren auch bei solchen Mitbürgern hervorgerufen haben, die dem Wahlrecht der Jugendlichen stets freundlich gegenüberstanden. Sowohl die Unreife mancher Abgeordneten, die ihre Wahl (vermutlich) dieser Jugend verdanken, wie die Krawalle und Bluttaten Halbwüchsiger auf der Straße haben diese Zweifel verstärkt. Trotzdem würde ich keiner Änderung des Wahlalters das Wort reden. Zwar trifft der ursprüngliche Grund für die Herabsetzung des Wahlalters im Jahre 1918, nämlich die Teilnahme der Jugend an der Verteidigung des Vaterlandes, heute nicht mehr zu. Die Jugend, die das Vaterland verteidigt hat, ist inzwischen sehr viel älter geworden. Aber man kann nicht zugleich rufen: Wer die Jugend hat, hat die Zukunft! — und diese Jugend entrechten. Man darf auch nicht übersehen, daß der größte Teil dieser Jugend schon vor dem zwanzigsten Lebensjahr wirtschaftlich selbständig wird und sich mit eigener Kraft durchs Leben schlagen muß, also an den Gesetzen des Landes ein besonderes Interesse hat. Man muß sich auch überlegen, daß die Entziehung dieses Rechtes in politisch aufgeregter Zeit den Trotz und die Opposition der so Entrechteten nur noch stärkt. Die heute Zwanzig- und Einundzwanzigjährigen aber können bei den nächsten Wahlen schon vierundzwanzig und fünfundzwanzig Jahre alt sein und werden ihre Wahlentrechtung dann doppelt sicher mit extremen Stimmzetteln beantworten. Schließlich darf die unabänderliche Tatsache nicht außer Acht gelassen werden, daß die Zahl der Jugendlichen sowieso vom Jahre 1935 an wegen der 1915 beginnenden Geburtenabnahme ganz erheblich zurückgeht, so daß der Anteil der Jungwählerstimmen am ganzen Wahlkörper sich stark vermindert und ein Ausgleich zwischen Alten und Jungen herbeigeführt wird. Es sprechen also so viele Gründe gegen die Heraufsetzung des Wahlalters, daß die Anhänger dieser Idee den Vorstoß ruhig unterlassen können, der bei den gesetzlichen Schwierigkeiten ohnehin keinen Erfolg verspricht. Die Änderung müßte mit verfassungsmäßiger Mehrheit, also mit zwei Dritteln aller Abgeordnetenstimmen, angenommen werden, und diese Mehrheit ist, wie bekannt, nicht zu haben.«

3. In seinem § 2 bringt der Entwurf bei den Wahlausschließungs- und Behinderungsgründen eine Änderung, über deren Zweckmäßigkeit man wohl geteilter Meinung sein wird. Vom Stimmrecht soll nämlich künftig auch ausgeschlossen sein, wer wegen Geisteskrankheit oder Geistesschwäche dauernd in einer Heil- oder Pflegeanstalt untergebracht ist. Dagegen soll, wer aus dem gleichen Grunde nur vorübergehend in dieser Weise untergebracht ist, in der Ausübung des Stimmrechts behindert sein. Bisher wurde eine solche Unterscheidung zwischen dauernder und vorübergehender Unterbringung nicht gemacht, sondern in beiden Fällen eine Behinderung festgestellt. Die Bedeutung der Änderung liegt hauptsächlich darin, daß für die dauernd Untergebrachten mit dem Wahlrecht auch die Wählbarkeit ausgeschlossen werden soll; auch ist sie von Belang für die Feststellung der Zahl der Stimmberechtigten bei Volksbegehren und Volksentscheiden. Die neue Regelung kann für die Praxis zu Schwierigkeiten führen, die in keinem rechten Verhältnis zu der dem ärztlichen Personal der Anstalten erwachsenden Arbeit stehen und die man darum vermeiden sollte.

Es wäre wohl richtiger, unterschiedslos für beide Fälle einen Wahlausschließungsgrund festzulegen. In aller Regel wird die Allgemeinheit ohne Schaden auf eine Reichstagskandidatur von vorübergehend in einer Heilanstalt Untergebrachten verzichten können.

4. Ungleich wichtiger ist eine andere Reformfrage zur Ab-

grenzung des Wählerkreises: das Wahlrecht der Auslanddeutschen.

Der im März 1920 vom Reichsminister des Innern Koch der Nationalversammlung vorgelegte Entwurf eines Reichswahlgesetzes wollte den Auslanddeutschen das Recht zur Teilnahme an den Reichstagswahlen gewähren. Der Entwurf von 1920 sprach Wahlrecht und Wählbarkeit auch den Reichsangehörigen zu, die sich im Auslande ständig aufhalten (Auslanddeutschen), sowie solchen Reichsangehörigen, die es vorübergehend tun und einen Wahlschein besitzen. Er verlegte die Auslandwahlgeschäfte soweit irgend möglich in das Inland. »Denn«, so hieß es in der Begründung, »eigentliche Wahlhandlungen im Ausland, wie Einrichtung von Wahlbüros, Stimmabgabe vor Wahlvorständen, Stimmzählung durch Wahlausschüsse usw. müssen aus völker- und staatsrechtlichen Rücksichten auf das Ausland unterbleiben. Das Ausland würde in der Ausübung des heimatlichen Wahlrechts auf fremdem Boden einen Eingriff in seine Staatssouveränität erblicken. Nach dem Vorbild des norwegischen Wahlrechts wird daher den Auslanddeutschen nur gestattet, ihren Stimmzettel nach dem Inland einzusenden«, und zwar einen Stimmzettel, der einen Namen enthält. Das Wahlverfahren ist in dem Entwurf von 1920 hier möglichst einfach gestaltet. Es kennt keine Einreichung von Wahlvorschlägen durch Auslanddeutsche. Das gesamte Ausland bildet einen Wahlkreis, für den der Reichswahlleiter zugleich Kreiswahlleiter ist. Bei ihm wird die Sammlung der Stimmen zentralisiert. Auslanddeutsche übergeben ihren Stimmzettel zur Einsendung an den Reichswahlleiter dem zuständigen Konsul. Für die Stimmabgabe sind weite Fristen gesetzt, weil viele Auslanddeutsche erst geraume Zeit nach der Ausschreibung einer Reichstagswahl von dieser Tatsache Kenntnis erhalten. Auf die auslanddeutschen Stimmen entfallen so viel Abgeordnetensitze, wie oft die Summe der von ihnen abgegebenen Stimmen durch 60 000 teilbar ist. Gewählt sind die Personen, welche die meisten Stimmen haben.

Die Bestimmungen des Entwurfs vom März 1920 über das Wahlrecht der Auslanddeutschen wurden bei der Ausschußberatung gestrichen. Das Gesetz vom 27. April 1920, auf dem im wesentlichen das heutige Reichstagswahlrecht beruht, wurde nach dem Kapp-Putsche von der Nationalversammlung in großer Eile zustandegebracht. Damals war schnelle Arbeit geboten. Wie der Abgeordnete Katzenstein als Berichterstatter bei der zweiten Lesung des Entwurfs erklärte, hatte sich der Ausschuß zu seinem großen Bedauern nicht in der Lage gesehen, angesichts der drängenden Zeit und auch mit Rücksicht auf gewisse Schwierigkeiten, die sich gerade damals noch für die Reichsangehörigen im Auslande hätten ergeben können, zur Zeit ein Wahlrecht für die Auslanddeutschen zu schaffen. Der Ausschuß hatte aber beschlossen, dem Plenum vorzuschlagen, die Regierung, sobald die Durchführung möglich wäre, um die Ausgestaltung eines entsprechenden Wahlrechtes zu ersuchen.

Die Wahlreformvorlage des Reichsinnenministers Dr. Jarres vom 21. August 1924, die infolge Auflösung des Reichstags nicht zur parlamentarischen Beratung kam, überging die Frage des Wahlrechts der Auslanddeutschen mit Stillschweigen. So ist es im geltenden Reichstagswahlrecht bei wenigen, den Kern der Frage nicht treffenden Vorschriften geblieben. Danach erhält einen Wahlschein auf Antrag ein Wähler, der in eine Wählerliste oder Wahlkartei nicht eingetragen oder darin gestrichen ist, wenn er Auslanddeutscher war und seinen Wohnort nach Ablauf der Einspruchsfrist in das Inland verlegt hat (§ 12). Außerdem enthält das Reichswahlgesetz eine Bestimmung, wonach wahlberechtigte Staatsbeamte, Arbeiter in Staatsbetrieben, die ihren Wohnsitz im Ausland nahe der Reichsgrenze haben, und wahlberechtigte Angehörige des Hausstandes auf Antrag in die Wählerliste oder Wahlkartei einer benachbarten deutschen Gemeinde eingetragen werden.

Der Entwurf vom August 1930 sieht vor, daß auf Antrag einen Stimmschein der nicht in eine Stimmkartei (Stimmliste) eingetragene oder der darin gestrichene Stimmberechtigte erhält, 1. wenn er Auslanddeutscher ist und sich am Wahltag im Inlande aufhält, 2. wenn er Auslanddeutscher war und seinen Wohnort nach Ablauf der Einspruchsfrist in das Inland verlegt hat. Als Auslanddeutsche im Sinne der Ziffer 1 gelten auch Reichsangehörige, die im Ausland als Beamte, Angestellte oder Arbeiter des Reichs, eines deutschen Landes oder der Deutschen Reichsbahn-Gesellschaft angestellt sind oder als ihre Familienangehörigen und Hausangestellten in ihrem Haushalt leben.

Neu ist also im Entwurf insbesondere, daß der Auslanddeutsche, der sich am Wahltage im Inlande aufhält, einen Stimmschein erhalten kann — immerhin ein Fortschritt, den manche Auslanddeutsche sich zunutze machen werden. Es ist lediglich durch geeignete Ausführungsvorschriften dafür Sorge zu tragen, daß eine mehrfache Ausübung des Stimmrechts verhindert wird. Aber für die große Masse der Auslanddeutschen, für viele Millionen Reichsangehörige, besteht nach dem Entwurf keine Möglichkeit, sich an der Wahl zu beteiligen. Der Entwurf eröffnet nicht eine Möglichkeit von der Art, wie sie der Regierungsentwurf von 1920 geben wollte; er läßt keinen Auslanddeutschen zur Wahl zu, der sich am Wahltage nicht im Inlande aufhält.

Über die Motive, von denen sich die Reichsregierung bei dieser Stellungnahme leiten ließ, sagt die Begründung des Entwurfs kein Wort. Sie sind wohl mit einiger Sicherheit der Einleitung zu entnehmen, die der zuständige Sachbearbeiter im Reichsministerium des Innern, Ministerialrat Dr. Kaisenberg seinem im August 1930 erschienenen Führer für die Reichstagswahlen (»Die Wahl zum Reichstag«, 4. Auflage) vorausgeschickt hat: »Der Gedanke, den Auslanddeutschen ein Wahlrecht zum inländischen Reichsparlament einzuräumen, hat auch im neueren Verfassungsrecht anderer Kulturstaaten keinen Vorgang. Man geht u. a. insbesondere davon aus, daß durch die Stimmabgabe im Auslande die notwendige Einheitlichkeit des Auslanddeutschtums in Frage gestellt wird. Auch stehen bei der großen Zahl der über die ganze Welt verteilten Auslanddeutschen technische Bedenken und Einwände mangelhafter Unterrichtung entgegen.«

Der Gesichtspunkt, daß die Durchführung der Auslandwahl die notwendige Einheitlichkeit des Auslanddeutschtums in Frage stellen könnte, ist gewiß sehr ernst zu nehmen. Schon Hermann Willms hat in seiner Preisschrift über »Das Wahlrecht der Auslanddeutschen« (Stuttgart 1920) sehr eindringlich auf die Gefahr hingewiesen, die darin liegt, daß die politischen Parteien im Reiche sich der Aufstellung der Reichstagskandidaten des Auslanddeutschtums bemächtigen, damit aber naturgemäß auch den leidigen Wahlkampf ins Ausland tragen, mit der unseligen Parteizersplitterung auch noch unsere Auslanddeutschen mehr und mehr beglücken könnten. Der Wahlkampf, wie er üblich geworden ist, »die Entwicklung ins Groteske, Uferlose und geradezu Wüste, welche die Wahlvorbereitungen in den Kulturstaaten häufig angenommen haben«, kann überhaupt »einer der größten Feinde der Durchführung der Auslandwahl« genannt werden. Die Übertragung des unerquicklichen deutschen Parteistreits ins Ausland muß unbedingt vermieden werden und sie wird im wesentlichen vermieden, wenn man sich einen von mir bereits im Dezember 1918 gemachten Vorschlag zu eigen macht: Die Wahlbefugnis sollte in allen Fällen durch einen in Deutschland ansässigen Reichstagswähler kraft Auftrags geschehen. Vielleicht empfiehlt es sich, den Kreis solcher »Wahlmänner« — wenn man diese Bezeichnung in Erinnerung an das alte preußische Wahlverfahren annehmen will — auf Auslanddeutsche, die sich gerade im Inlande aufhalten, und auf ehemalige Auslanddeutsche zu beschränken. Der Auslandwähler hätte also nur den Namen des Wahlmannes zur Matrikel des Konsulates anzugeben, und es wäre Sache des Auswärtigen Amtes, davon der zuständigen Stelle Mitteilung zu machen. Die Vertretungsbefugnis des Wahlmannes wäre in der Wahlkartei (Wählerliste) neben seinem Namen zu vermerken. Ein solches Verfahren würde schwerlich zu irgendwelchen internationalen Komplikationen führen können. Daß dabei der Grundsatz der Unmittelbarkeit der Wahl durchbrochen wäre, müßte in Kauf genommen werden; eine Verfassungsänderung wäre unerläßlich, doch vielleicht erreichbar, da es sich hier um eine ausgesprochen gesamtdeutsche, nicht eine Parteifrage handelt. Auch wäre der Einwand nicht allzu schwer zu nehmen, daß so in verkappter Form einem Pluralwahlrecht die Bahn freigegeben und damit auch das Prinzip der Wahlrechtsgleichheit durchlöchert würde. Das Bedenken könnte übrigens dadurch wenigstens teilweise ausgeräumt werden, daß man eine Höchstzahl der von einem Wahlmann Vertretenen festsetzte. Das Verfahren ist jedenfalls höchst einfach und kann ohne erhebliche Schwierigkeiten zur Durchführung gelangen. Eine übermäßige Belastung einzelner Wahlkreise — abgesehen von den Grenzbezirken an der Schweiz — würde schwerlich eintreten; denn die Wahlmänner der Auslanddiaspora würden im großen und ganzen ziemlich gleichmäßig über das Reich verteilt sein. Hindernisse technischer Art stellen sich jedenfalls der Durchführung des Wahlmänner-Gedankens nicht entgegen.

5. Ernster Erwägung wert ist auch ein weiterer, auf die Vergrößerung des Kreises der Wahlberechtigten zielender Gedanke: Soll den im Reich lebenden Österreichern das Wahlrecht zum Reichstag gewährt werden? Dies könnte natürlich nur geschehen, wenn auch den Reichsangehörigen in Österreich das Wahlrecht zum Nationalrat gegeben wird. Dahin geht bekanntlich eine von der großdeutschen Partei erhobene Forderung, zu deren Erfüllung durch das österreichische Bundesverfassungsgesetz vom 7. Dezember 1929 die Möglichkeit eröffnet ist. Entsprechende Anträge sind auch im deutschen Reichstag eingebracht worden. Ich erinnere vor allem an den Antrag Dr. Haas (Baden) und Genossen vom 19. November 1928, »der Reichstag wolle beschließen: die Reichsregierung zu ersuchen, in Ergänzung des Reichswahlgesetzes einen Gesetzentwurf vorzulegen, durch den den im Reiche ansässigen Männern und Frauen österreichischer Staatsangehörigkeit das Wahlrecht verliehen wird. Bei der Ausarbeitung des Gesetzentwurfs wären die entsprechenden Bestimmungen slawischer Staaten heranzuziehen, die den Staatsangehörigen anderer slawischer Staaten das Wahlrecht gewähren.« Undurchführbares verlangte der Antrag Dr. Frick, Stöhr und Genossen vom 16. November 1928. Danach sollte die Reichsregierung um Vorlegung eines Gesetzentwurfs ersucht werden, »durch den die in geschlossenen deutschen Siedlungsgebieten im Ausland lebenden Volksgenossen deutschen Stammes, jedoch fremder Staatsangehörigkeit, insbesondere in Österreich, in der Tschechoslowakei und in den durch das Versailler Diktat gewaltsam von uns getrennten Gebieten eine Vertretung im deutschen Reichstag erhalten.«

Ernstlich kann nur in Betracht gezogen werden, den im Reich ansässigen nichtreichsangehörigen Deutschen die Wahlberechtigung zu geben. Die Zuerkennung des Wahlrechts an sie würde eine Verfassungsänderung bedeuten. Vielleicht wäre mit außenpolitischen Schwierigkeiten zu rechnen, wenngleich aus dem Versailler Friedensdiktat ein völkerrechtlich begründeter Einspruch gegen diese Neuerung nicht hergeleitet werden könnte. Die Anschlußbewegung käme durch die Verleihung unseres Wahlrechts an die im Reich lebenden Österreicher einen Schritt vorwärts. Es wird sehr viel vom Anschluß gesprochen. Hier könnte eine Tat geschehen.

6. Der Entwurf vom August 1930 und seine Begründung sehen davon ab, die Frage der Wahlpflicht aufzuwerfen.

Was regelmäßig sittliche Pflicht ist, soll nach einer aus verschiedenen Parteilagern erhobenen Forderung zu einer Rechtspflicht gestempelt werden. Andere betonen dagegen, schon heute habe der Wahlberechtigte nicht lediglich ein formales Stimmrecht, sondern materiellrechtlich die Pflicht, seine Stimme im Sinne aktiver Mitarbeit am Staate abzugeben. Man findet, daß die Rechtslage hier die gleiche sei, wie beim Reichstagsmitglied; es habe die Pflicht, an den Arbeiten des Reichstags teilzunehmen, ein Rechtssatz, der nicht deshalb bestritten werden könne, weil er nicht in der Verfassung ausgesprochen sei. Es möge hier auch die reine Begriffskonstruktion registriert werden, derzufolge eine Wahlpflicht aus der rechtlichen Natur des Wählers und der Wahlhandlung hergeleitet werden soll. Wem die Abstimmung bei der Parlamentswahl Staatshandlung, der Wähler als solcher Staatsorgan ist, der operiert mit einem völlig unbrauchbaren Organbegriff und verkennt — wie Triepel in seiner Besprechung des Buches von Spira feststellte —, daß es sich gerade darum handelt, ob der Bürger verpflichtet sei, als solches Staatsorgan aufzutreten, was ganz sicher nicht schon daraus gefolgert werden kann, daß er zum Staatsorgan wird, wenn er es tut.

Wenn die Wahlpflicht schon heute als Rechtspflicht angesprochen werden kann, dann fehlt es ganz unzweifelhaft an einer Sanktionierung der bestehenden Wahlpflicht. Und um Einführung oder Nichteinführung einer solchen Sanktionierung dreht sich die Meinungsverschiedenheit.

Der Ruf nach ihrer Einführung pflegt vor- und nach jeder Wahl aus Angst oder zur Entschuldigung eines Mißerfolges in Presse und Versammlungen von Parteien erhoben zu werden, die ohne eine solche vom Staate zu leistende Zutreiberhilfe an ihrer Zukunft zu verzweifeln geneigt sind. Die Kreuzzeitung, welche die Wahlreformvorlage vom August 1930 eine »große Enttäuschung« nannte, vermißte darin vor allem die Einführung der Wahlpflicht. Vielleicht böte die Einführung der Wahlpflicht wenig lebensfrischen Parteien zunächst einige Vorteile. Aber politisches Pflicht- und Verantwortungsbewußtsein für Volk und Staat lassen sich so nicht wecken. Und das ist das Entscheidende. Die letzten und tiefsten Lebensbedingungen eines Staatsvolkes sind durch keinen noch so scharfen Wahlpflichtparagraphen sicherzustellen. Hier hilft keine Strafe, sondern nur politische Volkserziehung. Doch gibt es nicht wenige Politiker, die fürchten, es möchte gar zu lange dauern, bis diese Volkserziehung auch nur einigermaßen durchgeführt ist; sie geben der Besorgnis Ausdruck, es könnte gerade die nächste Wahl, im Gegensatz zur letzten, bei Enttäuschung größerer Wählermassen, die heute gefühlsmäßig rechts stehen, einen Wahlerfolg der radikalen Linken oder ähnliche Überraschungserscheinungen zeitigen, denen gegenüber mehr als je Vorkehrung durch Wahlpflicht erforderlich sei. Sie richten deshalb an die Reichsregierung die Forderung, die Wahlpflicht in die Reform hineinzuarbeiten — selbst auf die Gefahr hin, die ohnehin zweifelhaften parlamentarischen Aussichten der Reform noch ein wenig zu verschlechtern. Diese Auffassung wurde z. B. in der Deutschen Allgemeinen Zeitung vom 19. Februar 1931 vertreten. Sie hat kaum Aussicht, sich durchzusetzen.

7. Bei der Wahlrechtsreform im Reich, die jetzt zur Entscheidung steht, geht es in der Hauptsache nicht um die Fragen der Wahlberechtigung und erst recht nicht um die Einführung der Wahlpflicht, sondern — wie auch in den meisten anderen Staaten — um die Wahltechnik. Die Frage der Abgrenzung des Wählerkreises interessiert heute weit weniger als die Abgrenzung der Wahlkreise.

Wer den Entwurf vom August 1930 in die Hand nimmt und nur flüchtig darin blättert, dem fällt sofort in die Augen, daß eine sehr wesentliche Änderung der Wahlkreiseinteilung geplant ist. Ein heikles Unternehmen! Nach den Erfahrungen, die so alt sind wie die Wahlkreiseinteilung selbst, horchen alle Interessenten auf, wo dieses Thema zur Debatte gestellt wird. »Wahlkreisgeometrie« ist ein bekannter Vorwurf und Schreckruf. Parlamentarier und parteipolitisch eingeschworene Wahlrechtstheoretiker erheben ihn mißtrauisch und vorsorglich gegen jede von einer nicht genehmen Regierung vorgelegte Wahlreform mit Änderung der Wahlkreiseinteilung. Wer wollte dieses Mißtrauen dem modernen Berufsparlamentarier verdenken? Er hat ja Weib und Kind zu Haus, die ohne ihn verderben.

Ohne Not sollte man die bestehende Wahlkreiseinteilung nicht antasten, zumal wenn sich in den einzelnen Wahlkreisen bereits eine gewisse Tradition gebildet hat. Das Gefühl der Zusammengehörigkeit, das sich da entwickelt hat, ist staatspolitisch nicht wertlos; es darf nicht ohne zwingende Gründe wieder vernichtet werden.

Eine Änderung der Wahlkreiseinteilung läßt sich nicht umgehen, wenn dem Wähler wieder stärkerer Einfluß auf die Auswahl der Kandidaten gegeben werden soll. Dies aber muß Ziel jeder Reform sein und wird auch durch die Regierungsvorlage vom August 1930 angestrebt. Das Wahlrecht muß wieder zu einem wirklichen Wahlrecht werden. Mit vollem Recht hat Carl Schmitt die Frage aufgeworfen, ob das, was sich heute bei einer Reichstags- oder Landtagswahl abspielt, überhaupt noch mit dem Worte »Wahl« bezeichnet werden könne. Und er gibt darauf die zutreffende Antwort: »Die Wahl selbst ist nicht mehr die Bestimmung von Abgeordneten durch wahlberechtigte Staatsbürger, sondern eine statistische Gruppierung der Wählermassen und ihre Aufteilung unter eine Reihe von Parteigebilden, wobei der einzelne Wähler nicht etwa seinen oder seine Abgeordnete wählt, sondern sich entweder als aktiver Soldat einer Parteiarmee betätigt, oder aber als nichtorganisiertes »Treibholz« zu einer der verschiedenen Armeen hinzustößt. So verbindet sich hier ein Appell der stehenden Parteiheere mit dem Vorgang, daß ein dunkles und schwer berechenbares (den festen, den pluralistischen Staat bildenden Organisationen daher höchst widerwärtiges) plebiszitäres Element zwischen den Parteiorganisationen fluktuiert und dadurch den Ausschlag gibt. Man nennt das immer noch »Wahl« und verursacht mit diesem Wort die irreführende Vorstellung, irgendeiner unserer 577 Volksvertreter sei »gewählt«, wie etwa Windthorst oder Eugen Richter gewählt worden sind.«

In der Begründung zu der Vorlage vom August 1930 wird der Mangel des Einflusses der Wähler auf die Auswahl der Kandidaten dem System der langen gebundenen Listen zur Last gelegt, die ihren Grund in den übergroßen Wahlkreisen haben. Darüber, daß die Wahlkreisvorschläge eine allzu lange Reihe von Bewerbern enthalten und daß der Kampf um den Platz auf den Listen zu ganz üblen Erscheinungen geführt hat, ist man sich in weitesten Kreisen ohne Unterschied der Parteizugehörigkeit einig. Wenn 1928 in den Wahlvorschlägen insgesamt mehr als 6200 Kandidaten aufgeführt werden, von denen nur 491 in das Parlament einziehen konnten, so beleuchtet diese Feststellung zur Genüge die Unhaltbarkeit des jetzt geltenden Systems. Will man aber von der langen Liste loskommen, so geht das nicht anders als durch starke Verkleinerung, also durch erhebliche Vermehrung der Wahlkreise. Diese Konsequenz wird denn auch in dem Entwurf vom August 1930 gezogen, und zwar dahin, daß er einen Durchschnittswahlkreis von 385 000 Einwohnern zugrunde legt und demgemäß das Reichsgebiet in 162 Wahlkreise einteilen will. Die Reformvorlage von 1924 sah 156 Wahlkreise vor.

Einwendungen gegen die Umschreibung der neuen Wahlkreise werden nicht ausbleiben. Jede einzelne Partei schätzt ab, wie sie dabei voraussichtlich abschneidet, und danach entscheidet sie sich.

Da kann es auch nicht ausbleiben, daß sich bei dieser Gelegenheit die grundsätzlichen Gegner des Wahlkreisgedankens zu Worte melden und manch williges Ohr finden, wenn sie die Mängel, die schließlich doch jeder noch so unparteiisch sein wollenden Wahlkreiseinteilung anhaften, kräftig unterstreichen.

Es besteht deutlich erkennbar bei nicht wenigen Praktikern wie Theoretikern der Politik eine starke allgemeine Antipathie gegen die Einteilung des Reichs in Wahlkreise, und viele sind geneigt, einem Reformvorschlag schon aus dem Grunde Beifall zu zollen, weil er — wie der Pappenheim-Kelsensche — die Wahlkreise entbehrlich oder bedeutungslos macht. Gerade weil unter der Herrschaft des Proportionalwahlrechts die Wahlkreise ausgeschaltet werden können, geben sie ihm den Vorrang vor anderen Systemen.

Wenn unser geltendes Wahlrecht an dieser Zwischenbildung zwischen den einzelnen Wählern und der Gesamtheit der Wahlberechtigten, an den Wahlkreisen, festhält, so vermag darin keinen Nachteil zu erblicken, wer radikalem Zentralismus in allen seinen Formen abhold ist. Als Historiker wird er mit Hugo Preuß darauf hinweisen können, daß die Idee einer Vertretung der Wahlkreise in der parlamentarischen Entwicklungsgeschichte älteren Datums ist als der einer Vertretung des ganzen Volkes, vor allem sehr viel älter als der Gedanke einer rechtlich organisierten Repräsentation der öffentlichen Meinung durch das Parlament; ferner darauf, daß im Gegensatz zu England die parlamentarische Entwicklung des Kontinents schon gleich zu Beginn vor dem Problem der Wahlkreise als eines zweckbewußt zu schaffenden künstlichen Hilfsmittels für die rechtliche Organisation der Vertretung des Gesamtvolkes und seiner öffentlichen Meinung gestanden hat. Als die französische Konstituante die rechtliche Organisierung der »volonté générale de la nation unie et indivisible« in Angriff nahm, da schuf sie Wahlkreise; sie zerlegte also zunächst die als unteilbar proklamierte Nation in Bezirke. Den darin liegenden Selbstwiderspruch empfindend dekretierte sie zugleich: Der Abgeordnete ist nicht Vertreter seines Wahlkreises, sondern des ganzen Volkes. Sie erklärte also kraft Rechtssatzes die Auseinanderlegung in Teile als nicht vorhanden.

Jeder Wahlkreiseinteilung haftet von Haus aus eine mehr oder minder große Willkür an. Sie bricht die Gruppierung nach den Elementen einer lokal nicht gebundenen vielgestaltigen öffentlichen Meinung, sie läßt die verschiedenen Richtungen der öffentlichen Meinung im Reich nicht unmittelbar zur Geltung kommen, sondern modifiziert und abgelenkt durch örtliche Einflüsse der künstlich abgezirkelten Wahlkreise.

Auch darin hat Hugo Preuß richtig gesehen: »In dem Maße, wie die Organisation von Zwischenbildungen zwischen einzelnen und Gesamtheit durch Rechtssatz zurücktritt, schwillt die Bedeutung der Selbstorganisation in Parteien und damit die entscheidende Macht der Parteiorganisationen an.«

Daß der Entwurf vom August 1930 an dem Wahlkreisgedanken festhält und auch sonst nach geeigneten Maßnahmen Ausschau hält, dem allzu starken Einfluß der zentralen Parteiorgane gewisse Schranken zu setzen, ist im Interesse des Staatsganzen grundsätzlich zu billigen.

In dieser Richtung würde auch die geplante Beseitigung der Reichsliste wirken.

8. Die Reichsliste im heutigen Wahlrecht ist von Anfang an Gegenstand zahlreicher, zum Teil sehr heftiger Angriffe gewesen; sie erfolgten aus verschiedenen Parteilagern, aber im großen und ganzen stets von den gleichen Gesichtspunkten aus: »Die Wahl auf der Reichsliste ist eine glatte Ernennung durch Parteiinstanzen«. »Das Erfordernis der Unmittelbarkeit der Wahl verlangt das Verschwinden der Reichsliste, auf der Personen, die der Wähler nicht kennt, von den Parteiinstanzen ‚benannt', sicher nicht von den Wählern ‚gewählt' werden.« Es wird als unerträglich empfunden, daß die den Parteien aus den Reichsreststimmen zustehenden Mandate an eine in Berlin zurechtgemachte Liste von »Parteibonzen« und »Kapitalisten« ausgeteilt werden, die nicht gesäet haben und doch ernten wollen. Und in der Begründung zum Entwurf vom August 1930 heißt es darüber: »Nach der Reichsverfassung sind die Abgeordneten ‚unmittelbar' zu wählen. Bei dem heutigen System der Reichsliste kann zweifelhaft sein, ob es sich noch um eine ‚unmittelbare Wahl' im Sinne der Verfassung handelt, wenn der Bewerber lediglich auf Grund der Benennung in einer zentral aufgestellten Liste in das Parlament einzieht. Bei den Fraktionen des Reichstags ist der Hundertsatz der Reichslistensitze recht erheblich und steigt bis zu 50 v. H. aller Sitze. Die Wahlreform geht von der völligen Abschaffung der Reichsliste aus, weil nur dadurch der Verfassungsgrundsatz der Unmittelbarkeit der Wahl restlos gewahrt und der Forderung der persönlichen Verbindung von Abgeordneten und Wählern Rechnung getragen wird.«

Wenn auch jede Wahlreform auf möglichste Wahrung des Verfassungsgrundsatzes der Unmittelbarkeit bedacht sein muß, so darf man doch seine Kollision mit dem Gleichheitsgrundsatz, der sich gerade in der Reichsliste eine Position erobert hat, nicht ohne zwingende Gründe einfach zu Gunsten des Grundsatzes der Unmittelbarkeit beseitigen wollen. Die beiden Grundsätze stehen nun einmal in der Verfassung nebeneinander, jeder beansprucht Geltung. Es ist dem Reichsgesetzgeber überlassen, im einzelnen zu entscheiden, wie weit er jedem der beiden Grundsätze Rechnung tragen will. Eine vollständige Durchführung beider ist ein Ding der Unmöglichkeit.

Daß eine starre Durchführung der verschiedenen Wahlrechtsgrundsätze bis in die letzten Konsequenzen in der Praxis nicht möglich ist und von der Verfassung auch nicht gewollt ist, weil sie dann miteinander und mit sonstigen das Staatsleben beherrschenden Rechtsgrundsätzen in Widerstreit geraten würden, hat Max Wenzel im Handbuch des Deutschen Staatsrechts (I S. 609, 610) klar ausgesprochen: Die Wahlrechtsprinzipien müßten sich in ihrer Ausführung gewisse Einschränkungen gefallen lassen, »wie sie ja vom Verfassungsgeber auch nur als Grundsätze gemeint sind, von denen die Reichsverfassung in Art. 22 Abs. 2 sagt, daß ‚das Wahlgesetz das Nähere bestimme'«. Bei der Ausgestaltung des Wahlrechts soll der Reichsgesetzgeber nicht aus dem Auge verlieren, daß auch das parlamentarische Regime funktionieren kann. Die parlamentarische Regierungsweise ist eine fundamentale Vorschrift der Reichsverfassung.

Die Forderung an den Gesetzgeber, daß er das Gleichheitsprinzip dem Proporzgedanken weitgehend zu opfern habe, ist ebenso berechtigt oder unberechtigt wie die Zumutung, dem Gleichheitsprinzip zuliebe den Proporzgedanken in die zweite Linie zurücktreten zu lassen.

Es ist schon oft von den verschiedensten Seiten darauf hingewiesen worden, daß mehrere Parteien Wert darauf legen, ihre Senioren, gewesenen Minister und aktiven Minister, führende Männer der Wissenschaft und des Wirtschaftslebens ohne die Mühen und Fährlichkeiten eines Wahlkampfes in das Parlament zu bekommen. So muß damit gerechnet werden, daß der Versuch einer Beseitigung der Reichsliste auf nicht geringe Schwierigkeiten stoßen wird. Auch begegnet man vielfach der Ansicht, daß mit der Reichsliste ein geeignetes Mittel in Wegfall käme, politisch führende Frauen in den Reichstag zu bringen.

Gerade im Hinblick auf die Reichsliste hat man in Deutschland geglaubt, der Lösung des Führerproblems um einen Schritt näher gekommen zu sein. Es gibt zu denken, daß in der französischen Presse, wenn von Deutschlands parteipolitischer Misere die Rede ist, nicht selten der Ausdruck »le führerproblem« zu finden ist. Man weiß, daß der Franzose im allgemeinen sich nicht so leicht entschließt, ein Fremdwort in seinen Sprachschatz zu übernehmen. Tut er es aber, und zwar ohne Französierung, dann ist das ein Beweis dafür, daß es den betreffenden Begriff im Französischen nicht gibt. Dem Franzosen ist der Führerbegriff etwas so Selbstverständliches, daß er dafür kein besonderes Wort nötig hat. Wir Deutsche haben daraus ein Problem gemacht und haben geglaubt, es mittels des nach der Staatsumwälzung eingeführten Wahlrechts, insbesondere mittels der Reichsliste, seiner Lösung zuführen zu können.

Es ist eine Tatsache, daß es in Deutschland politische Köpfe gibt, die sich nicht entschließen können, auf dem Wege über den Kampf und Schmutz einer Wahl zu politischer Führung aufzusteigen. Man hatte bei der Einführung der Verhältniswahl gehofft, dieses System werde den Wahlkampf entpersönlichen und veredeln, es werde tüchtigen Politikern den Weg freimachen zum Führertum. Man versprach sich als Frucht des neuen Wahlrechts eine wesentliche Erleichterung richtiger Führerauslese. Die Optimisten sind mittlerweile recht kleinlaut geworden. Den gewiß insgesamt nicht unbeachtlichen Gründen für die Beibehaltung der Reichsliste steht die Forderung nach Herstellung persönlicher Fühlung zwischen Bewerbern und Wählern gegenüber, der Wunsch, die Unmittelbarkeit der Wahl wieder stärker hervortreten zu lassen, die tiefwurzelnde Abneigung gegen die Diktatur der zentralen Parteiinstanzen, das Vordrängen jüngerer Parteipolitiker, vor allem aber der Wille, den übermäßigen Druck großer Interessenverbände mehr auszuschalten, als dies jetzt möglich ist. Und diesen Stimmungen und Wünschen wird auch der Reichstag, wenn er an die Beratung der Reformvorlage herantritt, in irgendeiner Weise Rechnung tragen müssen.

Aber geschieht dies zweckmäßig durch völlige Beseitigung der Reichsliste? Man darf nicht übersehen, daß dabei zahlreiche Stimmen unter den Tisch fielen, zumal wenn § 21 des Entwurfs vom August 1930 Gesetz wird. Danach bekommt eine Partei, die in den zu einer Ländergruppe gehörenden Verbänden keinen Sitz erobert hat, auch in der Ländergruppe kein Mandat, mögen hier noch so viele Reststimmen zur Verfügung stehen.

Man sollte es sich doch reiflich überlegen, ob nicht auch unter Beibehaltung der Reichsliste dem Wunsche nach engerer persönlicher Verbindung von Abgeordneten und Wählern Rechnung getragen werden könnte. Das liegt durchaus im Bereich des Möglichen. Ich möchte empfehlen, eine personell gebundene Reichsliste[1]) zur Auswertung der Reststimmen zuzulassen und

[1]) Anmerkung des Fakultätsassistenten Dr. Sauer-Breslau: Das vorliegende Referat druckfertig zu machen und in unwesentlichen Punkten zu ergänzen, war der letzte Auftrag meines Lehrers und väterlichen Freundes Professor Heinrich Pohl. Da ich fürchte, daß der neuartige Vorschlag Pohls, eine sogenannte personell gebundene Reichsliste zur Auswertung der Reststimmen zuzulassen, auf Mißverständnisse stoßen könnte, halte ich mich für verpflichtet, hier Ausführungen Pohls mitzuteilen, die sich in einem am 16. 1. 31 an Herrn Ministerialrat Dr. Kaisenberg gerichteten Brief finden. Es heißt dort unter anderem: »Der Entwurf der Wahlrechtsnovelle will die Reichsliste beseitigen. Man könnte aber m. E. auch unter Beibehaltung der Reichsliste eine Verbindung zwischen Wählern und auf der Reichsliste gewählten Abgeordneten sicherstellen, und zwar in einer Weise, die zugleich in der Richtung der Bekämpfung der Splitterparteien

in der Weise vorzugehen, daß die Reichsreststimmen nur solchen Persönlichkeiten zugute kommen, die in einem Wahlkreise als Spitzenkandidaten eine Liste führen. Niemand sollte mit Reichsreststimmen gewählt werden können, der nicht in einem Wahlkreise die Verteilungszahl erreicht. Der so gewählte Spitzenkandidat gilt als mit Reichsreststimmen gewählt, und in seinem Wahlkreis rückt der nach ihm auf der Kreisliste Stehende als gewählt vor. Reicht die Zahl der Reichsreststimmen nicht aus, so kommen bei ihnen nur die höchstbestimmten Spitzenkandidaten zum Zuge.

Bei diesem System der personell gebundenen Reichsliste würde erreicht, daß niemand in den Reichstag einzieht, der nicht in einem Wahlkreise gearbeitet und im Feuer gestanden hat. Auch der eventuell Vorrückende sähe sich genötigt, am Wahlkampfe sehr aktiv teilzunehmen. Die Verbindung zwischen Wählern und Gewählten wäre unter Beibehaltung der Reichsliste erzielt.

Wer als Ziel der Reform »die Wiedereinsetzung der Persönlichkeit in das Wahlgetriebe« bezeichnet, wird dem System der personell gebundenen Reichsliste seine Sympathie nicht versagen können. Eine wirklich starke politische Persönlichkeit muß so viel Werbekraft besitzen, daß sie in einem Wahlkreise die Wahlzahl erreicht und damit als durch die Reichsreststimmen gewählt gilt.

Das vorgeschlagene System begünstigt Kandidaten der engeren Heimatzugehörigkeit. Darin vermag ich keinen Nachteil zu erblicken. Im Gegenteil; der Wähler möchte nicht nur

---

zu wirken geeignet wäre. Man könnte nämlich in der Weise vorgehen, daß nur solche Bewerber auf die Reichsliste gesetzt werden dürfen, die in einem Wahlkreis als Spitzenkandidaten eine Liste führen, und daß niemand als auf Grund der Reichsliste gewählt erklärt werden kann, der nicht in einem Wahlkreise durch Erreichen der Verteilungszahl (70 000) gewählt ist. Ist er so gewählt, dann gilt er als auf Grund der Reichsliste gewählt, sofern auf die Reichsliste seiner Partei die erforderlichen Reststimmen entfallen, und in seinem Wahlkreise rückt der nach ihm auf seiner Kreisliste Stehende als gewählt vor. Die im Wahlkreise Gewählten kommen auf der Reichsliste zum Zuge in der Reihenfolge, die sich durch die für die betreffenden Kreislisten aufgebrachten Stimmzahlen ergibt; sind die Stimmen auf der Reichsliste erschöpft, so sind und bleiben die nicht auf ihr zum Zuge kommenden Bewerber auf ihrer Kreisliste gewählt, und ein Vorrücken auf der Kreisliste findet nicht statt. Wird die auf der Reichsliste zur Verfügung stehende Stimmzahl nicht erschöpft, weil nicht genügend in ihrem Wahlkreis erfolgreiche Bewerber vorhanden sind, so bleiben die Reststimmen der Reichsliste unberücksichtigt. So würde erreicht, daß niemand in den Reichstag kommt, der nicht in einem Wahlkreise gearbeitet und im Feuer des Wahlkampfes gestanden hat. Auch der eventuell Vorrückende wäre genötigt, sich im Wahlkampfe seines Wahlkreises sehr aktiv zu betätigen. Die Verbindung zwischen Wählern und Gewählten wäre so unter Beibehaltung der Reichsliste erzielt.« Die hierauf erfolgte Rückäußerung Dr. Kaisenbergs vom 30. 1. 31 hat Prof. Pohl im Referat selbst noch sachlich gewürdigt.

einen Mann seiner Gesinnung, sondern zugleich den Mann entsenden, der mit dem Bezirke verwachsen ist, den man dort kennt, der mit den Bedürfnissen und Wünschen des Bezirks vertraut ist, dessen Werdegang und öffentliche Betätigung vor seinen Augen sich vollzogen haben, den Mann, der nicht bloß zum Zweck der Wahlwerbung tönende Reden hält und Versprechungen macht. Diese Einstellung ist vielfach ganz zu Unrecht als Enge des Horizonts, Kurzsichtigkeit, Dorfpolitik usw. getadelt worden. Aber die Dinge liegen keineswegs so, daß bei Berücksichtigung der Heimatzugehörigkeit nicht auch die politische Gesinnungsgemeinschaft voll zur Geltung kommen kann. Der Kandidat bewerbe sich da, wo er wurzelt. Wer im Wahlrecht jede Unterteilung nach örtlichen Gesichtspunkten und jede endgültige Mandatszuweisung unterhalb einer zentralen Reichsliste als Durchbrechung des Proporzes grundsätzlich ablehnen zu müssen glaubt, dem wird die Verbindung des Wahlkreis- mit dem Reichslisten-Gedanken unannehmbar sein. Wer glaubt, die Wahlkreise zu bloßen Stimmsammelbezirken degradieren zu sollen, wer sie im wesentlichen nur zu Zählzwecken beibehalten will, muß dem Vorschlag der personell gebundenen Reichsliste ablehnend gegenüberstehen.

Das System der personell gebundenen Reichsliste würde eine im gesamtstaatlichen Interesse sehr zu wünschende parteipolitische Konzentration herbeiführen helfen. Es ist nicht einzusehen, warum der Gesetzgeber darauf verzichten müßte, durch zweckmäßige Gestaltung des Wahlrechts an der Zusammenfassung der Kräfte mitzuarbeiten, sich anbahnende Konzentrationen zu fördern. Ich bin pessimistisch genug, von politischer Einsicht des Bürgertums allein nur wenig zu erhoffen.

Den kleinen und kleinsten Parteien würde die personell gebundene Reichsliste abträglich sein, da sie nur selten dem von mir aufgestellten Erfordernisse für einen Sitz auf der Reichsliste gerecht werden könnte. Unmittelbar im Wahlkreis, d. h. ohne Verrechnung im Verband, wird eine Splitterpartei kaum in der Lage sein, die Verteilungszahl zu erreichen. Das dürfte ein großer Vorteil des Systems der personell gebundenen Reichsliste sein.

Natürlich ist dagegen der Einwand zu erwarten, daß dieses System dem Gleichheitsprinzip [2]) Abbruch tue. Das ist gewiß nicht zu bestreiten. Aber nicht minder berechtigt scheint mir der Hinweis darauf zu sein, daß die dabei erzielte Auswertung der Reststimmen auf der Reichsliste, die der Entwurf vom August 1930 beseitigen möchte, dem Gleichheitsprinzip wieder zugute kommt. Das Gleichheitsprinzip wird also zwar auf der einen

---

[2]) Vgl. die Ausführungen von Jellinek S. 624 u. Wenzel S. 611 ff. im Handbuch des Deutschen Staatsrechts Bd. 1.

Seite beeinträchtigt, dafür aber auf der andern Seite besser gewahrt. Praktisch bedeutet mein Vorschlag eine Begünstigung der großen, örtlich massierten Parteien. Darin liegt ein unverkennbarer Vorteil. Die Schaffung klarer Mehrheitsverhältnisse ist nur durch große Parteien zu erreichen, nicht durch zusammenhanglose, über das ganze Reich verstreute Einzelstimmen oder Parteigrüppchen. Daß die örtlich massierten Parteien bei dem System der personell gebundenen Reichslisten gut wegkommen, liegt auf der Hand. Denn bei diesem System ist das Erreichen der Verteilungszahl im Wahlkreis zugleich auch entscheidend für die Auswertung der Reststimmen auf der Reichsliste. Das bedeutet keineswegs die Einführung eines blanken Willkürmoments in die Wahlgesetzgebung. Parteien, die in keinem Wahlkreis wirklich festen Fuß fassen konnten, so daß sie die Verteilungszahl erreichen, mögen im Parlament unvertreten bleiben. Das Erfordernis starker lokaler Stützpunkte ist übrigens keine grundstürzende Neuerung. Sie bedeutet ebensowenig eine Preisgabe des Grundgedankens der Verhältniswahl wie der dritte Satz des § 32 des Reichswahlgesetzes, in dem eine gewisse lokale Basis verlangt und von einer vollkommenen Verrechnung der Reststimmen abgesehen wird.

Der sehr wesentliche Einwand gegen die Reichsliste, sie begünstige das »Bonzentum«, wird zwar bei dem System der personell gebundenen Reichsliste nicht völlig ausgeschaltet, aber doch wesentlich abgeschwächt. Muß doch der Bonze sich bequemen, irgendwo auch im Wahlkreis selbst zu seinem Volke herabzusteigen. Daher werden sich die örtlichen Parteiinstanzen nicht ohne weiteres irgendeinen Bonzen als Spitzenkandidaten oktroyieren lassen. Zieht er nicht, dann bedeutet das Stimmverlust, und so werden die örtlichen Instanzen dagegen aufbegehren, wenn die Reichsparteileitung den Bonzen in einem guten Wahlkreis an erster Stelle placieren will und die örtliche Parteileitung durch die Zusage zu beruhigen sucht, daß es sich nur um einen Strohmann zur Auswertung der Reichsreststimmen handle. Auch der Versuch, hinter einen beliebten Spitzenkandidaten, der voraussichtlich die Verteilungszahl erreicht, einen weniger beliebten Bonzen zu setzen, dürfte wenig aussichtsreich sein; man wird ihn nicht ohne weiteres schlucken.

Geht man zum System der personell gebundenen Reichsliste über, dann läßt sich die Bestimmung des Entwurfs vom August 1930, wonach nicht mehr als drei Namen auf den Stimmzetteln erscheinen dürfen, nicht aufrechterhalten. Die Möglichkeit für Ersatz wird sonst zu gering. Denn wenn der Spitzenkandidat auf der Reichsliste zum Zuge kommt, sind zur Besetzung der Sitze, die nach dem Wahlergebnis im Wahlkreis selbst — auch nach Verrechnung im Verband und in der Ländergruppe — anfallen, unter Umständen nicht mehr genügend Bewerber vorhanden. Man wird sich also, wenn man die personell gebundene Reichsliste annimmt, entschließen müssen, vier oder fünf Bewerber auf einem Stimmzettel zuzulassen. Ob drei oder vier oder fünf Namen darauf stehen, ist kein so wesentlicher Unterschied; die Liste ist dann immer noch verhältnismäßig klein.

9. Das dem Gedanken des Minderheitsschutzes dienende Verhältniswahlrecht kann unmöglich jeder kleinsten Gruppe von Wählern eine verhältnismäßige Vertretung im Parlament verschaffen wollen. Ein Versuch in dieser Richtung müßte zu einem Reichstag von Tausenden von Abgeordneten führen. Gibt es doch Parteien von minimaler Anhängerzahl, welche die Wahlzahl entfernt nicht erreichen. Denken wir nur daran, daß es mehr als einen Professor gibt, von dem man sagen kann: er ist das einzige Mitglied seiner Partei. Wenn auch den Männern von Weimar der Gedanke vorgeschwebt hat, daß die Stärke der Fraktionen proportional sein soll der Stärke der Parteien, so kann doch keine Rede davon sein, daß nach ihrem Willen jede kleinste Wählergruppe im Parlament zur Geltung gelangen soll. Schon die Aufstellung einer Wahl- oder Verteilungszahl zeigt, daß daran nicht gedacht worden ist. Treibt man den Proporzgedanken in seine äußersten Konsequenzen, dann ists aus mit dem Repräsentativsystem, dann landet man bei der unmittelbaren Demokratie, deren Durchführung in großen Staatswesen unmöglich ist. Diesem Ergebnis kann man nur in der Weise ausweichen, daß man gewissen kleinen und kleinsten Gruppen den Anspruch auf Repräsentation versagt. Daher ist vom Standpunkte der repräsentativen Demokratie aus unbedingt die Forderung zu erheben, daß jede Gruppe, der noch ein Mandat zufallen soll, eine Mindeststärke hat. Ein Verhältniswahlrecht ohne jede die Splitterparteien einschränkende und benachteiligende Bestimmung ist nicht haltbar.

Freilich darf der Gesetzgeber, wo die Verfassung für die Wahlen zum Parlament das Verhältniswahlsystem vorschreibt, die Grenzen, die er ziehen muß, nicht nach Willkür ziehen. Er hat sie so zu ziehen, daß wenigstens allen politisch bedeutsameren Strömungen im Volke die Möglichkeit bleibt, sich im Parlament zur Geltung zu bringen, und so, daß schließlich allen Gruppen gleiche Chancen offengehalten werden. Aus diesen Einschränkungen, die geradezu als dem Verhältniswahlsystem immanent bezeichnet werden können, ergibt sich ohne weiteres, daß dem verfassungsrechtlichen Postulat der Wahlrechtsgleichheit da, wo das Verhältniswahlrecht vorgeschrieben ist, niemals ganz Genüge getan werden kann. Beide, Proporz und Gleichheit, müssen sich bescheiden, wenn sie nebeneinander leben sollen. In die äußersten Folgerungen getrieben schließen sich beide Gedanken aus.

Nach einer bekannten Entscheidung des Reichsstaatsgerichtshofs soll der Grundsatz der Gleichheit der Wahl durch seine Verbindung mit der Verhältniswahl einen Bedeutungswandel erfahren haben und nicht mehr nur Ablehnung eines Klassen- oder Pluralwahlrechts, sondern darüber hinaus auch noch das Erfordernis gleichen Erfolgswertes jeder Stimme zum Inhalt haben.

Diese Auffassung geht fehl. Das Reichswahlgesetz ist von derselben Nationalversammlung beschlossen worden, die auch die Verfassung mit den grundlegenden Wahlrechtssätzen verabschiedet hat. Man darf also annehmen, daß der Verfassungsgesetzgeber in dem Reichswahlgesetz seine Auffassung vom Inhalt des Gleichheitsprinzips nicht wieder gleich verlassen hat. In dem Wahlgesetz finden wir aber die Beteiligung bei der Verwertung der Reststimmen abhängig gemacht von der Erlangung gewisser Mindeststimmenziffern. Außerdem wird hier die Zahl der auf die Reichswahlvorschläge durch die Reststimmenverwertung erlangbaren Mandate auf die Zahl der den Kreiswahlvorschlägen zugefallenen Mandate beschränkt[3]).

Einer allzu starken Zersplitterung der Stimmen könnte dadurch wirksam begegnet werden, daß man einen Mindestprozentsatz aller im Reich abgegebenen Wahlstimmen verlangt, ohne dessen Erreichung der Partei kein Mandat zugewiesen wird. Nehmen wir eine Gesamtwählerzahl von 40 Millionen an, so sollte keine Partei zum Zuge kommen, die nicht mindestens 1%, also 400 000 Stimmen aufgebracht hat. Unbestreitbar würde bei Ziehung einer solchen Niedrigstgrenze den verfassungsmäßigen Postulaten der Gleichheit und der Verhältniswahl nicht restlos entsprochen. Aber es ist überhaupt schlechterdings unmöglich, ihnen in vollem Umfange Rechnung zu tragen. Ihre Rechtfertigung finden notwendige Ausnahmen in der Erkenntnis, daß bei völliger Durchführung die in der Verfassung aufgestellten Wahlrechtsprinzipien in heillose Kollision geraten müßten, daß also eine solche Durchführung, weil unmöglich, nicht von der Verfassung gewollt sein kann. Ohne Ausnahmen ist nicht durchzukommen. Das doch auch von der Verfassung vorgeschriebene parlamentarische System wäre undurchführbar, wenn der Reichstag zum Tummelplatz zahlreicher kleiner und kleinster Gruppen gemacht werden dürfte. Und so gilt denn auch bereits im heutigen Wahlgesetz (§ 32) die mit strengster Auslegung der verfassungsrechtlichen Postulate unvereinbare Bestimmung: »Einem Reichswahlvorschlage kann höchstens die gleiche Zahl der Abgeordnetensitze zugeteilt werden, die auf die ihm angeschlossenen Kreiswahlvorschläge entfallen sind«. Die hier verlangte örtliche Grund-

---

[3]) Vgl. Hans Nawiasky in den Münchner Neuesten Nachrichten Nr. 78 vom 21. März 1930.

lage stellt unzweifelhaft eine in keiner Verfassungsvorschrift ausdrücklich zugelassene Ausnahme von den Prinzipien der Gleichheit und der Verhältniswahl dar.

10. Die im Entwurf vom August 1930 vorgesehene Heraufsetzung der Verteilungszahl von 60 000 auf 70 000 würde eine nicht unwesentliche Verkleinerung der Mitgliederzahl zur Folge haben, vorausgesetzt, daß die Wahlbeteiligung annähernd die gleiche bleibt und die Zahl der Wahlberechtigten nicht steigt. Mit Rücksicht auf die Finanzlage des Reichs kann eine solche Verringerung der Zahl der Parlamentsmitglieder nur gebilligt werden. Handelt es sich doch nicht nur um ziffernmäßig erhebliche Gesamtbezüge der Abgeordneten an Diäten, sondern auch um die Kosten der Freifahrt auf den Eisenbahnen (»Freie Eisenbahn dem Tüchtigen!«) und um die durch die Abgeordnetenzahl prozentual beeinflußten sachlichen Kosten des Reichstags. Im Hinblick auf die Kostenfrage und die räumlichen Verhältnisse des Reichstagsgebäudes, des Sitzungssaales wie der Nebenräume, muß die Zahl der Abgeordneten heruntergedrückt werden; anders lassen sich zur Zeit mancherlei praktische Unzuträglichkeiten nicht vermeiden. Nicht unerwähnt bleibe auch der Gesichtspunkt, daß sich das Nebeneinander zweier großer Parlamente in Berlin für den Gedanken des Parlamentarismus um so ungünstiger auswirken muß, je zahlreicher die Mitglieder sind.

Es braucht wohl nicht befürchtet zu werden, daß infolge einer sich in mäßigen Grenzen haltenden Einschränkung der Abgeordnetenzahl Qualität und Tempo der Reichstagsarbeit leiden müßten. Wenn die Sprechchöre und Liedervorträge dann nicht so voll klingen, so ist das eben nicht zu vermeiden. Die Zahl der wirklich intensiv mitarbeitenden Parlamentarier ist nicht allzu groß. Den Fleißigen und Befähigten wird immer ein gewaltiges Maß von Arbeit, namentlich in den Ausschüssen, aufgebürdet werden. Es kann nur gute Folgen haben, wenn die Parteien sich gezwungen sehen, bei der Aufstellung der Kandidaten mehr als bisher auf die Gewinnung fähiger und arbeitsfreudiger Kräfte Bedacht zu nehmen. Auch wäre es wohl nicht unangebracht, etliche Ausschüsse auf ihre Existenzberechtigung nachzuprüfen; es würde sich vielleicht herausstellen, daß der eine oder andere sehr wohl entbehrlich wäre.

Man könnte die meisten Ausschüsse mit weniger Mitgliedern besetzen und ihnen das Recht geben, für einzelne Aufgaben sachverständige, nicht dem Parlament angehörige Persönlichkeiten zu kooptieren. So wäre man in der Lage, wertvolle Kräfte, Führer auf ihrem Gebiet, zu beratender Mitwirkung heranzuziehen, die sonst nicht zu haben sind. Es sind vielfach gerade die Tüchtigsten, die sich nicht für eine Reichstagskandidatur hergeben wollen, Persönlichkeiten, denen Zeit und Kräfte zu kostbar sind, um sie in den vielfach so geist- und sinnlosen Alltagskampf der Fraktionen einzusetzen. Schon heute haben nach der Geschäftsordnung die Ausschüsse das Recht, in besonderen Fällen andere Abgeordnete zu ihren Verhandlungen mit beratender Stimme zuzuziehen. Man sollte den Kreis dieser Mitberater erweitern und auch Nichtparlamentarier zu Mitgliedern mit beratender Stimme zulassen. Das wäre freilich ein Novum. Im Kommunalrecht ist der Gedanke ja nicht neu. Man könnte ihn um so unbedenklicher in das Parlamentsrecht einführen, als ja die großen endgültigen Entscheidungen nicht in den Ausschüssen, sondern im Plenum fallen. Und man wäre ja auch kein moderner Mensch, wenn man nicht einer »Auflockerung« das Wort redete!

III.

Welches Schicksal die Wirthsche Reformvorlage im Reichstag haben wird, wie die politischen Parteien sich dazu stellen werden, läßt sich zur Zeit auch nicht mit annähernder Sicherheit vorhersagen. Professoren sollen nicht unter die Propheten gehen, weder unter die großen noch unter die kleinen. Wir Staatsrechtslehrer haben uns aber in der Satzung unserer Vereinigung die Aufgabe gestellt, Gesetzgebungsfragen aus unserem Arbeitsgebiet durch Aussprache in unseren Versammlungen zu klären und in wichtigen Fällen zu Fragen des öffentlichen Rechts Stellung zu nehmen. Man wird uns daher die Kompetenz zur Stellungnahme zu der vor ihrer Entscheidung stehenden Wahlreform nicht bestreiten können. Die Wahlrechtsspezialisten der Parteien haben zum Glück das politische Denken nicht gepachtet, wenn sie's auch dem Stimmvieh einreden möchten, das sich natürlich nie bei der eigenen, sondern immer und nur bei der gegnerischen Partei befindet.

Man würde es uns verdenken, man würde uns als weltfremde Stubengelehrte belächeln, wenn wir hier dem zur Zeit Unerreichbaren nachjagen und darauf verzichten wollten, an einer kleinen Reform mitzuarbeiten und dazu im einzelnen Stellung zu nehmen, weil eine von vielen als notwendig erachtete große Reform, die Beseitigung der Verhältniswahl, nicht durchsetzbar erscheint. »Alles oder nichts« ist eine schlechte Parole in politischen Dingen.

So hat sich dieser Bericht im wesentlichen darauf beschränkt, an dem Wirthschen Entwurf Kritik zu üben, auf Mängel hinzuweisen und Besserungsvorschläge zu machen. Das letztere ist mit einigem Zagen geschehen. Denn manches, was hier zu sagen ist, wurde gewiß von anderen längst viel besser und überzeugender dargetan. Und ob das wenige, was erstmals hier zur Erörterung gebracht worden ist, wirklich neu ist — wer weiß das? Die Wahlrechtsliteratur ist unübersehbar groß. Prioritätsstreitigkeiten sind eine üble Sache, und wer möchte als Mann der zweiten Entdeckungen auftreten? Was aber besonders bedenklich stimmen mußte, ist der Gedanke, daß dieses Referat durch die Drucklegung in weitere Kreise dringen wird. Da verzichtet der Referent am besten von vornherein in aller Form vor allen künftigen Lesern seines Berichts auf den Anspruch, Erfinder einer beachtenswerten Wahlrechtsverbesserung zu sein. Auf einen unglücklichen Wahlrechtstheoretiker, das lehrt die Erfahrung, schlägt ja alles ein, am heftigsten die eifersüchtige Konkurrenz. Er tut gut, sich mit der Fabel zu trösten, die vor Jahresfrist im schönen Schwabenlande, wo man sich etwas derb auszudrücken pflegt, jemand am Schlusse seines Vortrags über die Änderung des württembergischen Landtagswahlgesetzes seinen Zuhörern erzählte: »Als Pythagoras seinen berühmten Lehrsatz entdeckt hatte, freute er sich so, daß er eine Hekatombe opferte, d. h. er opferte hundert Ochsen. Daher kommt es, so sagt man, daß die Ochsen immer brüllen, wenn etwas Neues entdeckt wird.«

Leitsätze zum Referat von Heinrich Pohl über die Reform des Wahlrechtes.

Aufgestellt von Friedrich Giese.

I. Die Gestaltung des Wahlrechts ist eines der wichtigsten und aktuellsten Probleme. Eine durchgreifende Wahlreform erscheint dringend geboten. Die Staatsrechtslehrer sind zur Mitarbeit daran berufen.

Wichtigste Neuerungen des Wirth'schen Reichswahlgesetzentwurfes:

1. Ersatz der langen Listen durch Stimmzettel mit höchstens drei Bewerbern.

2. Erhebliche Verkleinerung = Vermehrung der Wahlkreise.

3. Fortfall der Reichsliste; Verwertung der Reststimmen in Wahlkreisverbänden und in Landesverbänden.

4. Fortfall des amtlichen Stimmzettels.

5. Ersatz des Wahlvorschlagverfahrens durch ein vereinfachtes Anmeldeverfahren für die Stimmzettel.

II. Kritik und Besserungsvorschläge des Referenten gegenüber dem Wahlgesetzentwurf und dem geltenden Wahlrecht.

1. Das Frauenstimmrecht dürfte auf legalem Wege nicht zu beseitigen sein.

2. *Die Herabsetzung des Wahlalters auf 20 Jahre war verfehlt, seine Heraufsetzung ist geboten.*
3. *Es ist unzweckmäßig, nur die dauernd, nicht auch die vorübergehend in einer Anstalt befindlichen Geisteskranken und Geistesschwachen vom Wahlrecht auszuschließen.*
4. *Das Wahlrecht der Auslanddeutschen ist zu fordern; seine Ausübung hat durch in Deutschland ansässige Wahlmänner zu erfolgen.*
5. *Den im Reich ansässigen nichtreichsangehörigen Deutschen, insbesondere Österreichern sollte das Wahlrecht gewährt werden.*
6. *Die Einführung der Wahlpflicht ist untunlich.*
7. *An der Wahlkreiseinteilung überhaupt ist festzuhalten, doch erscheint eine andere Wahlkreisabgrenzung geboten, um dem Wähler wieder stärkeren Einfluß auf die Auswahl der Kandidaten zu geben.*
8. *Anstatt der Beseitigung der Reichsliste empfiehlt sich die Einführung der personell gebundenen Reichsliste: Die Reichsreststimmen kommen nur den Wahlkreis-Spitzenkandidaten zugute; doch kann mit Reichsreststimmen nur gewählt werden, wer in einem Wahlkreis die Verteilungszahl erreicht hat.*
9. *Der Proporz ist so durchzuführen, daß alle politisch bedeutsameren Strömungen des Volkes im Parlament vertreten sind und daß allen Gruppen gleiche Chancen eröffnet werden.*
10. *Die Verteilungszahl ist heraufzusetzen, da eine Verringerung der Zahl der Abgeordneten zu billigen ist.*

Die Wahlrechtsreform und ihre Grundlagen.

2. Mitbericht von Professor Dr. Gerhard Leibholz, Göttingen.

Bei der Wahlrechtsreform handelt es sich nicht nur um ein mathematisch-technisches, sondern vor allem um ein politisch-soziologisches Problem. Es ist nicht möglich, etwa allein mit Hilfe der Wahltechnik [1]) aus der Fülle der aufgestellten wie entworfenen Wahlrechtssysteme ein sogenanntes bestes Wahlsystem zu konstruieren, das allgemein und somit auch für unsere Verhältnisse empfohlen werden könnte. Ein solches bestes Wahlsystem gibt es nicht und kann es nicht geben, weil jedes Wahlrecht zugleich strukturell aufs engste mit den politisch-soziologischen Grundlagen einer Verfassung zusammenhängt, für die es seiner Funktion nach eine ganz bestimmte integrierende Bedeutung hat. Wird doch der Ruf nach einer Wahlreform nicht zufällig gerade deshalb so häufig erhoben, weil das Wahlrecht mehr mathematisch rechnerisch konstruiert als politisch dynamisch gewachsen ist.

Hiernach ist die Einschaltung gewisser politischer Wertungen in die vorliegende Betrachtung unvermeidbar. Bei diesen Wertungen handelt es sich aber wie bei jeder soziologisch verfassungstheoretischen Analyse, wie gegenüber einzelnen Äußerungen der letzten Zeit hervorgehoben werden muß, nicht um rein subjektive, allein parteipolitisch bedingte, sondern sachhingegebene, politische Wertungen, d. h. Wertungen, die an dem Phänomen der objektiven Wirklichkeit orientiert, ihrem immanenten Gehalt entnommen sind [2]), und die deshalb politische sind, weil die zu analysierende Wirklichkeit selbst eine politische ist. Einer hierüber hinausgehenden, persönlich politisch wertenden Stellungnahme bedarf es nur dort, wo die Grenzen einer solchen, objektiv-gehaltenen, verfassungstheoretischen Analyse überschritten werden.

In diesem Sinne soll zunächst der tiefere Zusammenhang des modernen Wahlrechts mit den Grundlagen des repräsenta-

---

[1]) Dazu jetzt etwa **Hellmuth**, Die Technik der politischen Wahlen 1930.

[2]) Dazu die schönen Bemerkungen von **Holstein** in Hochschule und Staat in Das akademische Deutschland Sep. Abdruck S. 8 u. Arch. f. öff. Recht N. F. Bd. 11 S. 27 ff.

tiven Parlamentarismus überhaupt angedeutet und sodann der Bedeutungswandel aufgezeigt werden, den das Wahlrecht im Parteienstaat der Gegenwart, insbesondere und gerade auch in den letzten Jahrzehnten, erfahren hat.

Jede politisch-repräsentative, also insbesondere auch parlamentarische Instanz kann, wie in anderem Zusammenhang näher ausgeführt worden ist [3]), ihre repräsentativen Funktionen nur erfüllen, wenn sie durch die repräsentierte Volksgesamtheit dazu legitimiert wird. Eine solche Legitimierung fordert, daß der Anspruch, auf Grund dessen eine Instanz das Volksganze zu repräsentieren behauptet, von der repräsentierten Volkseinheit als dem Grunde nach zu recht bestehend anerkannt wird. Es genügt somit nicht, daß eine Instanz sich als zur repräsentativen Herrschaftsausübung legitimiert betrachtet oder sich als Repräsentant geriert. Hinzukommen muß vielmehr stets entscheidend der Glaube des Volkes an den Legitimitätsanspruch der repräsentativen Instanzen. Erst hierdurch entsteht der »contact«, die »correspondence«, das Vertrauensverhältnis zwischen Repräsentanten und Repräsentierten.

Dieser Legitimitätsanspruch wird nun in der Demokratie im Gegensatz zur Monarchie nicht transzendent, sondern immanent, d. h. mit dem Willen der zu repräsentierenden Volksgemeinschaft begründet. Insbesondere das Parlament kann — und zwar nicht nur in der Demokratie — seine repräsentative Legitimität nur in dieser Weise begründen. Niemals in der Geschichte ist die repräsentative Parlamentsherrschaft religiös und damit transzendent-irrational gerechtfertigt worden. Und die Wahlen haben in diesem Zusammenhang den parlamentarischen Körperschaften gegenüber die Funktion, den Glauben an deren immanent repräsentative Legitimität in der Volksgemeinschaft zu begründen und zu erhalten [3a]).

Hiermit soll nicht gesagt sein, daß jede immanente d. h. auf den Volkswillen zurückgehende Legitimierung einer repräsentativen Instanz auch in der Demokratie auf Volkswahlen beruhen muß. Die repräsentativen Instanzen können auch heute noch auf andere Weise legitimiert werden, etwa durch das Charisma des Führers, mit Hilfe traditionaler Kräfte, möglicherweise auch durch einen der Intention nach repräsentationsbegründenden Verfassungssatz. Immerhin ein an den politischen Entscheidungen maßgeblich beteiligtes Parlament, das den Anspruch auf Repräsentation des Volksganzen erhebt, wird in der Gegenwart seine

---

[3]) Näher Leibholz, Das Wesen der Repräsentation 1929 S. 140 ff.

[3a]) Wie völlig unzulänglich die bisher allein sog. juristischen Versuche der Analyse des Wahlaktes sind, zeigen etwa die Ausführungen von Hatschek, Das Parlamentsrecht des deutschen Reiches 1915 S. 349 ff. und die dort erwähnten Theorien.

immanent repräsentative Legitimität ohne Volkswahlen nicht tatsächlich begründen können. Oberhäuser in der typischen Gestalt des 19. Jahrhunderts sind heute, auch wenn deren Mitglieder von den Verfassungen als Repräsentanten bezeichnet und formal-juristisch den Mitgliedern der zweiten Kammern gleichgestellt werden, als politisch entscheidende, repräsentative Instanzen nicht mehr denkbar. Die rein normative Legitimität genügt heute nicht mehr, um legitimierend und damit repräsentationsbegründend zu wirken. Daher hatten die Liberalen aller Schattierungen und aller Länder in einem gewissen Sinne Recht, als sie zur Zeit der Entstehung des klassischen Repräsentativsystems in der konstitutionellen Monarchie die Volkswahlen, die an sich nicht in einem wesensnotwendigen Zusammenhang mit dem politischen Begriff der Repräsentation stehen, in diesem Zusammenhang doch als zum Wesen des Repräsentativsystems gehörig bezeichneten und dem König das Recht bestritten, sich in die Bildung der Volkskammer einzumischen, da hierdurch der repräsentative Charakter derselben zerstört und sie zu einem »künstlichen Organ«, einem »Teil der Regierung« gemacht werden würde.

Wie nun diese legitimierend und repräsentationsbegründend wirkenden Volkswahlen auch im einzelnen beschaffen sein mögen, sicher ist, daß diese niemals den Tatbestand der parlamentarischen Repräsentation mathematisch zu erklären vermögen. Auch das demokratischste Wahlrecht in seiner konsequentesten Form, das Verhältniswahlsystem der gebundenen Liste, wird immer nur einen Bruchteil der Bevölkerung, niemals aber die Volksgesamtheit erfassen [3b]), die aber ihrerseits nach dem Grundgedanken des repräsentativen Parlamentarismus die allein durch das Parlament repräsentierte, ideelle Einheit darstellt.

Weiter ist sicher und wird durch die Geschichte des parlamentarischen Wahlrechts [4]) belegt, daß ganz verschiedene konkrete Wahlsysteme die repräsentativen Qualitäten einer parlamentarischen Körperschaft zu begründen vermögen. In England z. B. ist die parlamentarische Repräsentation auf einem ausgesprochen aristokratisch-plutokratischen Boden erwachsen und funktionierte das parlamentarische Repräsentativsystem tatsächlich zu der Zeit am besten, als das Wahlrecht der Masse noch in einem gewissen Sinne plutokratisch gebunden war. In dem gleichen Sinne hat in Preußen-Deutschland die Staatstheorie im letzten Jahrhundert eine Beschränkung des Wahlrechts auf bestimmte Personenkreise und die Bindung des Wahlrechts an

---

[3b]) Über die komplexe Masse der Nichtwähler Meyer, Annalen des Deutschen Reiches Bd. 64 (1931) S. 253 ff.

[4]) Zu dieser vor allem Georg Meyer, Das parlamentarische Wahlrecht 1901 Erstes Buch.

ein bestimmtes Vermögen oder Einkommen oder eine Staffelung nach plutokratischen Maßstäben — etwa im Sinne des preußischen Dreiklassenwahlsystems — für mit den Grundlagen der parlamentarischen Repräsentation vereinbar gehalten. An sich ist also unter Umständen ein nach der politischen Gewichtigkeit der Staatsbürger abgestuftes, dynamisches oder aristokratisches oder plutokratisches Wahlsystem ebenso in der Lage, die repräsentativen Qualitäten einer parlamentarischen Körperschaft sicherzustellen, wie das der modernen Staatspraxis geläufige, allgemeine und gleiche Wahlrecht.

Diese Einsicht schließt nicht aus, daß gewisse Wahlrechtssysteme, die früher einmal tatsächlich legitimierend und damit repräsentationsbegründend gewirkt haben, in der Gegenwart diese politische Kraft nicht mehr besitzen. Es ist nicht nur denkbar, sondern wird durch die politische Wirklichkeit immer wieder von neuem bezeugt, daß innerhalb einer Gemeinschaft die politischen Wertvorstellungen gegenüber einem konkret geltenden Wahlverfahren sich ändern, und daß diese dann dazu führen, daß Wahlsysteme, die in einer bestimmten historischen Situation die Funktion der Legitimierung gegenüber parlamentarischen Körperschaften besessen haben, diese Kraft und Fähigkeit zur repräsentationserzeugenden Legitimierung einbüßen.

Was nun insbesondere die früher üblichen Beschränkungen des Wahlrechts angeht, so sind diese ebenso wie der klassische repräsentative Parlamentarismus, dem sie seine Entstehung verdanken, letzthin ein Produkt des Liberalismus d. h. der auf Emanzipation des Bürgertums gerichteten Bewegung. Nach dem Grundgedanken dieses politischen Systems sollen die Glieder der parlamentarischen Körperschaften, die auf Grund einer schöpferischen Diskussion und eines freien wechselseitigen Meinungsaustausches Beschlüsse von besonderem, inhaltlichen Werte fassen sollen, auch Träger eines bestimmten personalen Eigenwertes sein. Nach dieser Auffassung soll sich das Parlament aus der Elite, der Aristokratie des Volkes, aus den, wie es bei bekannten liberalistischen Schriftstellern heißt, nicht durch Geburt, sondern durch »Geist, Scharfsinn und Bildung« ausgezeichneten Persönlichkeiten zusammensetzen, die ihrerseits auf die durch sie geführte Gemeinschaft integrierend zurückwirken sollen. In diesem Sinne ist die heute immer wieder erhobene Forderung nach einer Persönlichkeitswahl als einer besonderen Art Führerauslese eine Forderung, die sich tatsächlich institutionell aus dem repräsentativen Parlamentarismus ergibt.

Nach der herrschenden Ideologie des fortschrittlich rechtsstaatlich denkenden Bürgertums dienten nun diese früher üblichen verschiedenartigen Beschränkungen des aktiven und passiven Wahlrechts, vor allem soweit sie plutokratischer oder bildungsmäßiger Natur waren, dazu, um die Staatsbürger, die angeblich einen höheren Wert besaßen als die undifferenzierte Masse der Staatsgenossen, von dieser zu unterscheiden. Durch diese Beschränkungen sollte nach dieser Auffassung rein äußerlich die größtmögliche Gewähr für die Wahl tatsächlich nur staatsmännisch begabter, integrierend wirkender Persönlichkeiten gegeben sein.

Sicher ist nun, daß eine parlamentarische Repräsentation des Volkes auf Grund von Bildung und Besitz in der Gegenwart — und nicht nur bei uns — nicht möglich ist, und daß die typisch-liberalistischen Wahlrechtsbeschränkungen heute in einer parlamentarisch repräsentativen Demokratie dazu führen würden, daß dem konkret geltenden Wahlverfahren der repräsentationsbegründende, legitimierende Charakter abgesprochen werden müßte. Die allgemeine politische Entwicklung, die sich in dem Übergang vom »Obrigkeitsstaat« zum »Volksstaat« vollzogen hat, spiegelt sich auch in der Geschichte des parlamentarischen Wahlrechts wieder. Ihren Ausdruck findet diese fortschreitende Demokratisierung des Wahlrechts im letzten Jahrhundert in dem ständig sich weiter radikalisierenden, allgemeinen und gleichen Wahlrecht, das auch äußerlich noch monarchisch strukturierte Staaten allmählich entscheidend demokratisiert hat.

Ein Irrtum ist es allerdings, zu glauben, als wäre das allgemeine und gleiche Wahlrecht eine Erfindung der modernen Demokratie. In Wirklichkeit gibt es überhaupt nicht einen ein für allemal feststehenden, apriorischen Begriff des allgemeinen und gleichen Wahlrechts [5]). Dieses ist vielmehr in seiner konkreten Gestalt von den zeitlich wie räumlich bedingten, sozialen und politischen Verhältnissen abhängig. Auch ein aristokratisch-plutokratisches Wahlrecht im Sinne der konstitutionellen Monarchie kann möglicherweise allgemein und gleich sein. Entscheidend ist immer, welchen konkreten politischen Gehalt eine Gemeinschaft für eine bestimmte historische Situation mit dem Begriff des allgemeinen und gleichen Wahlrechts verbindet.

Für die moderne, auf die politische Emanzipation der Unterschicht gerichtete Demokratie ist, wie schon früher von Thoma [6]) klargestellt worden ist, für den Begriff der Wahlrechtsgleichheit eine auf sozialer Motivation beruhende, weitgehende Formalisierung charakteristisch [7]). Nur deshalb bezeichnet man so häufig

[5]) Vgl. etwa auch W. Jellinek, Verfassung und Verwaltung 1927 S. 49; Nevermann, Die Auflösung der Hamburgischen Bürgerschaft 1931, S. 27 f., 58.

[6]) Erinnerungsgabe für Max Weber 1923 Bd. II S. 39 ff.

[7]) Dazu die Nachweise in der Jur. Woch. 1929 S. 3042 f.; ferner W. Jellinek, Archiv d. öff. Rechts N. F. Bd. 15 S. 111; E. Jacobi in einem ungedruckten Gutachten zur Rechtsgültigkeit d. preuß. Wahlgesetzes; Hartmann in der Ehrengabe für den deutschen Juristentag in Lübeck 1931 S. 205 f.

— und funktionell gesehen nicht mit Unrecht — die auf dem modernen, allgemeinen und gleichen Wahlrecht beruhende Demokratie als eine Formaldemokratie. Unbeschadet der sozialen Wertverschiedenheit der einzelnen Glieder des Staatsganzen wird in dieser jede Stimme grundsätzlich absolut gleich bewertet. Deshalb ist wohl ein Klassen- und Pluralwahlrecht mit der formalen Wahlrechtsgleichheit unvereinbar, nicht aber etwa der Ausschuß der Frauen vom Wahlrecht, weil dieser nicht im erwähnten Sinn sozial motiviert sein würde.

Die formale Struktur der Wahlrechtsgleichheit zeigt sich auch in der üblichen theoretischen Aufspaltung dieses Begriffes, nämlich der Unterscheidung zwischen der Gleichheit und der Allgemeinheit der Wahl[8]). Während das Gebot der Gleichheit der Wahl bekanntlich verbieten soll, das Stimmgewicht der zur Wahl zugelassenen Wählermassen willkürlich etwa nach Bildung, Wohnsitz, Klasse, Vermögen zu differenzieren — in diesem Sinn hat die Weimarer Reichsverfassung die Wahlrechtsgleichheit rezipiert —, soll die Allgemeinheit der Wahl den unberechtigten Ausschluß der Staatsbürger vom Wahlrecht überhaupt verbieten, also etwa den Ausschluß bestimmter oder doch jedenfalls bestimmbarer Personen ebenso wie den willkürlich allgemeinen Ausschluß etwa bestimmter Berufsstände, Konfessionen, Volksklassen und Bildungsschichten. In Wirklichkeit gehören die so formalisierten Begriffe der Allgemeinheit und Gleichheit der Wahl zusammen und enthält das Gebot der Allgemeinheit der Wahl nichts anderes wie eine nach bestimmter Richtung hin konkretisierte Forderung der formalen Wahlrechtsgleichheit. Denn ob auf Grund einer sozial unzulässigen Motivation bestimmte Bevölkerungsschichten vom Wahlrecht überhaupt ausgeschlossen oder durch eine Minderbewertung ihres Stimmgewichts schlechter behandelt werden als andere Schichten, ist nicht von sachlich unterscheidender Bedeutung.

Diese formale Wahlrechtsgleichheit widerstreitet an sich bereits der klassischen liberalistischen Grundauffassung vom Wesen des repräsentativen Parlamentarismus, nach dem wesentlich Verschiedenes auch verschieden behandelt werden muß[8a]). Insofern steht dieser Satz der Wahlrechtsgleichheit auch im Gegensatz zu dem allgemeinen Satz von der Gleichheit vor dem Gesetz, der nicht in dieser Weise radikalisiert ist und in seiner umfassenden Bedeutung noch heute liberalistisch, wenn auch bereits stark sozial affiziertes, rechtsstaatliches Gedankengut enthält.

Hiernach wird auch verständlich, warum mit der fortschreitenden massendemokratischen Formalisierung des allgemeinen

---

[8]) Zu diesen Begriffen aus der jüngsten Literatur etwa Pohl, Handbuch d. deutschen Staatsrechtes I (1930) S. 387 f.; Wenzel ebenda S. 610.

[8a]) Auf diesen Widerspruch hat auch schon Hasbach, Die moderne Demokratie 1921 S. 287 f. aufmerksam gemacht.

und gleichen Wahlrechts bereits unter dem Mehrheitswahlsystem die Grundlagen des repräsentativen Parlamentarismus fragwürdig zu werden anfingen. Schon unter diesem Wahlrecht wurde in einem gewissen Sinn die reine Persönlichkeitswahl problematisch und die Entschließungsfreiheit der Abgeordneten, die wesensmäßig zum politischen Begriff der Repräsentation gehört, durch die Parteien beengt, wenn nicht aufgehoben. Wie bedroht der repräsentative Parlamentarismus bereits Mitte und Ende des 19. Jahrhunderts war, zeigt vielleicht am deutlichsten der Kampf, der während dieser Zeit in den verschiedenen kontinental europäischen Staaten gegen die Anerkennung und Legalisierung der Parteien geführt und für Preußen-Deutschland von Triepel [8b]) des näheren jüngst eindrücklichst geschildert worden ist.

Diese Entwicklung ist durch die Einführung des Verhältniswahlrechts entscheidend weiter fortgeführt worden. Dies zeigt sich besonders deutlich bei der Umbildung der allgemeinen Wahlrechtsgrundsätze durch das Verhältniswahlrecht.

Zunächst ist der Grundsatz der Allgemeinheit und Gleichheit der Wahl durch den Proporz noch weiter formalisiert worden. Im Gegensatz zum Mehrheitswahlsystem hat jetzt auch jede Stimme grundsätzlich gleiche Kraft, also nicht nur gleichen Zählwert, sondern auch gleichen Nutz- und Erfolgswert. Allerdings liegt auch dieser weiter formalisierten Wahlrechtsgleichheit auch heute noch letzten Endes eine materiale oder, wenn man will, relative Gleichheit zugrunde [9]). Ihrer Radikalisierung sind auch in der Gegenwart noch gewisse wertbezogene Grenzen gesetzt. Beschränkungen des Wahlrechts, die sich aus der Natur, dem Wesen des Verhältniswahlrechts ergeben oder aus zwingenden staatspolitischen Gründen heraus sachlich vernünftig gerechtfertigt werden können, sind auch heute noch zulässig.

Hiernach hat der Staatsgerichtshof Recht, wenn er in seiner bekannten Rechtsprechung zur Rechtsgültigkeit der einzelnen Landeswahlgesetze [9a]) immer und immer wieder bemerkt hat, daß die Gleichheit im Sinne des Art. 17 RV. »eine erweiterte Bedeutung bekommen hat« und »formal gefaßt werden muß« [9b]).

[8b]) Staatsverfassung und die politischen Parteien 1928 S. 12 f.; Einzelheiten etwa auch noch bei Treitschke, Politik I (1918) S. 147 f.

[9]) Dies wird vielfach verkannt; z. B. jüngst wiederum von Rosenberg, Art. 17 der Reichsverfassung, Diss. 1930 S. 55 ff. Im Sinne des Textes näher Leibholz, Jur. Woch. 1929 S. 3042 f.; außer der dort erwähnten Literatur noch Apelt, Archiv d. öffentl. Rechts N. F. 18 S. 124 f.

[9a]) Hierzu jetzt die zusammenfassende Übersicht bei Urbich, Die Entscheidungen des Staatsgerichtshofes über Wahlgesetze in den Annalen für das Deutsche Reich Bd. 63 (1930) S. 384 ff.

[9b]) Lammers-Simons, Die Rechtsprechung des Staatsgerichtshofes usw. z. B. Bd. I (1929) S. 336, 347, 405 und Bd. II (1930) S. 142. Dazu etwa auch noch Urbich a. a. O. 390 f.

Aber nicht minder Recht hat der Staatsgerichtshof, wenn er in der Folge bemerkt, daß das Maß der Wahlrechtsgleichheit sich nur im Rahmen des jeweiligen Wahlrechtsganzen bestimmen läßt [10]), und wenn er später in tatsächlich sachlicher Abänderung seiner ursprünglichen Stellungnahme in der Entscheidung zur Rechtsgültigkeit des preußischen Landeswahlgesetzes den Wahlgleichheitsbegriff ausdrücklich nicht mehr für einen logisch mathematischen Begriff erklärt, der »für irgendwelche Bewertungen keinen Raum läßt«, sondern für einen Rechtsbegriff, d. h. einen Begriff, in dem wertbezogene »Übergänge und Abstufungen denkbar und möglich« sind [11]).

Und ebenso wie die Bestimmungen des preußischen Landeswahlgesetzes für rechtsgültig erachtet werden müssen [12]), müssen auch die meisten anderen, auf der gleichen Motivation beruhenden Beschränkungen der Wahlrechtsgleichheit, wie sie sich etwa im Reich, den deutschen Ländern, den verschiedensten Wahlreformprojekten (insbes. z. B. dem Entwurf des demokratischen Arbeitsausschusses) und in anderen Staaten [13]) finden, für zulässig gehalten werden. In diesem Sinne hat auch der österreichische Verfassungsgerichtshof in Anlehnung an die Judikatur des deutschen Staatsgerichtshofs mit Recht die Grundmandatsbestimmung der österreichischen Nationalratswahlordnung für gültig erachtet [14]).

---

[10]) Lammers-Simons, Die Rechtsprechung des Staatsgerichtshofs II S. 146.

[11]) Ausgewählte Entscheid. des Staatsgerichtshofs f. d. Deutsche Reich usw. herausgegeben von Bumke H. 2 (1930) S. 15.

[12]) Denn die Beschränkungen dieses Gesetzes halten sich noch »innerhalb der engen Grenzen, die dem Gesetzgeber gezogen sind ... und über deren Innehaltung der Gesetzgeber zu entscheiden hat« (näher a. a. O. 15, 16). Diese Entscheidung des Staatsgerichtshofs befindet sich in Übereinstimmung mit der Entstehungsgeschichte (dazu Koch, Jur. Woch. 1930 S. 106 f.) wie der Rechtsprechung des preußischen wie des Wahlprüfungsgerichtes des Reiches (dazu RuPr. V. Bl. Bd. 51 S. 106 u. Jur. Woch. 1930 S. 1253 f.). Auch die entsprechenden Bestimmungen des preußischen Wahlgesetzes für die Provinziallandtage und Kreistage v. 7. Oktober 1925 sind vom Staatsgerichtshof am 21. Nov. 1930 für verfassungsmäßig erklärt worden; vgl. RGE. in ZS. Bd. 130 Anhang S. 9 ff., 17 ff.

[13]) Belege bei Braunias, Rechtsgleichheit und Staatspolitik in Zeitschrift f. Politik Bd. 19 S. 475 ff.

[14]) Ebenso Seipel in Das neue Reich Bd. 13 (1930) S. 179. Insbesondere zu den Entscheidungen des Verfassungsgerichtshofes auf Grund der Beschwerden des Landbundes für Österreich und der deutschen nationalsozialistischen Arbeiterpartei Kier, Grundmandat und Splitterpartei i. Zeitschrift f. öff. Recht Bd. XI H. 2 S. 279 ff., der im Gegensatz zum Verfassungsgerichtshof allerdings einschränkende Bestimmungen gegen die Splitterparteien nur insoweit für rechtsgültig erklärt, als sie den rein mathematischen Wahlquotienten oder den Pernoletschen Quotienten (Zahl der Wahlberechtigten dividiert durch die Zahl der Abgeordneten) zur Grundlage haben.

Eine Frage für sich ist dagegen bereits z. B., ob die vom bayrischen Staatsgerichtshof [15]), wenn auch unter Vorbehalt für gültig erachteten Bestimmungen des bayrischen Landeswahlgesetzes, nach denen die Einwohnerzahl und nicht die Zahl der Wahlberechtigten für die Zahl der im einzelnen Wahlkreis zu wählenden Abgeordneten maßgebend ist, verfassungsrechtlich bedenkenfrei sind. Denn durch diese Wahlkreisgeometrie wird und zwar ohne zwingenden Grund oder, wie der Reichsstaatsgerichtshof sagen würde, ohne »wirklich dringendes Bedürfnis« ein verstecktes, das Stimmgewicht differenzierendes Pluralwahlrecht geschaffen, indem einem Wahlkreis mit einer geringen Anzahl Wahlberechtigter der gleiche Einfluß eingeräumt wird wie einem Wahlkreis mit verhältnismäßig viel Wahlberechtigten [16]). Aus dem gleichen Grunde würde eine etwaige Proportionalisierung der vorrevolutionären Wahlkreiseinteilung unzulässig sein, der schließlich weder die Einerzahl noch die Zahl der Wahlberechtigten, sondern objektiv gesehen die reine Willkür zugrundegelegen hat und bestehen gegen den § 21 des letzten offiziellen Entwurfes des Reichsinnenministeriums, der zum Teil zu groben Mißständen führen würde, erhebliche verfassungsrechtliche Bedenken.

Auch der Grundsatz der Unmittelbarkeit der Wahl erfährt durch das Verhältniswahlrecht einen grundlegenden Wandel. In der Regel pflegt man allerdings zu sagen, daß dieser Grundsatz bei uns, insbesondere durch die parteimäßig gebundene Kandidatennominierung wie durch das Reststimmenverwertungsverfahren, in verfassungsrechtlich zulässiger Weise modifiziert worden ist [17]). Dies ist indessen nicht richtig. Es gibt nicht modifiziert unmittelbare, sondern in Wirklichkeit nur unmittelbare oder mittelbare Wahlen. Und tatsächlich ist die Wahl heute bei uns — das hat schon sehr richtig die der Nationalversammlung zugeleitete Regierungsvorlage zum heutigen Reichswahlgesetz bemerkt — durch die Verhältniswahl im Sinne des Art. 17 RV. zu einer mittelbaren Wahl geworden [17a]). Von einer solchen

[15]) Bayerische Verwaltungsblätter Bd. 78 (1930) S. 90 f.

[16]) Zahlenbelege bei Schauff, Neues Wahlrecht 1929 S. 223 f; vgl. auch Urbich, Annalen des Deutschen Reiches Bd. 63 S. 398 f. Ob dabei die Chancen für die einzelnen Parteien in den Wahlkreisen an sich die gleichen sind (so Lent, Bayer. Verwaltungsblätter 1930 S. 184 f.), ist demgegenüber unerheblich. Mit diesem Hinweis könnten auch die gröbsten Verstöße gegen eine gerechte Wahlkreisgeometrie als mit dem Begriff der Wahlgleichheit vereinbar bezeichnet werden.

[17]) Aus der Rechtsprechung z. B. Lammers-Simons, Die Rechtsprechung des Staatsgerichtshofes Bd. I S. 328, 329 und ausgew. Entscheid. d. StGH. a. a. O. 13; ferner der bayrische Staatsgerichtshof in Gesetz u. Verordnungsblatt f. d. Freistaat Bayern 1930 S. 87.

[17a]) Zu dieser Feststellung bedarf es nicht der Annahme eines besonderen Bedeutungswandels, wie v. Jan, Bayr. Verwaltungsblätter. Bd. 79

muß man nämlich nicht nur dann sprechen, wie dies bei uns auf Grund historischer Erfahrungen meist geschieht, wenn zwei förmliche Wahlgänge stattfinden, ein Wahlgang, bei dem die Wähler die Wahlmänner und ein zweiter Wahlgang, bei dem die Wahlmänner die Abgeordneten wählen, sondern schon dann, wenn der Aktivbürgerschaft die Möglichkeit genommen ist, die zukünftigen Abgeordneten selbsttätig zu bestimmen. Man hat nicht ganz mit Unrecht das heutige, oligarchisch organisierte, monopolartige Benennungsrecht der Parteien, das geradezu zu einem Kooptationsrecht wird, wenn diese die Kandidaten an sicherer Stelle placieren, als ein lediglich die übliche Reihenfolge der mittelbaren Wahl umkehrendes Wahlsystem bezeichnet [18]), bei dem üblicherweise der zu zweit vorgenommene Wahlakt zuerst und zwar in den Delegiertenversammlungen der Parteien stattfindet.

Ob die einzelnen Wahlbewerber dabei wie in der Regel vor der Wahl oder wie z. B. nach der früheren Bestimmung des bayrischen Landeswahlgesetzes nach der Wahl als sogenannte Landesabgeordnete von den Parteien benannt werden, ist sachlich nicht von entscheidender Bedeutung. Der Entscheidung des bayrischen Staatsgerichtshofes, in der allein ein solch nachträgliches Benennungsrecht als mit dem Grundsatz der Unmittelbarkeit der Wahl unvereinbar bezeichnet wurde, ist daher mit Recht entgegengehalten worden, daß es bei der Frage — ob Unmittelbarkeit oder Mittelbarkeit der Wahl — nicht entscheidend auf den zufälligen Zeitpunkt abgestellt werden könne, in dem die Parteien ihr Nominationsrecht ausüben [19]). Bei den auf der Reichs- oder Landeswahlliste zu wählenden Kandidaten sowie etwa der nachträglichen Benennung der Abgeordneten durch die Parteien tritt die Zurückdrängung des unmittelbaren Einflusses der Aktivbürgerschaft in Wirklichkeit nur besonders deutlich in Erscheinung.

Nur so wird auch verständlich, warum heute in so weiten Kreisen gerade die Aufhebung der Unmittelbarkeit der Wahl beklagt und die Forderung nach Wiederherstellung eines unmittelbar persönlichen Vertrauensverhältnisses zwischen Ab-

---

(1931) S. 114 offenbar will. Zur grundsätzlichen Unvereinbarkeit der Unmittelbarkeit der Wahl und der Verhältniswahl auch schon Pfister, Verhältniswahl ohne Wahlvorschläge i. d. Annalen des Deutschen Reiches 1918 Sep. Abdruck S. 15 ff.

[18]) Pfister, Zeitschr. f. öff. Recht Bd. VIII (1929) S. 200; im gleichen Sinn etwa auch Mierendorff in Schauff, Neues Wahlrecht S. 19. Näher über das gesamte Nominationsverfahren, vor allem den Nominationsakt selbst und dessen Verbindung mit den allgemeinen Wahlrechtsgrundsätzen jetzt noch Hartmann, Die politische Partei in der tschechoslowakischen Republik 1931 S. 141 ff.

[19]) v. Jan, Bayer. Verwaltungsblätter Bd. 78 (1930) S. 67.

geordneten und Wähler erhoben wird. Hat doch diese Forderung dazu geführt, daß verschiedene Wahlreformprojekte, darunter auch der letzte amtliche Entwurf, die Aufhebung der Reichsliste oder sogar darüber hinaus des ganzen Listenwahlsystems empfohlen haben.

Diese strukturellen Veränderungen der Wahlrechtsgrundsätze durch den Proporz sind nur Auswirkungen des Grundgedankens des Verhältniswahlrechts überhaupt. Beim Mehrheitswahlsystem soll, wie bekannt ist, der Wahlakt das Volk unmittelbar in die Lage versetzen, in freier schöpferischer Willensbildung nach Möglichkeit von den Parteien unabhängige, politische Persönlichkeiten zu wählen [20]). Durch diesen wirklichen Kampf um die politische Führung erhält das Mehrheitswahlsystem den ihm eigenen, lebendigen, höchstpersönlichen Charakter und der Wahlakt, wie Smend sagt, seine besondere, schöpferisch dialektische Funktion [21]). Bei dem Verhältniswahlsystem kommt es dagegen nicht auf Sieg und Kampf, sondern allein entscheidend auf die zahlenmäßig exakte und damit gerechte Erfassung der Stimmen der Aktivbürgerschaft an [22]). Je besser das Rechenverfahren, um so vollendeter das Verhältniswahlsystem. Georg Meyer hat aus diesem Grunde nicht ganz mit Unrecht schon 1901 das Verhältniswahlrecht mehr als ein Wahlrecht der Mathematiker als der Politiker bezeichnet [23]). Und durch dieses Streben erhält der Proporz die ihm eigene, rational unpersönliche Struktur, von der alle Einrichtungen, die vom Proporz ergriffen werden, affiziert werden. Dies wirkt sich hin bis zur Wahlprüfung aus, von der jüngst mit Recht bemerkt

---

[20]) Der Grundsatz der Unmittelbarkeit der Wahl gehört, wie gegenüber Nawiasky, Archiv d. öff. Rechts N. F. Bd. 20 S. 170 f., insbes. S. 173 bemerkt werden muß, wesensmäßig zur Persönlichkeitswahl des Mehrheitswahlsystems.

[21]) Demgegenüber liegt die Frage nach der Gerechtigkeit des Wahlergebnisses auf einer ganz anderen Ebene. Vgl. auch Geßler, Die Träger der Reichsgewalt 1931 S. 52. Deshalb kann auch gegen das Mehrheitswahlsystem aus der Tatsache, daß dasselbe zu einem versteckten Pluralwahlrecht der räumlich massierten Parteien oder wie z. B. bei den französischen Arrondissementswahlen dazu führt, daß nur 50% der ihr Wahlrecht ausübenden Bürgerschaft durch die Abgeordneten rechrerisch erfaßt werden, kein entscheidender Einwand hergeleitet werden. Beim relativen Mehrheitswahlsystem erlangt im übrigen sogar nicht selten eine absolute Minderheit die absolute Mehrheit der Parlamentssitze. In England, dessen Wahlsystem Loyd George gelegentlich mit dem Roulettespiel von Monte Carlo verglichen hat, hatten z. B. 1924 die Konservativen nur 48% der Gesamtstimmen, aber doch 66% aller Mandate auf sich vereinigt.

[22]) So auch Kelsen, Vom Wesen und Wert der Demokratie 2. Aufl. 1929 S. 58 f. Zuvor schon im gleichen Sinne aus der Fülle der Literatur etwa v. Recklinghausen, Zeitschrift f. Politik Bd. XI (1918) S. 82.

[23]) Wahlrecht a. a. O. 648.

worden ist [24]), daß diese heute, gleichgültig ob zur Ausübung der Wahlprüfung Gerichte oder parlamentarische Körperschaften berufen sind, fast vollständig ihren früheren politischen Charakter verloren hat und eine im wesentlichen technische, also unpolitische Tätigkeit geworden ist.

Kurzum, das Verhältniswahlsystem erfüllt nicht mehr wie das Mehrheitswahlsystem im repräsentativen Parlamentarismus repräsentationsbegründende oder, wie Smend [25]) sagt, integrierende, sondern nur noch — und hierin zeigt sich der grundlegende inhaltliche Bedeutungswandel der Wahl, auf den auch C. Schmitt aufmerksam macht — rechenmäßig statistische Funktionen [26]). Der Wahlakt führt nicht mehr wie beim Mehrheitswahlsystem zur Überwindung der im Volke vorhandenen Gegensätze, sondern lediglich zur Offenbarung ihrer zahlenmäßigen Stärke [27]). Er ist in Wahrheit heute eine Heerschau, eine Bestandsaufnahme der in Parteien zusammengefaßten Aktivbürgerschaft, aber nicht mehr eine wirkliche »Wahl« [28]); diese wäre an sich überhaupt entbehrlich, wenn die gesamte Aktivbürgerschaft, wie es vom Parteienstaat an sich vorausgesetzt wird, an die politischen Parteien organisationsmäßig gebunden sein oder sich doch jedenfalls an diese gebunden fühlen würde. Solange dieser im Sinne des Parteienstaates ideale Status nicht zu verwirklichen ist — und er ist nicht zu verwirklichen, da die Aktivbürgerschaft in jedem Parteienstaat nur zu einem geringen Prozentsatz, bei uns z. B. nur zu knapp 10%, organisiert ist —, haben die Wahlen außer den rein statistischen Funktionen noch die weitere, die nicht organisierte Wählerschaft, die an sich organisiert sein sollte, zum politischen Bekenntnis im Sinne des Parteienstaates zu zwingen. Nur um die nichtorganisierte und sich nicht gebunden fühlende Wählerschaft geht heute eigentlich der Wahlkampf, der insoweit, wie schon sehr richtig Carl Schmitt bemerkt hat, in Wirklichkeit ein rein plebiszitärer, d. h. der unmittelbaren Demokratie zugehöriger Vorgang ist. Wenn dieser Wahlkampf im Gegensatz zu seiner wesensmäßigen Tendenz und auch den Erfahrungen des letzten Jahrzehntes wiederum heute bei uns einen so intensiven Spannungsgrad erreicht, so liegt dies allein an der abnormen

---

[24]) Ball, Das materielle Wahlprüfungsrecht 1931 insbesondere S. 207 ff.

[25]) Verfassung und Verfassungsrecht 1928 S. 91.

[26]) C. Schmitt (Der Hüter der Verfassung 1931 S. 87; vgl. auch schon D. Jur. Zeit. 1931 Sp. 10) spricht in diesem Sinne schon von dem Wahlakt als »einer statistischen Gruppierung und Aufteilung der Wählermassen nach einer Mehrzahl von Parteilisten«.

[27]) Dazu auch Hula, Zeitschrift f. öff. Recht Bd. VI S. 224; Kelsen, Demokratie S. 59; E. Kaufmann, Zur Problematik des Volkswillens 1931 S. 17 f.

[28]) Vgl. etwa auch Wieser, Gesetz der Macht S. 50.

Gegenwartssituation, die ihre besonderen bekannten Ursachen hat, und die dem plebiszitären Unsicherheitsfaktor, der sich aus der mangelnden parteimäßigen Organisierung der Aktivbürgerschaft ergibt, sein über das normale Maß hinausgehendes, besonderes Gewicht leiht. Diese Tatsache darf aber nicht darüber hinwegtäuschen, daß diese Spannung eine im Grunde genommen mehr zufällige und nicht zwangsläufig bedingte ist wie beim Mehrheitswahlsystem [29]).

Tatsächlich sind die angedeuteten strukturellen Verschiedenheiten zwischen Mehrheits- und Verhältniswahlsystem letzten Endes nichts anderes wie der äußere Ausdruck des Gegensatzes von repräsentativem Parlamentarismus, der demokratisch sein kann, aber — man denke etwa an die konstitutionelle Monarchie — nicht sein muß, und des modernen massendemokratischen Parteienstaats, der, sofern nicht diktaturförmig regiert wird, die Ausdrucksform des politischen Lebens der Gegenwart ist. Das Verhältniswahlrecht, dessen Einführung, wie schon Thoma bemerkt, im Sinne des konsequenten oder besser radikalen und nicht liberal egalitären Demokratismus gelegen hat, ist nur das dem modernen Parteienstaat entsprechende Wahlrecht. Dieses setzt den Bestand der politischen Parteien, die in den großen Flächenstaaten allein die Möglichkeit haben, die Massen zu politisch aktionsfähigen Gruppen zusammenzuschließen, als zulässige Organisationen voraus und verlangt die schon vielfach literarisch (und zwar aus den verschiedensten Gründen) geforderte Legalisierung der politischen Partei [30]). Und weiter ist es nur folgerichtig, daß in einem so strukturierten Gemeinwesen die Parteien und — von ihnen abhängig — die Fraktionen auch im Sinne der in ihnen zusammengeschlossenen Aktivbürgerschaft auf den Staat zu wirken und dabei den Abgeordneten die Möglichkeit zu nehmen suchen, im Sinne des repräsentativen Parlamentarismus noch selbsttätig politische Entscheidungen zu treffen [31]). Das Parlament kann eben auch die Stätte sein, wo nicht im Sinne des repräsentativen Parlamentarismus, sondern des massendemokratischen Parteienstaates — nicht auf Grund der Repräsentation, sondern der Identität — die volonté générale der Gemeinschaft gebildet wird. Damit ist zugleich die Korrekturbedürftigkeit des üblichen Einteilungsschemas unmittelbare-mittelbare Demokratie dargetan. Der Parteienstaat ist im Sinne dieses Schemas

---

[29]) Daher nicht richtig Nawiasky, Archiv d. öff. Rechts N. F. 20 S. 188, der die These von der durch den Proporz bedingten Entleerung des politischen Kampfes durch die gegenwärtigen Spannungen für widerlegt betrachtet.

[30]) Statt vieler z. B. Kelsen, Allgemeine Staatslehre 1925 S. 351 und Radbruch, Handbuch des deutschen Staatsrechts I (1930) S. 289 f., 294.

[31]) Dazu näher meine Repräsentation etwa S. 117 ff. und jetzt noch das dritte Kapitel von Hartmann, Die politische Partei S. 159 ff.

mittelbare Demokratie und doch in Wahrheit eine Demokratie, die strukturell der unmittelbaren Demokratie verwandt und daher systematisch wie verfassungstheoretisch bei dieser zu behandeln ist.

Ist das Verhältniswahlrecht nur Ausdruck des Strukturwandels der Demokratie von der repräsentativ-parlamentarischen zur parteienstaatlichen Massendemokratie, so kann das Verhältniswahlrecht mit Recht als demokratiezerstörend nur insoweit bezeichnet werden, als unter Demokratie die parlamentarisch-repräsentative, nicht aber die parteienstaatliche Massendemokratie verstanden wird [32]). Auch entspricht dieser Entwicklung nur, daß in steigendem Maße, vor allem seit Ende des letzten und Anfang dieses Jahrhunderts, insbesondere nach dem Kriege, die europäischen Demokratien, wenn auch in verschiedenen Formen, das Verhältniswahlsystem eingeführt und überwiegend trotz im einzelnen auch rückläufiger Bewegungen und Korrekturen [33]) — ebenso wie im übrigen auch grundsätzlich der letzte amtliche Wahlreformentwurf — an diesem Wahlrecht festgehalten haben [34]).

In der Weimarer RV. selbst kommt diese ganze Entwicklung zum massendemokratischen Parteienstaat ebenso wie in vielen anderen Verfassungen nur in der Einführung der Verhältniswahl selbst zum Ausdruck, während im übrigen in den wichtigsten Bestimmungen an dem klassischen säkularen Bekenntnis zum repräsentativen Parlamentarismus festgehalten wird. So ergibt sich der innere, auch durch eine andere konstruktive Deutung des Art. 21 RV. nicht zu behebende, im übrigen bereits mehrfach, insbesondere in der Nationalversammlung von Naumann bemerkte Widerspruch [35]), daß die Reichsverfassung das massendemokratische Verhältniswahlrecht und den klassischen reprä-

---

[32]) Dies wird häufig übersehen; z. B. bei Teipel in Schauff, Neues Wahlrecht S. 10.

[33]) Hierzu Braunias, Zeitschr. f. Politik Bd. 17 S. 59 f., Bd. 20 S. 115 f.

[34]) Auch in Frankreich sind trotz des zum »scrutin uninominal« zurückkehrenden Gesetzes v. 21. Juli 1927 die Reformbestrebungen zugunsten der Einführung des reinen Proportionalsystems allgemein (auf der Rechten wie der Linken) so stark, daß nach Scheuner, Jahrbuch d. öffentl. Rechtes Bd. 19 (1931) S. 151 »die Möglichkeit einer Änderung des Wahlrechts noch vor den Wahlen von 1932 nicht ausgeschlossen ist«. — Für die Einführung des bei uns von vielen (z. B. Gerland, D. Jur. Zeit. Bd. 33 (1928) Sp. 759 ff.) propagierten Mehrheitswahlsystems entfällt nach der aufgezeigten Entwurzelung des repräsentativen Parlamentarismus verfassungstheoretisch die innere Berechtigung.

[35]) Dazu Naumann, Beratungen des Verfassungsausschusses d. Nationalversammlung S. 242; G. Meyer, Wahlrecht 642; Pfister, Zeitschr. f. öff. Recht Bd. VIII S. 188/189; Heuss, Zeitschr. f. Politik Bd. 20 S. 314; Hula, Zeitschr. f. öff. Recht XI (1931) S. 368 f. In der gleichen Richtung auch die Darstellung von Geßler, Träger der Reichsgewalt S. 34 ff., insbes. S. 56.

sentativen Parlamentarismus nebeneinanderstellt [36]). — Dieses Festhalten an den repräsentativ-parlamentarischen Grundlagen vermag fernerhin auch erst den Einbau der plebiszitären Einrichtungen (wie Volksbegehren und Volksentscheid) durch die Verfassung zu rechtfertigen, für die in Wirklichkeit nach dem Strukturwandel der Demokratie kein Raum mehr ist. Denn für die parteienstaatliche Massendemokratie als das Surrogat der unmittelbaren Demokratie im Flächenstaat ist, sofern die Aktivbürgerschaft nicht im Sinne des Parteienstaates an die Parteien gebunden ist und diese damit unter die Kontrolle eines täglichen Plebiszits stellt, der Wahlakt der plebiszitäre, beliebig wiederholbare Akt, neben dem für sonstige plebiszitäre Äußerungen, wie die politische Entwicklung in England in klas-

[36]) Über verschiedene literarische Versuche, die in der Richtung gehalten sind, durch eine andere Interpretation des Art. 21 RV. diesen Widerspruch zu beheben, meine Repräsentation S. 106 ff. Nach dem jüngsten, in der deutschen Literatur von Radbruch, Handbuch d. deutschen Staatsrechts I (1930) S. 292 f. unternommenen Versuch, die politische Wirklichkeit gewordene, parteienstaatliche Massendemokratie mit Art. 21 RV. zu versöhnen, soll der einzelne Abgeordnete, der im Interesse der Parteidisziplin das persönliche Opfer seiner Überzeugung bringt, trotzdem »nur seinem Gewissen unterworfen und an Aufträge nicht gebunden« sein, wenn »sein Handeln nicht durch den Auftrag seiner Partei motiviert ist, sondern durch die Gewissenspflicht, um der Gesamtaufgabe der Partei willen ... einen kleineren Schaden in Kauf zu nehmen«. Hierdurch soll der tatsächlich unfreie zum rechtlich angeblich freien Abgeordneten im Sinne des Art. 21 RV werden. Auch der weitere Hinweis, daß der Abgeordnete trotz seiner engen Parteiangehörigkeit sich nicht als Beauftragter »lokaler, beruflicher, nationaler, religiöser Bruchteile des Volkes fühlen darf« ist rein psychologistisch und konstruktiv, da der Abgeordnete auch einer großen Partei doch in Wirklichkeit lediglich — und dies entspricht auch nur den Forderungen parteienstaatlicher Massendemokratie — das Sprachrohr der ihn kreierenden Wählerschaft ist, die doch stets irgendwie nur einen beruflichen, nationalen, religiösen Bruchteil des Volkes darstellen wird. Denn auch die Partei nimmt schließlich doch nur die bestenfalls gesamtheitsbezogenen Interessen des in ihr organisierten Bruchteils der Aktivbürgerschaft wahr. Wenn nach alledem der Abgeordnete, der lediglich im Rahmen der Gesamtaufgabe seiner Partei tätig, also tatsächlich unfrei ist, im Sinne des Art. 21 »frei« sein soll, so vermag Radbruch selbst diesem circulus nur durch die Einführung des »unechten« Parteibegriffs zu entgehen, um damit aber zugleich den Relativismus preiszugeben, den er gleich Kelsen — wenn auch zu Unrecht (hierzu jetzt Köttgen Blätter für deutsche Philosophie Bd. V H. 2/3 (1931) S. 195 f.) — als die Weltanschauung der Demokratie bezeichnet. Denn wie soll man von einer relativistischen Grundhaltung zu einem absoluten Urteil über die Echtheit oder Unechtheit der Partei gelangen? In Wirklichkeit zeigt auch diese Konstruktion, daß es unmöglich ist, einer institutionell eindeutig festgelegten Bestimmung einen ihr sachfremden, wenn auch an der politischen Wirklichkeit orientierten Inhalt zu geben.

Über in der gleichen Richtung liegende Versuche, in der Tschechoslowakei die entsprechende Verfassungsbestimmung der Wirklichkeit anzupassen, auch Hartmann, Die politische Partei, S. 246 ff.

sischer Deutlichkeit zeigt, die innere sachliche Berechtigung fehlt [36a]).

Die gekennzeichnete strukturmäßige Gegensätzlichkeit von massendemokratischem Parteienstaat und Verhältniswahlsystem auf der einen Seite, von repräsentativem Parlamentarismus und Mehrheitswahlsystem auf der anderen Seite macht endlich erst verständlich, warum Verhältnis- und Mehrheitswahlsystem sich letzten Endes gegenseitig ausschließen, und warum man nicht, ohne sich in Widersprüche zu verwickeln, die Proportionalwahl im Ergebnis wollen und sich der Formen der Mehrheitswahl bedienen kann und umgekehrt [37]). Es ist kein Zufall, daß die zahlreichen Versuche, die bei uns in den letzten Jahren im Gefolge der Wahlreformbewegung gemacht worden sind, um die Verhältniswahl unter Beseitigung des als schwer erträglich empfundenen Listenwahlsystems mit der Einwahl des Mehrheitswahlsystems zu kombinieren [38]), dieses Ziel nicht erreicht haben. Es ergibt sich nämlich — dies zeigt die Anlage zu dem letzten amtlichen Wahlreformentwurf ganz deutlich — daß man, will man im Rahmen des automatischen Verhältniswahlsystem oder außerhalb desselben die Verhältniswahl im Einzelwahlkreis durchführen, den Grundgedanken des Einer- und Mehrheitswahlsystems verfälschen muß, indem man einzelne Wahlkreise mehrfach, andere dagegen garnicht vertreten sein läßt. Zu dieser Art Wahlreformvorschlägen gehören systematisch trotz erheblicher Verschiedenheiten im einzelnen aus der jüngsten Zeit [38a]) etwa die Vorschläge von Erdmannsdörfer [39]), v. Hippel [40]), Kaisenberg [41]), Klöcker [42]) Külz [43]) und Kelsen [44]) sowie des demokratischen Arbeitsausschusses. Zu einem im wesentlichen gleichen Ergebnis gelangt man aber auch dann, wenn man die einzelnen Wahlkreise nicht

---

[36a]) Vgl. auch Mirkine-Guetzévitch, Les nouvelles Tendances du Droit Constitutionnel 1931 S. 151 f. und Le Referendum et le Parlamentarisme dans les nouvelles Constitutions i. d. Rapports f. d. Institut International de Droit public 1930 S. 31 f.

[37]) In diesem Sinne etwa schon v. Campe, Deutsche Stimmen 1929 S. 1 f.; Entwurf eines Reichswahlgesetzes 1930 S. 29. Vgl. auch Schauff, Neues Wahlrecht S. 202 ff.

[38]) Die näheren literarischen Nachweise der verschiedenen Wahlreformvorschläge bei Kaisenberg, Zeitschrift f. d. gesamte Staatswissenschaft Bd. 90 (1931) insbesondere S. 461 f.

[38a]) Aus der Vorkriegszeit vgl. z. B. Kantorowicz, Zeitschrift für Politik Bd. III (1909) S. 563 f.

[39]) Zeitschrift für Politik Bd. 20 S. 174 f.

[40]) D. Jur. Zeit. Bd. 32 (1927) Sp. 1511 f.

[41]) Handwörterbuch d. Rechtswissenschaft Bd. 5 (1928) S. 51.

[42]) Germania Nr. 506 vom 6. Dezember 1928; zur Kritik Anlage zum Entwurf d. Reichsinnenministeriums S. 24 ff.

[43]) Juristische Rundschau 1928 S. 1 f.

[44]) Z. B. Frankfurter Zeitung vom 8. September 1930; dazu näher Fleischer, Österreichische Wahlreform 1928 S. 12 ff.

im eben erwähnten Sinne als Stimmsammelbezirke, sondern die auf die Einzelwahlkreise entfallenden Abgeordneten im Sinne des Mehrheitswahlsystems tatsächlich als gewählt betrachtet. Denn auch dann muß, wie dies auch in jüngster Zeit etwa in den Vorschlägen von Heile [45]) und W. Jellinek [46]) geschehen ist um die Verhältnismäßigkeit des Gesamtergebnisses zu sichern, nachträglich eine Korrektur desselben durch Kürzung der zu stark und durch Ergänzung der zu schwach vertretenen Parteien vorgenommen werden [47]). Die Tatsache einer mehrfachen Vertretung eines Wahlkreises u. a. auch durch Abgeordnete, die nicht einmal Höchstzahlen zu erreichen brauchen, bleibt sogar dann bestehen, wenn man im Rahmen der Einerwahl die nachträgliche Berichtigung auf die Ergänzung beschränken und von der Kürzung ganz absehen würde, indem man etwa den von Jellinek verbesserten Heileschen Vorschlag zugrundelegt, nach dem 75% der Abgeordneten in Einzelwahlkreisen fest gewählt und 25% der Kandidaten nachträglich den Parteien zur ergänzenden Verteilung vorbehalten werden [48]) oder etwa diese Kandidaten einer von den Parteien aufgestellten Reichsliste entnimmt [49]). Dabei sei im übrigen bemerkt, daß man, um die Verhältnismäßigkeit der Wahl zu wahren, der Zahl der Ergänzungskandidaten nicht die Reichstagswahlen der siebziger und achtziger Jahre, sondern die heutigen Verhältnisse zugrundelegen muß und dementsprechend den Prozentsatz der Ergänzungsmandate auf 50%, wenn nicht 75% der Gesamtzahl erhöhen müßte.

Ebensowenig wie man die Einerwahl des Mehrheitswahlsystems im Rahmen der Verhältniswahl verwirklichen kann,

---

[45]) Frankfurter Zeitung vom 29. Januar 1926; zur Kritik Anlage zum Entwurf d. Reichsinnenministeriums S. 4 f., 15 f.

[46]) Archiv d. öff. Rechts N. F. Bd. 11 S. 71 ff.

[47]) Ein solches Verfahren hat wiederum seine besonderen Mißstände, auf deren Milderung eigens eine Reihe von Vorschlägen hinzielt. Hierher gehören vor allem die Vorschläge Jellineks, nach denen nur Wahlbewerber, die die zweithöchste Stimmenzahl im Wahlkreis auf sich vereinigt haben, bei dem nachträglichen Kürzungs- und Berichtigungsverfahren berücksichtigt werden sollen und im Sinne eines Ringtausches eine dritte Partei, die — selbst weder kürzungspflichtig noch ergänzungsberechtigt — in das Berichtigungsverfahren möglicherweise eingeschaltet werden soll. Zu den besonderen, die praktische Verwirklichung dieser Vorschläge ausschließenden Mängeln wiederum näher die Anlage der Denkschrift des Reichsinnenministeriums.

[48]) In der gleichen Richtung bewegt sich etwa der Vorschlag von Bornemann, Zeitschrift für Politik Bd. 20 (1930) S. 43 f. und aus der früheren Wahlrechtsliteratur der Vorschlag von Geyerhahn, Das Problem der verhältnismäßigen Vertretung 1902 S. 12 ff.

[49]) So R. Schmidt, Verhältniswahl und Führerauslese 1928 (Kieler Dissert.) S. 75 ff. und in *Schauff*, Neues Wahlrecht S. 181 ff.

kann man etwa mit dem bayrischen Staatsgerichtshof [50]) die Wahlrechtsgrundsätze der Allgemeinheit, Gleichheit und Unmittelbarkeit in der ihnen durch das Mehrheitswahlsystem gegebenen traditionellen Gestalt selbständig und unverändert neben das Verhältniswahlrecht stellen. Denn dies würde nicht, wie der bayerische Staatsgerichtshof meint, eine Kombinierung von Mehrheits- und Verhältniswahl bedeuten, sondern — weil das Wahlsystem als konkretes Ganzes eine Einheit ist — auf eine nach der Verfassung nicht zulässige Modifizierung des Proporzes, auf dem nach der Intention des Grundgesetzes der entscheidende Akzent liegen soll, zugunsten des Mehrheitswahlsystems hinauslaufen.

Die Erschütterung des repräsentativen Parlamentarismus in der Gegenwart geht aber nicht ausschließlich auf diese Entwicklung zum massendemokratischen Parteienstaat zurück. Vielmehr läuft daneben noch eine andere Entwicklung, die für den repräsentativen Parlamentarismus ebenfalls von schicksalhafter Bedeutung geworden ist. Damit meine ich die nachhaltigen Einwirkungen, die die moderne kapitalistische Wirtschaftsordnung und ihre Gegebenheiten auf den Staat und die politische Wirklichkeit ausüben.

Schon vor dem Kriege ist von Smend in Anknüpfung an Lorenz von Stein, die französischen Sozialisten und letzten Endes Hegel klargestellt worden, wie die an sich außerhalb des Staates stehenden, gesellschaftlichen d. h. vor allem klassenmäßig bestimmten Kräfte auf den Staat einzuwirken und sich desselben zur Durchsetzung ihrer besonderen wirtschaftlichen Interessen zu bedienen suchen. Von dem modernen politischen Wahlrecht und dem Parlament gilt dies in einem besonderen Maße. Im Parlament vor allem kommt seit vielen Jahrzehnten der Kampf zwischen dem politisch akzentuierten citoyen und dem allein wirtschaftlich interessierten unpolitischen Individuum zum Ausdruck. Das Parlament ist so schon in der Vorkriegszeit nach einem Ausdruck Smends zum Zwischenbau von Staat und Gesellschaft geworden [50a]).

---

[50]) Bayerische Verwaltungsblätter Bd. 78 (1930) S. 89 f. und Lent ebenda S. 177 f. insbesondere 181. Der bayerische Staatsgerichtshof befindet sich hiermit im Widerspruch zur Rechtsprechung des Reichsstaatsgerichtshofes. Vgl. z. B. RGE. in ZS. Bd. 128 S. 11 f.

[50a]) In Anlehnung an Lorenz v. Stein und Gneist; die näheren literarischen Belege hierfür bei Leibholz, Das Wesen der Repräsentation S. 113 f. Historisch zu der geschichtlichen Entwicklung dieses zentralen Gegensatzes von Staat und Gesellschaft, vor allem bei den französischen Sozialisten (insbes. Proudhon), der historischen Rechtsschule, v. Mohl, einzelnen Syndikalisten bis hin zu Ehrlich, die wertvollen Ausführungen bei Gurvitch, L'Idée du Droit Social 1931 S. 359 ff., 470 ff., 516 ff., 521 ff. und Le Temps présent et l'idée du Droit social 1931 S. 267 ff.; zu Lorenz v. Stein insbesondere noch Landshut, Kritik der Soziologie 1929

Auf die konkrete Gestalt des geltenden Wahlverfahrens kommt es dabei nicht entscheidend an. Schon unter dem Mehrheitswahlsystem haben sich in einer Reihe von Ländern eigene Berufs-, insbesondere Bauernparteien gebildet [51]), und es ist kein Zweifel, daß der heutige Status der politischen Parteien in den auf dem Verhältniswahlsystem beruhenden Demokratien sich weitgehend erhalten würde, auch wenn diese Staaten zum Mehrheitswahlsystem zurückkehren würden. Immerhin hat der Proporz dieser ganzen Entwicklung neuen Antrieb gegeben, dadurch daß durch ihn auch Organisationen, die räumlich nicht über eine geschlossene Anhängerschaft verfügen, sondern als Querschicht über das ganze Land verstreut sind, parteifähig geworden sind. Insbesondere in den östlich gelegenen Staaten ist in dieser Weise die Bildung reiner Interessentenorganisationen wie der Beamten, Angestellten, Handwerker, in Danzig sogar der Fischer, Mieter, Hausbesitzer üblich geworden, ganz zu schweigen von den Gruppen, die wie z. B. bei uns die Aufwertungsanhänger oder Altgläubiger konkrete wirtschaftliche Anlässe der Parteibildung zugrundegelegt haben.

Aber auch gerade die politischen Weltanschauungsparteien sind von diesem durch den Proporz geförderten, gesellschaftlichen Auflösungsprozeß ergriffen worden. Diese Durchdringung unseres gesamten staatlich-politischen Lebens durch die verschiedenen gesellschaftlichen Interessen ist soweit gediehen, daß C. Schmitt [52]) jüngst — wenn auch zu Unrecht — von dem gegenwärtigen Staat geradezu als einem zur »Selbstorganisation der Gesellschaft gewordenen, pluralistischen Koalitionsparteienstaat« gesprochen hat [53]). Das ist schon deshalb

S. 99 ff.; dort auch S. 153 die sehr richtige Bemerkung, daß »die Reziprozität von Staat und Gesellschaft . . . der Index für die Möglichkeit aller sozialer und politischer Widersprüche ist, aus denen der Impuls zu soziologischer Forschung erwuchs«. Über die Zeit vor Hegel v. Unruh, Dogmenhistorische Untersuchungen über den Gegensatz von Staat und Gesellschaft 1928; endlich zu den verschiedenen möglichen Lösungsversuchen dieser Antinomie Freyer, Soziologie als Wirklichkeitswissenschaft 1930 S. 288 ff.

[51]) Belege bei Braunias in Schauff, Neues Wahlrecht S. 113 ff.

[52]) Der Hüter der Verfassung S. 73 ff., insbesondere S. 78, 88; in gleichem Sinne auch C. Schmitt, Der Begriff des Politischen 1932 S. 11 f.

[53]) Daß nach C. Schmitt nicht zwischen staatlich-politischen und gesellschaftlich unpolitischen Angelegenheiten unterschieden werden kann, hängt mit der Begriffsbestimmung des Politischen durch C. Schmitt zusammen, nach dem es ein eigentliches Materiale des Politischen nicht gibt, dieses vielmehr jeweils seine inhaltliche Grundlage anderen Lebenskräften entnimmt. Nur wird diese Einsicht nicht konsequent festgehalten. Für das 19. Jahrhundert wird so z. B. des öfteren von dem zwischen Staat und Gesellschaft bestehenden Gegensatz gesprochen, ohne daß klar wäre, worin eigentlich für diese Zeit das spezifisch politische Substrat des Staates bestehen soll. Ebenso bleibt auch dort, wo C. Schmitt sehr mit Recht bemerkt, daß die staatliche Einheit nicht pluralistisch erklärt werden könne (z. B. a. a. O. 89, 100), unklar, worin inhaltlich das eigentlich politisch Integrierende der neutralen überparteilichen Kräfte, die nach Schmitt

nicht überzeugend, weil der Staat bei uns auch in seiner gegenwärtigen Gestalt als spezifisch politische Einheit real existent ist und diese Einheit weder pluralistisch noch allein mit den neutralen, überparteilichen Gegenkräften der Verfassung (vor allem dem Reichspräsidenten) begründet werden kann. In Wirklichkeit besteht heute bei uns der alte Gegensatz von Staat als politischer Einheit und Gesellschaft als apolitischer Vielheit in einem zwar quantitativ sehr erheblich gesteigerten, aber nicht qualitativ veränderten Maße weiter fort [54]). Dieser Gegensatz zeigt sich heute insbesondere in dem Kampf, den die politischen Organisationen, die Parteien, gegenüber den in ihnen nach Ausdruck ringenden, unpolitischen gesellschaftlichen Mächten zu führen haben, und der so häufig die Glieder der parlamentarischen Körperschaften als reine Sachwalter bestimmter, gesellschaftlich, vor allem klassenmäßig bestimmter Interessen erscheinen läßt [54a]).

So hat der klassische repräsentative Parlamentarismus, der — unbeschadet der sich bekämpfenden, teils mehr fortschrittlich, teils mehr konservativ eingestellten Gruppen — doch immer noch eine gesellschaftlich nicht gespaltene Grundlage besaß, auch seine soziologische Homogenität, die eine Voraussetzung seines Funktionierens war, mit der Zeit eingebüßt. Nicht nur politisch durch Massendemokratie und deren Wahlrecht, den Proporz, sondern auch gesellschaftlich sozial ist somit heute die liberal egalitäre, repräsentative Demokratie endgültig in Frage gestellt [54b]).

---

heute allein die Einheit des Staates begründen sollen, bestehen soll. Zweifelnd offenbar auch Huber, Blätter für deutsche Philosophie Bd. V S. 312.

[54]) Neuestens im Sinne des Textes gegen die Identität von Staat und Gesellschaft auch in der heutigen liberalparlamentarischen Demokratie Huber, Das deutsche Reich als Wirtschaftsstaat 1931 S. 26 f.; andererseits auch Kelsen in Die Justiz, Bd. VI (1931) S. 604 f. Auch der Wegfall des für das 19. Jahrhundert typischen Dualismus zwischen Regierung und Volk ist nicht ausreichend, um diese Sachlage zu verändern. Im übrigen war das Volk auch im 19. Jahrhundert nicht nur Gesellschaft, sondern daneben zugleich auch noch ebenso wie heute politische Einheit.

[54a]) Daß die Parteien im Parteienstaat trotz ihrer gesellschaftlichen Durchsetzung im wesentlichen aber auch heute noch politische Parteien und keine reine Interessentenparteien sind, bemerkt mit Recht auch Kroner, Kulturphilosophische Grundlegung der Politik 1931 S. 83.

[54b]) Zustimmend Grueneberg in Die Tat Bd. 23 (1932) S. 815 f. Ebenso sind heute auch die Institutionen erschüttert, die in einem geistigen Zusammenhang mit den Grundlagen des liberal-egalitären, repräsentativen Parlamentarismus stehen. Die Krise der kommunalen Selbstverwaltung ist z. B. zu einem Teil auf die ständig sich radikalisierende Formalisierung des Wahlrechts zurückzuführen, das, wie Köttgen, Die Krise der kommunalen Selbstverwaltung 1931 S. 18 f. sehr richtig bemerkt hat, das Gemeindeleben weitgehend veräußerlicht und um seine innere Substanz gebracht hat. Erst auf Grund dieses Sachverhaltes ist die Gemeinde heute weitgehend zu einer politischen Zelle der parteienstaatlichen

Von dieser grundsätzlichen Einstellung zur heutigen Gesamtsituation ergibt sich eine von der üblichen zum Teil erheblich abweichende Einstellung zu den einzelnen Argumenten, die in der literarischen Diskussion über die Wahlreform immer wieder zugunsten des Mehrheitswahlsystems oder zum mindesten zugunsten einer Abschwächung des Proporzes im Sinne des Mehrheitswahlsystems geltend gemacht werden und damit auch zu der Wahlreformwelle, die das Reichsinnenministerium im August vorigen Jahres der Öffentlichkeit zugänglich gemacht hat [55]).

Alle Reformbestrebungen und damit auch die der letzten Novelle gehen mit Recht von der Notwendigkeit aus, die Massen der Wähler zu aktivieren und diese von der weitgehend als Tyrannis empfundenen Parteiherrschaft zu befreien [56]). Man verspricht sich von einer solchen Wiederbelebung des Einflusses der Aktivbürgerschaft ein stärkeres Gefühl der Staatsunmittelbarkeit der Individuen, eine bessere, weil freiere Auswahl von politischen Persönlichkeiten, die wieder instand gesetzt werden sollen, sich ihren Wahlkreis selbst zu erobern, ein unmittelbar persönliches Vertrauensverhältnis im Sinne einer lebendigen Wechselwirkung zwischen Wählern und Abgeordneten. Der letzte amtliche Wahlreformentwurf sucht diese Ziele durch einen vorsichtigen Kompromiß zu erreichen, indem er von vornherein darauf Verzicht leistet, in kleineren Wahlkreisen die Einerwahl mit der Verhältniswahl zu kombinieren [57]), und sich darauf beschränkt, in Zwei- bis Drei-Männer-Wahlkreisen dem Wähler das Recht einzuräumen, sich die Liste nach Belieben selbst zusammenzustellen [58]). Doch ist, auch wenn man die großen Mängel des schon der Regierungsvorlage von 1920 zugrundeliegenden freien Listenwahlsystems

---

Massendemokratie geworden. Zur Politisierung der Selbstverwaltung noch Forsthoff, Die öffentliche Körperschaft im Bundesstaate 1931 S. 174 f. und gegen die These von der Gemeinde als ausschließlich ökonomischer Einheit, die schon deshalb nicht richtig ist, weil das Wirtschaftliche niemals einheitstiftend zu wirken vermag, Köttgen a. a. O. 29 ff.

[55]) Zu diesem Entwurf auch Kaisenberg, D. Jur. Zeit. 1930 Sp. 1153ff. und Zeitschr. f. d. gesamte Staatswissenschaft Bd. 90 (1931) S. 465 ff.; allgemeiner Künzer, D. Jur. Zeit. 1931 Sp. 120 ff.

[56]) Aus der Fülle der jüngsten Vorschläge noch etwa Tecklenburg, Personenwahl, nicht Parteienwahl 1931.

[57]) In der richtigen Erkenntnis nämlich (dazu die Bemerkungen von Kaisenberg, Zeitschr. f. d. gesamte Staatswissenschaft Bd. 90 S. 459, 478), daß der Gedanke der auf dem Mehrheitswahlsystem beruhenden Einerwahl sich mit der Verhältniswahl letzten Endes nicht konsequent vereinigen läßt.

[58]) Er soll also nicht nur das Recht haben wie bei der lose gebundenen Liste, die Rangordnung der Liste zu bestimmen (in diesem Sinne etwa eine Reihe von Vorschlägen in Schauff, Neues Wahlrecht a. a. O. (z. B. Decker, Ulich-Beil) und der Vorschlag von Thoma, Reform des Wahlrechts 1925; dazu Anlage zum Entwurf d. Reichswahlgesetzes von 1930 S. 6, 20 f).

(wie Erschwerung des Wahlgeschäftes, persönliche Rivalitäten innerhalb der Parteien, Gefahr des Köpfens) [59]) ganz außer Ansatz läßt, nach der geschilderten, politisch soziologischen Situation der heutigen Massendemokratie sicher, daß die erstrebten Ziele, vor allem die Beseitigung der Herrschaft der Parteizentrale, auf diese Weise nicht erreicht werden werden. Vielmehr werden die Parteien stets — auch nach der etwa zum Gesetz erhobenen Novelle — schon aus äußeren, finanziellen und technischen Gründen, insbesondere bei den Nominierungen ihren bestimmenden Einfluß auf die Massen behalten. Selbst wenn es bei uns etwa wie in Frankreich, Nordirland und Griechenland gelingen sollte [60]), das Mehrheitswahlsystem in irgendeiner Form einzuführen, und wenn somit die Aktivbürgerschaft äußerlich vollkommen frei in der Wahl der Abgeordneten sein sollte, würden die Wählermassen, ähnlich wie es in den Vereinigten Staaten der Fall ist, doch die von den Parteien, wenn auch inoffiziell, empfohlenen Kandidaten wählen, und nicht die sich ihnen etwa präsentierende, zugkräftige Persönlichkeit. Denn der Gedanke der freien politischen Persönlichkeitswahl wirkt, worauf auch Nawiasky [61]) mit Recht hingewiesen hat, werbend heute nur noch auf die der Zahl nach verhältnismäßig geringen, traditionsgebundenen bürgerlichen Mittelschichten. Die politische Persönlichkeit ist eben in der modernen Massendemokratie nicht mehr die freie repräsentative Persönlichkeit des 19. Jahrhunderts, die wie etwa zur Zeit der Frankfurter Nationalversammlung als Träger eines hohen ideellen Wertes einen Teil der geistigen Aristokratie der Nation darstellte, sondern tatsächlich, wie der Kultusminister Grimme gelegentlich seines Amtsantritts im Landtag bemerkt hat, im wesentlichen allein noch der »Exponent der politischen Partei« [62]).

Hiermit stimmen auch die Erfahrungen überein, die bereits früher in Ländern mit der freien Liste in Verbindung mit dem Panachierungsrecht gemacht worden sind. Hier hat stets der größte Teil der Aktivbürgerschaft, nämlich die große Masse der disziplinierten Wähler sich streng an die Parole der Partei gehalten und die Minderheit, die von dem zustehenden freien Bestimmungsrecht Gebrauch gemacht hat, ist mehr als eine Gruppe von Querulanten und Eigenbrödlern als eine Gruppe von freien Persönlichkeiten betrachtet worden.

---

[59]) Ein Kumulieren von Stimmen wie etwa in der Schweiz (im Bund und der Mehrheit der Kantone) und Luxemburg gibt es nach dem Entwurf nicht.

[60]) Wobei zu bemerken ist, daß das französische Gesetz von 1919 kein reines Verhältniswahl-, sondern im wesentlichen ein Majoritätsgesetz (»une loi essentiellement majoritaire«) war.

[61]) D. Jur. Zeit. 1931 Sp. 456 und Archiv d. öff. Rechts N. F. Bd. 20 S. 165 ff.

[62]) Vgl. auch Warburg in Die Gesellschaft Bd. 7 S. 245.

Ist dies aber richtig, so entfällt damit zugleich auch die Voraussetzung für die Entwicklung eines persönlichen Vertrauensverhältnisses zwischen den Wählern eines Wahlkreises und den Gewählten, das heute auch schon aus technischen Gründen nicht durchführbar wäre. Auch würde eine lokale Bindung der politischen Kräfte der Struktur der parteienstaatlichen Massendemokratie widersprechen. Denn durch diese haben die früheren territorialen, landschaftlichen und lokalen Gegensätze, die in abgeblaßter Form noch heute dem Verhältniswahlsystem bei der Wahlkreiseinteilung zugrundeliegen, und die, wie die Verhältnisse in Frankreich und den Vereinigten Staaten zeigen, leicht die Deputierten zu reinen Lokalgrößen und Kirchturmsinteressenten machen, im wesentlichen ihren Sinn und ihre Berechtigung verloren. Entscheidend sind heute nicht mehr persönliche oder lokale, sondern allgemeine, in den Parteiprogrammen zum Ausdruck kommende Gegensätze politisch ideeller wie wirtschaftlicher Natur, die im Gegensatz zur bisherigen vertikalen Schichtung der Bevölkerung zu einer horizontalen Querschichtung derselben geführt haben.

Es zeigt sich in dieser ganzen Entwicklung lediglich die Folge der Verschiebung des politischen Schwergewichts vom Parlament hin zur Aktivbürgerschaft und zu den diese politisch organisierenden Parteien. Diese Entwicklung ist im Rahmen der Demokratie unentrinnbar, auch wenn man sie persönlich im Hinblick auf den hohen politisch-kulturellen Wertgehalt des Zeitalters des repräsentativen Parlamentarismus bedauern und negativ bewerten mag. Im übrigen würde die politische Führerauslese im repräsentativ parlamentarischen Sinne auch nicht etwa durch den diktaturförmigen Einparteienstaat wieder belebt werden. Daher ist es auch nicht richtig, in dem Ausfall der letzten Septemberwahlen gerade eine Verurteilung des gegenwärtig geltenden Wahlsystems und eine Entscheidung zugunsten des Mehrheitswahlsystems sehen zu wollen. Denn die Wählermassen haben durch die Wahl der radikalen Parteien sich gleichzeitig zu einem Führerauslesesystem bekannt, das abgesehen von der diktatorialen Spitze noch in einem ganz anderen Maße als das modern-massendemokratische bewußt auf die Herausstellung selbständig dezidierender, parlamentarischer Führerpersönlichkeiten Verzicht leistet.

Nur noch in den parlamentarischen Demokratien, in denen die klassische repräsentative Tradition sich noch in einem breiteren Maße als bei uns erhalten hat, vermag das Mehrheitswahlsystem noch in einem repräsentativ-parlamentarischen Sinn elektiv zu wirken. Das gilt vor allem von dem französischen Parlament, in dem es noch heute — abgesehen von Sozialisten und Kommunisten — ähnlich wie zu der Zeit des Frühkonstitutionalismus parteimäßig in unserem Sinne eng zusammengeschlossene Organisationen überhaupt nicht gibt, sondern lediglich lose parlamentarische Gruppen, in denen sich häufig Persönlichkeiten ganz verschiedener Prägung ohne engere fraktionelle Bindung zusammenfinden und das personalistische Ethos sich noch nahezu in völliger Freiheit von den Verbandsorganisationen zu entfalten vermag [62a]). Das gilt in einem gewissen Sinne auch heute noch von dem englischen Parteienstaat, in dem, wie u. a. auch Koellreutter [63]) mehrfach bemerkt hat, trotz des frühen parteimäßigen Zusammenschlusses der Abgeordneten die klassisch-liberale und später demokratisch abgewandelte repräsentativ-parlamentarische Einstellung sich weitgehend bis auf den heutigen Tag erhalten hat.

Außer mit der Herstellung einer freien politischen Persönlichkeitswahl und eines lebendigen Vertrauensverhältnisses zwischen Wähler und Gewähltem wird die Wahlreform bei uns weiter mit der Bekämpfung der Parteizersplitterung gerechtfertigt und zwar merkwürdigerweise — denn hierin liegt ein offener Widerspruch [64]) — überwiegend von Kreisen, die gleichzeitig von der Wahlreform eine Wiederbelebung der Persönlichkeitswahl im repräsentativ-parlamentarischen Sinne erhoffen. Würde nämlich das Mehrheitswahlsystem oder ein in diesem Sinne abgeschwächtes Verhältniswahlsystem tatsächlich noch personell elektiv wirken, so würde die Parteizersplitterung nicht vermindert, sondern nur gesteigert werden [65]). Im übrigen ist die politisch-religiöse wie landsmannschaftliche Zersplitterung, die unser ganzes parteigeschichtliches Leben durchdringt, tief durch die Geschichte der Vergangenheit bedingt. Es ist kein Zufall, daß das Mehrheitswahlsystem vor dem Kriege bei uns zu einer im wesentlichen nicht geringeren Parteizersplitterung geführt hat wie das nachrevolutionäre Verhältniswahlsystem [66]). Allerdings würde heute auf Grund der anormalen, vom Gesichtspunkt der

---

[62a]) Dazu aus der neuesten Literatur etwa Rohden in Demokratie und Partei 1932 S. 11, 136 ff.; weitere Nachweise Leibholz, Repräsentation a. a. O. 100 An 3.

[63]) Zuletzt Reichstagswahlen und Staatslehre 1930 S. 27 ff. Vgl. etwa auch Loewenstein, Die britischen Parlamentswahlen im November 1922, 1923 S. 19 f.

[64]) In diesem Sinne z. B. auch schon Nawiasky, Zeitschr. f. Politik Bd. 16 S. 545; Bredt, Preußische Jahrbücher Bd. 223 (1931) S. 242 f.

[65]) Entsprechendes gilt von der so häufig beklagten Parteizersplitterung bei den Wahlbewerbungen. Auch hier würde durch ein Mehrheitswahlsystem oder ein im Sinne des Mehrheitswahlsystems abgeschwächtes Verhältniswahlsystem die Gefahr, daß von vornherein Stimmen ohne Aussicht auf Erfolg abgegeben und damit ihrer politischen Wirkungskraft beraubt werden, nicht gebannt, sondern nur erheblich gesteigert werden.

[66]) Nähere Belege bei Dix, Reichstagswahlen und Volksgliederung 1930 z. B. S. 21, 25.

parteienstaatlichen Massendemokratie aus geradezu als pathologisch zu bezeichnenden, parlamentarischen Situation der Gegenwart das Mehrheitswahlsystem oder ein in diesem Sinne abgeschwächtes Verhältniswahlsystem zu einer nicht unerheblichen Verminderung des gegenwärtigen Parteibestandes, wenn auch natürlich nicht zu den klassischen englischen Verhältnissen führen, die ihre Klassizität bereits selbst längst verloren haben und in der Gegenwart noch immer mehr verlieren. Diese Verminderung der Parteien würde aber nicht die großen Parteien, die im Gegenteil — im übrigen schon nach einem alten, von dem französischen Mathematiker Poisson [67]) 1837 unter Beweis gestellten Gesetz — zahlenmäßig sogar wachsen würden, sondern allein die kleineren, d. h. praktisch gesehen die bürgerlichen, nicht katholischen Mittelparteien treffen, die über keine massierte Anhängerschaft verfügen und im wesentlichen von den Diaspora-Stimmen leben. Würde z. B. die Bestimmung der letzten amtlichen Wahlreformnovelle Gesetz werden, nach der in den neuen Ländergruppen die Parteien Mandate nur noch erhalten können, wenn sie in einem der neuen, unseren heutigen Wahlkreisen etwa entsprechenden Wahlkreisverbänden ein Mandat erhalten haben, so würden z. B. 1928 ca. 6 Millionen, die im wesentlichen für die nicht katholischen bürgerlichen Mittelparteien gestimmt haben, ihr Wahlrecht nicht mit Erfolg ausgeübt haben [68]). Diese Konsequenzen sind heute bei solchen Abschwächungen des Verhältniswahlsystems unvermeidbar, weil mit dem vielfach und auch vom Entwurf erwarteten Äquivalent, nämlich der Bildung einer großen, zusammenfassenden evangelischen Mittelpartei nicht gerade als politischer Realität gerechnet werden kann [69]).

Aber selbst dann, wenn durch eine solche Änderung des Wahlrechts, wie sie etwa die letzte Wahlreformnovelle vorsieht, das Parlament in etwa fünf bis sechs größere parlamentarische Gruppen zerfallen würde, würde dasselbe nicht, wie so häufig schließlich noch gemeint wird, politisch funktionsfähig gemacht werden und in die Lage gesetzt sein, im Sinne eines »maker of the government« oder einer zur Approbation oder Reprobation befähigten Körperschaft [70]) eine politisch aktionsfähige Regierung herauszustellen. Denn die vielfachen Regierungskrisen in den letzten Jahren gehen letzten Endes auf die mangelnde Homo-

[67]) Recherches sur la probabilité des jugements S. 241 ff.

[68]) Näher Erdmannsdörfer, Wahlrecht in Gefahr 1930 S. 22, 38 f. Bei Zugrundelegung der Wahlen von 1930 würde sich die erwähnte Ziffer noch erheblich erhöhen.

[69]) Nawiasky, Archiv d. öff. Rechts N. F. Bd. 20 S. 176 ff. (vgl. auch S. 189) hat in diesem Zusammenhang nicht mit Unrecht von einem bürgerlichen Selbstmord gesprochen.

[70]) Im Sinne von Erich Kaufmann, Problematik des Volkswillens S. 18.

genität und Regierungsunfähigkeit gerade auch und vor allem der großen Parteien zurück [71]), die bei einer Verminderung der Parteienanzahl nicht nur nicht behoben, sondern noch schärfer akzentuiert hervortreten würde. Tatsächlich würde das Verschwinden der nichtkatholischen bürgerlichen Mittelparteien bei uns heute, da diese Parteien jedenfalls im großen und ganzen auf die bestehenden politischen Gegensätze mildernd d. h. koalierend wirken, die Regierungsbildung in Wirklichkeit nur erschweren [72]). Wollte man bei uns tatsächlich unbedingt die Voraussetzungen für eine sichere Regierungsbildung schaffen, müßte man schon zu grundsätzlich der Struktur der parteienstaatlichen Massendemokratie widersprechenden, wenn auch an sich nicht undemokratischen Radikalkuren im Sinne der faschistischen Wahlreform von 1923, d. h. zu einem Prämiensystem mit Zuschlagsmandaten für die relativ stärkste Partei greifen, das aber in der gegenwärtigen Situation den Bestand der Weimarer Verfassung sofort und endgültig in Frage stellen würde [72a]).

Für die letzte amtliche Wahlreformnovelle ergibt sich hiernach, daß diese — jedenfalls von der politisch Wirklichkeit gewordenen, modernen parteienstaatlichen Massendemokratie aus gesehen — durch die Abschwächung des Proporzes eine Verschlechterung des geltenden Wahlverfahrens bringt. Aber auch praktisch politisch sind von der Einstellung der Weimarer Verfassung aus die Konsequenzen dieser Reform nicht positiv zu werten. Weder wird die politische Persönlichkeitswahl gesichert noch die Regierungsbildung erleichtert. Lediglich das Stimmgewicht der bürgerlichen, die strukturellen Grundlagen der Verfassung im großen und ganzen bejahenden Mittelschichten wird minder bewertet. Das ist um so grotesker, als das Ziel, um dessentwillen diese capitis diminutio erfolgt, nämlich die durch die Novelle angestrebte Persönlichkeitswahl, wenn überhaupt, ge-

[71]) Auch hierauf weist Nawiasky, D. Jur. Zeitschr. 1931 Sp. 457 und Archiv a. a. O. 175 hin.

[72]) Hätte man beispielsweise im September 1930 nach dem Mehrheitswahlsystem gewählt, so wäre die allgemein-parlamentarische Situation nur noch kompliziert und die Bildung einer regierungsfähigen Mehrheit noch mehr erschwert worden.

[72a]) In der deutschen Wahlrechtsliteratur bewegt sich in der Richtung der faschistischen Wahlreform von 1923 vor allem der Vorschlag von Pfister, Zeitschrift f. öffentl. Recht VIII S. 188 ff. und in Der Meister Bd. 6 (1930) H. 2, der mit Hilfe eines sog. Vertretertages der relativen Mehrheit der Staatsbürger die absolute Parlamentsmehrheit geben will. Dieser Vorschlag hat vor den meisten anderen Projekten den Vorteil, daß er sich auf die Sicherung der Regierungsbildung beschränkt und die anderen antiquierten Argumente der Wahlrechtsreform unberücksichtigt läßt. Für die Weimarer Verfassung ist dieser Vorschlag — zum mindestens heute — nicht akzeptabel, da er eine politische, durch die Substanz der Verfassung bestimmte Homogenität der Parteien voraussetzt, die in Wirklichkeit nicht mehr besteht; dazu die Schlußsätze des Referates.

rade bei diesen Parteien noch realisierbar erscheint, während sie sonst ebenso wie das angestrebte persönliche Vertrauensverhältnis zwischen Wähler und Gewählten in Wirklichkeit eine Illusion ist.

Schließlich noch ein Wort zu dem projektierten Wegfall der Reichsliste. Gewiß haben sich die an die Reichsliste geknüpften Ausleseho ffnungen infolge der verbreiteten Abgabe sicherer Sitze an die Interessenvertreter bei uns weitgehend nicht erfüllt. Aber diesem Mißstand hätte mit einer Kontingentierung der Reichsliste [73]), die die Parteien zwingt, auf die sicheren Plätze ihre politischen Führer zu setzen, oder mit der personell gebundenen Reichsliste im Pohl'schen Sinne [74]) begegnet werden können. Auch ist nach der Novelle die Position der Interessenvertreter selbst gar nicht so sehr verschlechtert. Sie müssen sich nur in sicheren oder mehreren Wahlkreisen aufstellen lassen. An die Stelle des Kampfes um den sicheren Platz auf der Liste würde lediglich der Kampf um die Zahl und Güte der Wahlkreise treten. Und was den Grundsatz der Unmittelbarkeit der Wahl angeht, um dessentwillen man die Reichsliste ebenfalls geopfert hat, so ist gewiß richtig, daß mit diesem die Nominierung auf der Reichsliste an sich unvereinbar ist. Aber gezeigt ist, daß dieser Wahlrechtsgrundsatz, der verfassungstheoretisch zum Mehrheitswahlsystem und damit zum klassischen repräsentativen Parlamentarismus gehört, letzten Endes mit dem Verhältniswahlsystem überhaupt nicht zu vereinigen ist, tatsächlich durch das heute bei uns in Geltung befindliche Listenwahlsystem aufgehoben ist und, wenn die Novelle Gesetz werden sollte, auch in Zukunft, nämlich bei der Reststimmenübertragung aus dem Nachbarwahlkreis, zu einem großen Teil — man hat nach den Wahlen von 1930 ausgerechnet zu 80% — aufgehoben sein würde.

Letzten Endes sind die Hoffnungen, die sich so weitgehend an die Wahlreform und damit auch die Wahlreformnovelle knüpfen, deshalb trügerisch, weil der ganzen Wahlreformbewegung eine geistige Haltung zugrundeliegt, die aus dem Geiste des 19. Jahrhunderts, aus liberalistischem Geiste im Sinne des repräsentativen Parlamentarismus geboren ist, und die der geschilderten soziologischen Struktur des modernen massendemokratischen Parteienstaates nicht mehr entspricht. Die Wahlreformbewegung ist

---

[73]) Etwa im Sinne von Erdmannsdörfer in Schauff, Neues Wahlrecht S. 164 f.

[74]) Vgl. auch schon Kaisenberg, Die Wahl zum Reichstag 1930 S. 8. Sie gibt es auch z. B. in der Tschechoslowakei bereits in einer bestimmten Form. Hier müssen Personen, die auf der Reichsliste kandidieren, gleichzeitig auch auf der Kreisliste sich um ein Mandat bewerben; sie kommen auf der Reichsliste allerdings — im Gegensatz zum Pohlschen Vorschlag — nur dann zum Zuge, wenn sie auf der Kreisliste nicht gewählt sind.

tatsächlich im Grunde genommen eine rein bürgerlich-liberale Angelegenheit [75]). Für die eigenen Gesetzen folgende Massendemokratie ist aber Gestalt und Methode des einzelnen Wahlverfahrens überhaupt nicht mehr von entscheidender, strukturwandelnder Bedeutung [76]).

Daß dem tatsächlich so ist und die Wahlreformbewegung letzten Endes aus liberalistischem Geiste gespeist wird, zeigt auch die Haltung der politischen Parteien. Die großen Massenparteien als die Träger dieser Art Demokratie mit Einschluß des an sich reformfreundlichen und parlamentarisch in dieser Hinsicht sehr aktiven Zentrums halten bei uns überwiegend an dem massendemokratischen Verhältniswahlrecht fest, trotzdem gerade diese Parteien durch das Mehrheitswahlsystem erheblich begünstigt werden würden. Die Sozialdemokratie hätte z. B., wenn 1919 nach dem Mehrheitswahlsystem bei gleicher Wahlkreiseinteilung gewählt worden wäre, die absolute Mehrheit in der Nationalversammlung erhalten. Immerhin ist diese Haltung der Sozialisten eine zum mindesten aus taktischen Gründen nicht allgemeine. In Frankreich z. B. haben die Sozialisten bei der letzten Wahlreform im Gegensatz zu ihrer grundsätzlichen Haltung [77]), lediglich um von dem kompromittierenden Wahlrecht von 1919 loszukommen, eine freiere Haltung eingenommen und sind ebenso wie die Radikalsozialisten für die Rückkehr zum Einerwahlsystem eingetreten.

Umgekehrt entspricht dieser Haltung der Massenparteien, daß die liberalistischen Parteien [78]) und die liberalistischen Elemente in den anderen, vor allem den Massenparteien [79]) für die Wahlreform in einem nur gradmäßig verschiedenen Sinn eingetreten sind. Dabei entbehrt es nicht einer gewissen Tragik, zu sehen, daß die liberalistischen Parteien dadurch, daß sie mit dieser Konsequenz an dem liberalistischen Dogma festhalten, heute — jedenfalls soweit sie für eine Abschwächung des Proporzes im Sinne des Mehrheitswahlsystems oder sogar für dessen Einführung eintreten — den Bestand ihrer ohnehin schon kleinen Organisationen mehr oder weniger endgültig in Frage stellen. Lediglich die englischen Liberalen nehmen, soweit ich sehe, heute eine Ausnahmestellung ein. Denn gerade sie sind es hier, die auf Grund der durch das Mehrheitswahlsystem geschaffenen Situation

---

[75]) So vor allem auch Nawiasky, Archiv des öffentlichen Rechts N. F. Bd. 20 S. 191.

[76]) In der gleichen Richtung auch Hula, Zeitschr. f. öff. Recht Bd. 6 S. 229 f. Ferner noch Koellreutter, Zeitschrift f. Politik Bd. 21 (1931) S. 475.

[77]) Und der ihres früheren Führers Jaurès.

[78]) Dazu z. B. Koch, Verhandlungen des Reichstags 1920 Bd. 361 S. 12536; Fischer ebenda 12660; Schiffer ebenda Bd. 57 S. 9122; Pachnicke Bd. 354 S. 6875; Külz, Jur. Rundschau 1928 S. 1 f. Vgl. auch den Bericht von Beyerle ebenda Bd. 361 S. 12365 f.

im Gegensatz insbesondere zu den Konservativen, die grundsätzlich an dem seiner Natur nach liberalistischen Mehrheitswahlsystem festhalten, die Einführung des massendemokratischen Verhältniswahlsystems befürworten. Diese grundsätzlich antiliberalistische Einstellung hat die englischen Liberalen allerdings aus taktischen Gründen nicht gehindert, sich für die Zukunft mit der Arbeiterpartei über die Einführung eines versteckten absoluten Mehrheitswahlsystems zu einigen [80]).

Will man die Wahlreformbewegung aus der traditionellen geistigen Umklammerung des 19. Jahrhunderts befreien, so muß man sich entsprechend den Forderungen parteienstaatlicher Massendemokratie darauf beschränken, die Wählermassen zu aktivieren und die weitgehend als Diktatur empfundene Herrschaft der Parteibürokratie zu brechen. Die anderen so häufig beklagten Erscheinungen unseres heutigen Wahlsystems sind letzten Endes nur wesensmäßige Auswirkungen der Massendemokratie, die man in Kauf nehmen muß, wenn man deren Bestand nicht mehr oder weniger überhaupt in Frage stellen will. Und auch die Aktivierung der Wählermassen ist nicht mehr mit den antiquierten Mitteln eines parlamentarisch-repräsentativen Liberalismus, sondern nur durch Demokratisierung der Parteien selbst zu erreichen [81]). Die Parteibürokratie selbst muß wieder in näheren Kontakt mit den aktivierten Massen gebracht, der Nominationsprozeß vor allem aufgelockert werden. Dieses wäre vielleicht möglich durch die sog. Vorwahlen, die Primary Elections, wie sie etwa in fast allen Staaten der Union heute auf Grund besonderer gesetzlicher Bestimmungen in Übung sind [82]). Hiernach haben die Parteimitglieder das im einzelnen näher geregelte Recht, an dem Parteileben sich zu beteiligen, vor allem innerhalb der Partei an der Nominierung der Kandidaten und der Ausschei-

[79]) Aus dem Kreise der sozialdemokratischen Partei z. B. Mierendorff in Neues Wahlrecht S. 14 ff. und Eckstein, Klassenkampf 1930 S. 570 f.; ferner etwa vom Zentrum Wirth und von den Volksnationalen Frey in Der Meister 1930 S. 10.

[80]) Zur Entstehung dieses Kompromisses und seinen wahrscheinlichen Folgen Braunias, Zeitschr. f. Politik Bd. 21 (1931) S. 192 f.

[81]) Vgl. auch Graf Dohna in der Kölnischen Zeitung vom 8. März 1931. Dazu schon die Bemerkung von Tecklenburg, Schmollers Jahrbuch f. Gesetzgebung Bd. 50 S. 983.

[82]) Dazu näher Triepel, Staatsverfassung und die politischen Parteien S. 21 ff. und jetzt auch Hartmann, Die politische Partei S. 147 f. Vgl. ferner Ernst C. Meyer, Wahlamt und Vorwahl 1908 S. 109 ff.; Bryce, Amerika (Deutsche Übersetzung von Singer) 1924 Bd. II S. 51 ff. Aus der angelsächsischen Literatur etwa Commons, Proportional Representation[2] 1907 S. 153 ff., 285 ff.; Merriam, Primary Elections 1909; Beman, The Direct Primary 1926; Hoag-Hallett, Proportional representation 1926; Mr. Chesney Sait, American Parties and Elections 1927 S. 377 ff.; Beard, American Government and Politics, 1928 S. 546 ff.; Merriam-Gosnell, The American Party System 1929 S. 242 ff.

dung unbeliebter, korrumpierter, wie vor allem rein interessenmäßig eingestellter Wahlbewerber mitzuwirken. Nur durch eine jedenfalls grundsätzlich in dieser Richtung liegende Wahlreform ist heute, wenn überhaupt, noch eine wirkliche Aktivierung der in den Parteien organisierten Aktivbürgerschaft, ein Bruch der Herrschaft der Parteibürokratie, insbesondere bei der Nominierung des Kandidaten, wie nicht zuletzt auch eine Milderung der gesellschaftlichen Durchsetzung der Parteien möglich und denkbar [82a]). Eine solche Demokratisierung des Parteibetriebes setzt nur voraus, daß die Massen sich tatsächlich aktiv am Parteileben beteiligen. Tun sie dies aber nicht, lassen sie ihren Einfluß bei den Mitgliedern und Vertreterversammlungen ungenützt, so haben sie ihrerseits das Recht verwirkt, sich über den beherrschenden Einfluß der Parteibürokratie zu beklagen.

Problematisch ist allerdings in der gegenwärtigen politischen Situation auch der Erfolg einer solchen Wahlreform, da der allgemeine Entliberalisierungsprozeß bereits die Parteien selbst ergriffen hat [83]). Die hierarchisch gegliederten, diktaturförmig strukturierten Parteien, die bewußt im Sinne des Elitegedankens das von unten nach oben durch das von oben nach unten ersetzt haben, bedienen sich nur aus taktischen Gründen der Formen der heutigen, liberalistischen Massendemokratie, ohne selbst in diesem Sinn massendemokratisch organisiert zu sein. Für diese Verbandsparteien, für die die Wahlen mit der Machtergreifung überhaupt entbehrlich werden, entfällt aber letzten Endes die Berechtigung, die Frage der Wahlreform überhaupt sinnhaft zur Diskussion zu stellen.

[82a]) Vgl. in diesem Zusammenhang insbesondere das mir im Manuskript vorliegende Projekt von H. Graichen, Das Wahlrecht in der repräsentativen Demokratie 1931, der für die Kandidatennominierung eine im einzelnen näher ausgeführte Verbindung der amerikanischen Vorwahlen mit demDelegiertensystem, d. h. einem System anstrebt, bei dem nicht nur die Parteien, sondern auch die nichtorganisierten Wähler mit Hilfe von bindenden Petitionen nominationsberechtigt sein sollen.

[83]) Dazu näher Liermann, Partei und Bund in d. Blättern für deutsche Philosophie Bd. V H. 2/3 (1931) S. 235 ff., der nur zu Unrecht (z. B. S. 243) auch den liberalistischen Massenparteien heute ihren liberalistischen Charakter abspricht.

Leitsätze des Mitberichterstatters Gerhard Leibholz.

1. *Bei der Wahlreform handelt es sich in erster Linie um ein politisch soziologisches und nicht um ein technisches Problem.*
2. *Die »Wahlen« haben im Rahmen des repräsentativen Parlamentarismus die Funktion, die repräsentativen Qualitäten der parlamentarischen Körperschaften sicherzustellen. Was unter dem Begriff der Volkswahlen inhaltlich näher zu verstehen ist, läßt sich nicht eindeutig festlegen, sondern ist nach Zeit und Ort verschieden.*
3. *Für den Begriff des modernen, allgemeinen und gleichen Wahlrechts ist eine auf den Ausschluß sozialer Motive gerichtete, weitgehende Formalisierung charakteristisch, die ihrer grundsätzlichen Tendenz nach bereits dem repräsentativen Parlamentarismus widerstreitet.*
4. *Die Wahlrechtsgrundsätze haben ihre klassische Gestalt durch das Mehrheitswahlsystem erhalten, das sich an Hand des repräsentativen Parlamentarismus entwickelt hat. Sie erfahren durch das Verhältniswahlsystem eine Umbildung. Der Satz der Gleichheit und Allgemeinheit der Wahl wird durch den Proporz noch weiter in einem formalen Sinn radikalisiert, während der Satz der Unmittelbarkeit der Wahl durch das Verhältniswahlsystem aufgehoben wird.*
5. *Diese Umbildung der Wahlrechtsgrundsätze geht auf die wesensmäßige Verschiedenheit von Mehrheits- und Verhältniswahlsystem zurück, die selbst nur Ausdruck des Gegensatzes von repräsentativem Parlamentarismus und modernem Parteienstaat ist. Der Wahlakt erfüllt beim Verhältniswahlsystem nicht mehr repräsentationsbegründende, sondern nur noch rechenmäßig-statistische wie rein plebiszitäre Funktionen. Das massendemokratische Verhältniswahlrecht ist das dem modernen Parteienstaat entsprechende Wahlrecht und nur Ausdruck des Strukturwandels, der sich innerhalb der Demokratie in den letzten Jahrzehnten vollzogen hat.*
6. *Daher ist es widerspruchsvoll, wenn die Weimarer Verfassung sich zum repräsentativen Parlamentarismus (und damit indirekt zum Mehrheitswahlsystem) und gleichzeitig zum Verhältniswahlsystem bekennt. Ebensowenig möglich ist es, Mehrheits- und Verhältniswahlsystem miteinander „organisch" zu verbinden.*
7. *Außer durch den massendemokratischen Parteienstaat wird der repräsentative Parlamentarismus durch die gegenwärtige soziale Gesellschaftsordnung erschüttert. Auch die durch diese Entwicklung herbeigeführte Krise wird durch das Verhältniswahlrecht gefördert und verschärft.*

8. Aus der politisch-soziologischen Situation der heutigen Massendemokratie ergibt sich für die Wahlreformbewegung

a) Für eine Persönlichkeitswahl und ein persönliches Vertrauensverhältnis zwischen Wählern und Gewählten im repräsentativ-parlamentarischen Sinne fehlen heute im großen und ganzen die politisch-soziologischen Voraussetzungen. Auch die letzte amtliche Wahlreformnovelle würde nicht mehr in diesem Sinne wirken. Denn die politische Persönlichkeit ist heute ganz überwiegend allein noch der „Exponent der politischen Partei".

Auch widerspricht eine lokale Bindung der Abgeordneten der Struktur der parteienstaatlichen Massendemokratie, für die der Bestand umfassender, in den Parteiprogrammen zum Ausdruck kommender Gegensätze politisch-ideeller wie wirtschaftlicher Natur charakteristisch ist.

b) Die Parteizersplitterung ist bei uns im wesentlichen durch die Geschichte bedingt. Allerdings würde das Mehrheitswahlsystem oder ein in diesem Sinne abgeschwächtes Verhältniswahlsystem (s. letzter amtlicher Entwurf) in der gegenwärtigen politischen Situation die Parteizersplitterung vermindern, die im wesentlichen aber auf Kosten der nichtkatholischen, bürgerlichen Mittelparteien gehen würde. Dagegen würde ein solches Wahlsystem weder die Regierungsbildung erleichtern noch eine stabile Regierungsführung sichern.

c) Es empfiehlt sich nicht, die letzte amtliche Wahlreformnovelle zum Gesetz zu erheben. Besonders ist auch der projektierte Wegfall der Reichsliste nicht zu rechtfertigen.

9. Die Wahlreformbewegung wird im wesentlichen von liberalistischem Geiste im klassisch-repräsentativ-parlamentarischen Sinne getragen. Die Haltung der Parteien zur Wahlreform bestimmt sich grundsätzlich nach dieser politischen Haltung.

10. Eine Wahlreform im Sinne des massendemokratirchen Parteienstaats verlangt eine Beseitigung der autoritären Parteiherrschaft und beschränkt sich auf eine Aktivierung der Aktivbürgerschaft. Diesem Ziel würde eine auf gesetzlicher Grundlage erfolgende Demokratisierung des gesamten Parteibetriebes entsprechen.

Aussprache am 2. Tage. Wahlrechtsreform.

Herrfahrdt-Greifswald.

Ich stimme Herrn Leibholz zu im negativen Ergebnis, daß eine Wahlreform im Sinne des klassischen Repräsentativsystems unmöglich ist. Anders aber sehe ich die Frage, ob wir den »massendemokratischen Parteienstaat« befestigen und reformieren sollen. Zunächst: Haben wir wirklich heute einen massendemokratischen Parteienstaat? Nein! Was bei uns heute wirklich als Staat funktioniert, beruht nicht auf Demokratie, und was auf Demokratie beruht, funktioniert nicht. Z. B. ein Minister oder Beamter, der durch eine Partei in sein Amt gebracht ist, bleibt entweder Parteimann im Sinne des massendemokratischen Parteistaats; dann gewinnt er nicht die Autorität als Staatsorgan. Oder er stellt sich unter dem Eindruck der Verantwortung seines Amtes um, dann wird er fähig, Staatsorgan zu sein, aber eben nicht im Sinne des Parteienstaats; denn er verliert den Einfluß auf seine Partei. — Wichtiger ist mir aber die Frage: Sollen wir die Entwicklung zum massendemokratischen Parteienstaat fördern? Diese Frage muß ich entschieden verneinen. Der Parteienstaat würde überhaupt kein Staat sein, sondern ein Chaos, ein Verlorengehen des spezifisch Staatlichen unter Mißbrauch der äußeren staatlichen Formen, z. B. zum Zweck der bloßen Ämterverteilung. Daß man den Parteienstaat durch Reformen zu einem wirklichen Staat machen könnte, ist meist so gedacht, daß durch eine Wahlreform die radikalen Parteien mehr durch regierungsfähige Parteien verdrängt werden. Ein solches künstliches Regierungsfähigmachen des Parlaments wäre aber der schlimmste Verstoß gegen die Aufgabe, eine unserem Volke angemessene staatliche Lebensform zu schaffen. Gerade die radikalen Parteien — ich würde lieber sagen »entschiedene Parteien« — sind heute der einzig richtige Ausdruck dessen, was wirklich im deutschen Volke vor sich geht. Aber auf solche Parteien läßt sich natürlich nicht das System der parlamentarischen Regierung anwenden. Ein abwechselndes Regieren etwa von einer entschieden nationalistischen und einer entschieden sozialistischen Partei würde nur bedeuten, daß jede neue Regierung das begonnene Werk ihrer Vorgängerin wieder zerstört. Ich komme zu dem Ergebnis: Wir können durch keine Wahlreform ein lebensfähiges Staatswesen schaffen, weder im Sinne des klassischen Parlamentarismus, noch in dem des Parteienstaats. Das Aufrollen des Wahlreform-Problems ist heute nicht nur überflüssig, sondern auch schädlich, denn es macht den absterbenden Parlamentarismus wieder interessant. Die ganz anderen Wege, die ich sehe, gehören nicht in diesen Zusammenhang. Ich habe sie wiederholt dargelegt und brauche nur auf zwei meiner letzten Aufsätze zu verweisen: »Der Staat des XX. Jahrhunderts« (Blätter für Deutsche Philosophie Bd. 5 Heft 2/3) und »Reform des Parlamentarismus in den deutschen Ländern« (Reich und Länder Juni 1930). Ich erwarte die Reform unserer Parlamente nicht von einer Änderung des Wahlrechts, sondern von einer Reform ihrer Arbeitsweise, durch die ihre Mitglieder zum Bewußtsein der Verantwortung gegenüber dem Ganzen erzogen werden.

Graf zu Dohna-Bonn teilt die vom zweiten Referenten vorgetragenen Bedenken gegen den Regierungsentwurf eines neuen Wahlgesetzes und nimmt seinerseits im kritischen Sinne zu diesem Entwurfe Stellung. Er bekennt sich zu der Überzeugung, daß eine Zurückdrängung des Einflusses der Parteibürokratie auf das Wahlergebnis nur erreichbar ist auf dem Wege einer stärkeren Aktivierung der Wählerschaft und einer restlosen Demokratisierung des Parteiwesens.

Loewenstein-München: Beim Vortrag von Herrn Leibholz habe ich mich des Gefühls einer gewissen Erschütterung nicht erwehren können; er atmete eine Art »Untergang des Abendlandes«-Stimmung, die von fast tragischer Eindruckskraft war. Sie entspricht dem Gefühl der Hilflosigkeit und Machtlosigkeit, das jeden bewußten Wähler befällt, wenn er zur Wahlurne schreitet und sich dem seelenlosen Apparat gegenübersieht, den die zwangsläufige Entwicklung des massendemokratischen Parteienstaates an die Stelle des ursprünglich gemeinten ideologischen Sinns der lebendigen Staatswillensbildung gesetzt hat. Aber trotzdem muß ich der pessimistischen Konzeption von Leibholz, so logisch und geschlossen sie erscheint, widersprechen. Die ideologische Betrachtung führt nur allzu leicht zur Resignation im Handeln. Das Organisationsproblem des demokratischen Massenstaates ist in weitem Umfange auch ein staatstechnisches Problem. Solange staatstechnische Mittel vorhanden sind, um die aufgetretenen Stockungen und Fehlleitungen der Volkswillensbildung zu überwinden, müssen sie versucht werden. Der Staat, der sie erkennt und nicht benutzt, ist wert, zugrunde zu gehen. Der vorliegende Wahlreform-Entwurf ist allerdings kein brauchbares Mittel zur Funktionalisierung des in Unordnung geratenen Willensbildungsprozesses des Staates; er kuriert den kranken Körper mit untauglichen Mitteln. Eine dieser staatstechnischen Möglichkeiten, die versucht werden sollten, ist bereits erwähnt worden: das System der amerikanischen Vorwahl zur Wahl der Kandidaten der Partei; ob die open primary oder die closed primary, bei der nur die eingeschriebenen Mitglieder der Partei stimmberechtigt sind, vorgezogen wird, ist dabei eine verhältnismäßig untergeordnete Frage. Wenn die primary election in Amerika nicht den erwarteten Erfolg gehabt hat, die richtigen Männer auf die Kandidatenliste zu bringen, so beweist das nicht, daß sie auch in Deutschland versagen muß; denn in Amerika gilt die Politik als schmutziges Geschäft, während die politische Wirksamkeit in Deutschland noch immer die vornehmste staatsbürgerliche Leistung ist. Ein anderer Weg, der versucht werden sollte, ist die Abschaffung des Proporzes. Bei uns hat er nur Schaden angerichtet: Nicht nur ist durch ihn die zahlenmäßige Zersplitterung des Parlaments bewirkt worden, er hat auch jene Entseelung des Parteilebens im Gefolge gehabt, die gerade die besten Geister der aktiven Politik entfremden mußte. Die Erfahrungen der anderen großen Demokratien sollten für Deutschland lehrreich sein; nirgends hat die Verhältniswahl Wurzel fassen können, und es ist zumindest auffällig, daß alle Staaten ohne Proporz ein funktionierendes Parlament aufweisen. Weiter müßte Abhilfe gegen die Sabotierung der Staatswillensbildung im Parlament selbst versucht werden. Der Staat hat die Pflicht der Selbsterhaltung, sich dagegen zu wehren, daß gerade den Parteien der parlamentarische Apparat zur Verfügung gestellt wird, die sich zum Programm gemacht haben, diesen Apparat zu zerschlagen. Die gewöhnlichen Mittel gegen parlamentarische Obstruktion reichen nicht aus. Die Parteien, welche programmatisch und durch die Tat den Parlamentarismus verwerfen, müßten von seiner Benutzung überhaupt ausgeschlossen werden; dazu wäre vielleicht nicht einmal eine Verfassungsänderung erforderlich, sondern eine Änderung der Geschäftsordnung genügend Der Staat, der von zwei radikalen Flügelparteien bewußt bedroht wird, muß sich entschlossen dagegen zur Wehr setzen. Man sollte auch unter dem Eindruck der Darstellung von Leibholz nicht vergessen, daß der Parlamentarismus noch lebt; er funktioniert noch in zahlreichen wichtigen Ländern innerhalb und außerhalb Europas, wenn nicht reibungslos, so doch ausreichend und doppelt ausreichend gerade in Gefahrenzeiten. Die vorgestrigen Wahlen in England beweisen, daß selbst bei einem vom ideologischen Standpunkt aus miserablen Wahlrecht eine legale Form der Staatswillensbildung auf parlamentarischer Basis möglich ist, die alle Vorzüge der Machtkonzentration der Diktatur aufweist. Man darf sich nicht verleiten lassen, die deutschen Erfahrungen der letzten Jahre zu generalisieren. Es wird sich vielleicht zeigen, daß selbst bei uns die Verfallserscheinungen nicht so grundlegender Natur sind, wie es uns im Augenblick der nächsten Distanz erscheinen mag.

Triepel-Berlin: Wie verschieden auch die beiden Vorträge, die wir heute gehört haben, in Anlage und Ziel gewesen sind, so haben sie doch beide eine so reiche Fülle von Anregungen geboten, daß es nicht möglich ist, in der Aussprache auf alles einzugehen, worüber es sich lohnen würde, ausführlich zu reden. So beschränke auch ich mich auf einige Bemerkungen.

Das Referat unseres verewigten Freundes Pohl, das uns Herr Giese so pietätvoll vorgestragen hat, beschäftigt sich in erster Linie mit Einzelproblemen einer künftigen Wahlreform, namentlich mit den Vorschlägen, die in bekannten Gesetzentwürfen der letzten Jahre gemacht worden sind. Auf diesem Gebiete könnte man natürlich über jede Einzelheit stundenlang diskutieren. Mich persönlich würde es reizen, die Frage der Wahlpflicht, die von Pohl berührt worden ist, und die ich, seit ich darüber vor mehr als dreißig Jahren eine kleine Studie geschrieben, immer im Auge behalten habe, im Rahmen der seit damals stark veränderten staatsrechtlichen und politischen Verhältnisse erneut zu erörtern. Ich muß mich mit dem einen Satze begnügen, daß ich auch heute noch ein entschiedener Gegner eines Abstimmungszwanges bin. Ein paar Worte möchte ich aber über den von Pohl gemachten Vorschlag äußern, daß man zu den Beratungen der parlamentarischen Ausschüsse aus den Kreisen der Nicht-Abgeordneten Sachverständige zuziehen möge, deren Mitwirkung, weil sie frei von aller parlamentarischen Bindung erfolge, die Objektivität der Verhandlung und Beschlußfassung der parlamentarischen Körperschaften fördern werde. Natürlich kann man nicht leugnen, daß die vorgeschlagene Maßregel in manchen Fällen Nutzen stiften würde. Aber man sollte das nicht überschätzen. Der zu einer parlamentarischen Beratung zugezogene »Sachverständige« wird, wenn er eine auf technischem oder wissenschaftlichem Gebiete angesehene Persönlichkeit ist, immer mit Achtung angehört werden. Aber die Parteifesseln, die der moderne Parlamentarier mit sich herumträgt, sind so stark, daß er sie auch in Ausschußberatungen, selbst wenn sie hinter verschlossenen Türen stattfinden, nicht abstreifen kann. Heutzutage kommt der Politiker, mag er Abgeordneter oder Minister oder Reichsratsmitglied sein, niemals ohne irgendwelche »Bindung« in einen Ausschuß, nicht einmal in eine außerparlamentarische »Konferenz«, und diese Bindung macht sich in Beratung und Abstimmung auch gegenüber den »sachlichsten« Einwendungen des überparteilichen Sachverständigen geltend. Dabei befindet sich der Sachverständige in keiner beneidenswerten Lage. Er ist ja nicht dazu da, dem Streite anderer im Gefühle sachlicher Überlegenheit und Unbeteiligtheit mit Ruhe zuzuhören, sondern er ist zugezogen worden, um an einer gesetzgeberischen Aufgabe mitzuarbeiten, ist also geradezu verpflichtet, sich für das von ihm als richtig erkannte Ziel auch einzusetzen. Aber die Waffen, mit denen er kämpft, sind nicht dieselben, wie die Waffen der anderen Ausschußmitglieder, und man muß leider sagen, daß in diesem Kampfspiele die Waffe der Sachlichkeit zuweilen die stumpfere ist; die nur politisch eingestellten Mitspieler pflegen das, was ihnen nicht paßt, nicht zu hören oder für unpraktische Theorie zu erklären. Was wird die Folge sein? Entweder wird der Sachverständige während der Verhandlung aus der Rolle des unparteilichen Helfers allmählich herausgedrängt; er wird ja in der Regel auch selber einer politischen Partei angehören oder ihr nahestehen, und, was freilich schlimm ist, man trifft vielleicht von Anfang an die Auswahl der Sachverständigen unter Berücksichtigung ihrer Parteistellung, oder man nimmt, um das Gesicht zu wahren, gleich mehrere, jeden von einer anderen politischen Farbe. In allen diesen Fällen wird die ganze Einrichtung von vornherein kompromittiert. Oder aber — und das ist die andere Möglichkeit — der Sachverständige begnügt sich mit der bescheideneren Aufgabe, tatsächliche und wissenschaftliche Aufklärungen zu geben, Material beizubringen, korrekte Formulierungen von Rechtssätzen vorzuschlagen usw. Gewiß ist das für die Sache ganz nützlich. Aber reizvoll kann die Rolle, die dabei gespielt wird, ganz gewiß nicht genannt werden. Am wenigsten, wenn sich der Sachverständige, wie das ja wohl in parlamentarischen Ausschüssen immer der Fall sein wird, an der Abstimmung nicht beteiligen darf. Es macht unlustig, wenn man bei der Verhandlung lebenswichtiger Fragen zwar mitreden, aber nicht mitbeschließen darf.

Das Referat des Herrn Leibholz war von so imponierender Geschlossenheit, daß es für eine immanente Kritik meiner Ansicht nach kaum einen Angriffspunkt bietet. Nur in einer Beziehung glaube ich dabei eine Ausstellung erheben zu dürfen. Herr Leibholz hat Sympathie für die in den Vereinigten Staaten ausgebildete Einrichtung der Vorwahlen, der Primary Elections, bekundet. In der Tat haben ja die Amerikaner dieses Institut, wenigstens zum großen Teil, zu dem Zwecke geschaffen, um das demokratische Prinzip der Beteiligung aller am Staatsleben auch in das Leben der Parteiorganisationen hineinzubringen, die Demokratie also bis in die letzten Verästelungen des politischen Lebens hinein konsequent durchzuführen. Aber soweit ich sehe, — ich habe mir Mühe gegeben, die Frage an der Hand amerikanischer Quellen zu studieren — hat sich das System nicht bewährt. Einmal deshalb nicht, weil es die Korruption, die drüben im Wahlkampfe herrschte, und die man durch die Beteiligung der Parteimitglieder an der Kandidatenaufstellung zu beseitigen oder doch zu mildern hoffte, nicht beseitigt hat; die Korruption ist nicht verschwunden, sie arbeitet jetzt nur an einer anderen Stelle, vielleicht auf breiterer Basis als vorher. Aber auch die erhoffte Demokratisierung des inneren Parteilebens ist nicht in dem Maße, wie man erwartet hatte, erfolgt. Denn die Parteibürokratie, die man schwächen wollte, macht, wie sie früher die Hauptwahlen gemacht hatte, so jetzt die Vorwahlen. Und da die Vorwahlen meist entscheidend sind — aus der Wahlbeteiligung bei den Kandidatenwahlen der einzelnen Parteien läßt sich das Ergebnis der Hauptwahl, wenn auch natürlich Überraschungen vorkommen, gewöhnlich schon im voraus errechnen — so setzt selbstverständlich die Parteibürokratie den Hebel jetzt an dieser für das Ganze ausschlaggebenden Stelle an. Das würde auch bei uns vermutlich nicht anders sein.

Eine andere Frage und, wie ich meine, die wichtigste ist, ob man sich Herrn Leibholz in dem Punkte, von dem aus er seine überzeugungskräftige Deduktion genommen hat, wird anschließen können. Leibholz faßt die parlamentarische parteienstaatliche Massendemokratie als eine feststehende Tatsache und als den von der Verfassung sanktionierten Rechtszustand auf, und er hält offenbar die Fortbildung und absolut konsequente Durchbildung dieses Systems für einen unausbleiblichen Vorgang. In der Konsequenz seines Gedankengangs liegt es, daß die Massendemokratie schließlich an eine Stelle gelangen muß, wo sie sich selbst überschlägt. Es ist möglich, daß diese Ansicht — sie ist schon von den Vorrednern pessimistisch genannt worden — berechtigt ist. Ich würde daraus aber nicht die Folgerung ziehen, daß es nun gar keinen Sinn mehr habe, dem Rade in die Speichen zu fallen und Reformen des Wahlverfahrens zu versuchen, die nicht in der Linie der massendemokratischen Entwicklung liegen. Ich leugne natürlich nicht die parteienstaatlichen Elemente in unserer Verfassung. Aber ich kann nicht finden, daß die Verfassung selbst sie so absolut sicher ausgebaut und so stark untermauert habe, daß nicht sogar vom Boden der Verfassung aus andere Wege beschritten werden können. Die Verfassung enthält im Gegenteil — das hat ja Leibholz selbst anerkannt — auch Elemente aus einem anderen als dem massendemokratischen Gedankenkreise. Es steht also m. E. gar nichts im Wege, bei einer Wahlreform den Versuch zu machen, an diese Elemente anzuknüpfen. Man kann nichts damit ausrichten, daß man sie als »liberal« oder »liberalistisch« bezeichnet, in der Absicht, sie damit für überlebt, als zu den Toten geworfen zu erklären. Heute wird mit dem Worte »liberal« — ich sage dies nicht zu Herrn Leibholz, sondern denke an manche andere — ein wahrer Mißbrauch getrieben.

Viele Rechtsgedanken, die der Liberalismus stark betont und organisatorisch entwickelt hat, ja die allerwertvollsten, sind gar nicht spezifisch liberal, sie sind viel älter als der Liberalismus, sie haben die Zeit des Liberalismus überlebt und sie werden uns überleben. Wenn man den ganz überzeitlichen Wert des Rechtsstaats mit dem Beiworte »liberal« versieht, was gewöhnlich geschieht, um ihn dadurch zu verkleinern, wenn man ihn in derselben Absicht als »bürgerlichen« Rechtsstaat bezeichnet, was soviel wie Rechtsstaat der um ihre »Sekurität« besorgten Bourgeoisie bedeuten soll, wenn man als Gegensatz dazu einen »sozialen« Rechtsstaat konstruieren will — so sind das alles Verzerrungen, gegen die wir Männer des Rechts, die wir doch wohl alle Anhänger des »Rechtsstaats« sind, Verwahrung einlegen sollten. Denn hier wird ein Ewigkeitswert in den Staub des Irdisch-Kleinlichen herabgezogen.

Nun gibt es auch im Bereiche des Parlamentsrechts Einrichtungen und Verfahrensweisen, die zwar den im Vordringen befindlichen Gedanken des massendemokratischen Parteienstaats nicht entsprechen, die aber an sich praktisch und vernünftig sind, und deren Einführung oder Wiedereinführung deshalb allen Widerständen zum Trotze mindestens versucht werden sollte. Man kann gewiß nicht daran zweifeln, daß die Verhältniswahl ein der Massendemokratie adäquates Wahlsystem darstellt. Kommt man aber zu dem Ergebnisse, daß sich mit ihr in einem bestimmten Staate auf die Dauer nicht regieren läßt, so muß man hier eben prüfen, ob sich nicht das alte Mehrheitswahlsystem, mindestens in Verbindung mit dem Proportionalwahlverfahren, wiederherstellen läßt. Oder wenn man, wie ich es für meine Person tue, den Glauben hegt, daß es vernünftig sein würde, neben die in einem demokratischen Wahlverfahren gewählte Kammer eine in anderer Form gebildete Kammer, ein Oberhaus oder wie man es nennen will, zu stellen, so sehe ich nicht ein, warum es nicht gewagt werden sollte, diese Einfügung allen Widerständen zum Trotze durchzuführen. Ich kann nicht zugeben, daß Mehrheitswahlrecht und Zweikammersystem heute unmögliche Dinge geworden seien, weil ein Oberhaus und eine aus Mehrheitswahlen hervorgegeangene Kammer nicht mehr als »legitime« Repräsentanten angesehen werden würden. Auch der heute so viel gebrauchte Ausdruck »Legitimierung«, ein an sich gewiß wertvoller Begriff, ist bereits in Gefahr, zu einem Schlagworte zu werden, und es möchte sich empfehlen, einen vorsichtigen Gebrauch von ihm zu machen. In unsren Tagen möchte ich die Form parlamentarischer Repräsentation sehen, die wirklich allgemein als legitimiert betrachtet werden würde! Heute ist jedermann geneigt, alles, was ihm nicht gefällt, als nicht legitimiert zu bezeichnen. Jedenfalls aber gehört der Proporz meiner Ansicht nach nicht zu den von allen Seiten als innerlich notwendig, als allein berechtigt angesehenen Einrichtungen. Er wird heute in seinem Werte selbst von den Parteien, die vor noch nicht langer Zeit energisch für seine Einführung gekämpft haben, aufs stärkste angezweifelt. Man könnte sich auch über diese Frage natürlich lange unterhalten. Ich habe nur das Bedürfnis empfunden, mit einigen fragmentarischen Andeutungen zum Ausdrucke zu bringen, wie sehr das Referat des Herrn Leibholz zum erneuten Durchdenken alter Probleme anregen wird.

Koellreutter-Jena: Auch mich hat die geschlossene, beinahe tragische Haltung des ausgezeichneten Referates von Leibholz aufs tiefste berührt. Aus seinen Ausführungen schien mir hervorzugehen, daß er jetzt den Parteienstaat als politische Wirklichkeit bejaht, während diese von mir schon seit Jahren vertretene These bei Herrn Triepel noch auf einen gewissen Widerspruch zu stoßen scheint.

Diese Nuancierung in der Bewertung der heutigen politischen Realitäten scheint mir dazu zu führen, daß meine beiden Vorredner auch heute noch die Möglichkeit sehen, mit den rechtstechnischen Mitteln der Wahlreform der staatspolitischen Entwicklung eine andere Wendung geben zu können. Ich habe zwar nie an den guten Willen der Parteien geglaubt, eine im staatspolitischen Interesse nötige Reform des Wahlrechts wirklich herbeiführen zu wollen, und habe seit vielen Jahren diese Zweifel im Kolleg an der Hand des Schicksals aller bisherigen Wahlreformen belegt. Aber ich gestehe gern, daß ich selbst immer die Notwendigkeit einer staatspolitischen Wahlreform, vor allem die Notwendigkeit der Beseitigung eines mechanisierten Proporzes immer vertreten habe. Ich glaube aber, daß zurzeit auch diese Möglichkeiten nicht mehr bestehen, weil die dafür erforderliche notwendige gemeinsame politische Grundbasis für eine solche Reform nicht gegeben ist und deshalb auch die Auswirkungen einer solchen Reform gar nicht zu übersehen wären.

Daß die von den Herren Leibholz und Triepel angeführten Mittel zur »Reform« des Parteilebens in den Vereinigten Staaten keinen Erfolg, vor allem, wie Herr Triepel richtig hervorhebt, die Demokratisierung des inneren Parteilebens nicht herbeigeführt haben, ist auch meine Meinung.

Das geltende englische Wahlrecht mag, wie Herr Löwenstein betont hat, vielleicht von einem ideologischen — ich möchte sagen liberalistisch-individualistischen — Standpunkte aus miserabel sein. Ich habe dagegen aber immer die politisch vereinheitlichende Funktion dieses relativen Mehrheitswahlrechtes betont, das wesentlich mit dazu beigetragen hat die Regierungsbildung in dem bisher noch immer funktionsfähigen englischen Parteienstaate sicherzustellen.

Der Ausfall der eben erfolgten Wahl in England scheint mir allerdings ein Zeichen dafür zu sein, daß der bisherige englische Parlamentarismus auch dort in den Beginn einer entscheidenden Krise getreten ist, die man auch in England nicht mehr mit rechtstechnischen Mitteln wird meistern können[1]).

Mit Herrn Triepel gehe ich völlig darin einig, daß der Liberalismus Ewigkeitswerte besitzt. Vor allem möchte ich betonen, daß jede wirklich wissenschaftliche Haltung wesensgemäß auch immer liberal im echten Sinne wird sein müssen. Und dasselbe gilt von dem überzeitlichen Wert des Rechtsstaates, für dessen Erhaltung sich selbstverständlich gerade jeder Rechtslehrer wird einsetzen müssen.

Aber andererseits wird die politische und damit auch verfassungsrechtliche Ausgestaltung des Rechtsstaatsgedankens immer weitgehend durch die konkrete politische Situation, in der sich ein Volk befindet, bestimmt sein müssen, wenn diese Situation historisch bedingt ist und nicht nur den Ausfluß einer vorübergehenden Lage darstellt. In der heutigen wesentlich durch den Weltkrieg und seine Auswirkungen bedingten Situation des deutschen Volkes glaube ich aber allerdings, daß der liberalistisch-individualistisch getönte Rechtsstaatsgedanke zugunsten seiner sozialen und vor allem auch nationalen Komponente zurückzutreten hat, daß wir damit einen Wandel in den tragenden politischen Ideen haben und sich daraus auch verfassungsrechtliche Konsequenzen ergeben müssen.

Merkl-Wien: Ich muß den wertvollen Reformvorschlägen, die wir gehört haben, mit beträchtlicher Skepsis begegnen, die in meinen heimischen Erfahrungen begründet ist. Denn gerade in den Punkten, in denen das österreichische und deutsche Wahlrecht in merkwürdiger Schicksalsverbundenheit am reformbedürftigsten ist, namentlich in bezug auf die starre Liste, stehen die Reformwünsche vor der eisernen Mauer des Parteiegoismus. Gewiß verschließen sich prominente Parteiführer nicht der sachlichen Erforderlichkeit einer Wahlreform, und auch die Partei-

[1]) Diese Ansicht hat durch den in der Presse mitgeteilten Beschluß des englischen Kabinetts vom 22. Januar d. J., der den in der Zollfrage von dem Beschluß der Mehrheit des Kabinetts dissentierenden Mitgliedern das Recht gibt, in freier Rede und Abstimmung ihre Ansicht kundzutun, eine rasche Bestätigung gefunden. Denn dieser Beschluß des Kabinetts, der in der Geschichte der englischen parlamentarischen Regierung m. W. kein Vorbild hat, scheint mir zu beweisen, daß trotz der großen parlamentarischen Mehrheit der englischen „Nationalregierung" die für das Funktionieren des parlamentarischen Systems notwendige Geschlossenheit in politischen Grundfragen auch in England erschüttert ist.

klubs wären wohl bereit, der günstigen optischen Wirkung einer solchen Reform die Chance des einen oder anderen Mandates zum Opfer zu bringen. Aber im allgemeinen zeigt sich doch bei den großen Parteien von rechts und links eine zum Teil prinzipienwidrige Beharrungstendenz, da sich die Auswirkungen einer einschneidenden Wahlreform schwer kalkulieren lassen. Für die politischen Parteien sind Wahlreformpläne erfahrungsgemäß bloße Fragen des Rechenstifts, und ihre Haltung hängt davon ab, ob ihnen das Reformprojekt voraussichtlich Mandatsgewinne oder Mandatsverluste bringen wird. Allerdings scheinen mir Vertreter solcher politischer Richtungen, die ein ihnen günstigeres Wahlrecht nur dazu benutzen wollen, um die parlamentarische Tribüne zu verschütten und mit dem Wahlrecht auch die Staatsform zu vernichten, nicht dazu legitimiert, die lautesten Rufer im Streite um die Wahlreform zu spielen.

Thoma-Bonn: Der Vortrag von Leibholz erschien mir durchaus nicht so pessimistisch, wie mehreren Vorrednern. Das Wesentliche an diesem Vortrag war seine strenge Wissenschaftlichkeit. Der Redner hat nicht als Politiker gesprochen. Er hat uns anschaulich zu machen versucht, wie die Dinge ineinander notwendig verkettet zusammenhängen. Wer als Soziologe mit wissenschaftlichen Augen irgendeine politische Institution betrachtet, wird immer finden, daß die Verwirklichung hinter der Idee zurückbleibt und Entartungserscheinungen aufweist. Insofern also wird eine wahrhaftige Analyse immer Untergangsstimmung tragen oder doch zu tragen scheinen.

Das Ethos der Demokratie besteht darin, daß sie alle Volksgenossen zu Bürgern macht und so alle am Staat mitarbeiten und mithelfen läßt. Wenn Sie heute das Verhältniswahlrecht abschaffen wollen, so werden Sie in den durch die Zufälligkeiten und Wahlbündnisse des Mehrheitswahlrechts um die gebührende Vertretung im Parlament betrogenen Gruppen das bittere Gefühl des Unrechts erzeugen. Sie würden ungezählte Volksbegehren in Gang setzen. Ich glaube auch nicht, daß die Sache in England so weiter funktioniert. Auf die Dauer geht das nicht, daß immer wieder einmal offensichtliche Minderheiten im Besitze wahltaktisch eroberter Parlamentsmehrheit der Nation das Gesetz und die Politik oktroyieren. Bei uns geht das schon ganz und gar nicht, solange Demokratie sein soll. Wenn man also zugibt, daß die moderne Demokratie nicht wahrhaft durchführbar ist ohne Verhältniswahlsystem, so wird man sagen müssen, daß man eben die Schattenseiten mit in Kauf nehmen muß. Wirkliche Unmittelbarkeit der Wahl wird man mit keinem Wahlsystem erreichen. Sobald über eine kleinere Gemeinde hinaus gewählt werden muß, braucht man Ausschüsse, Gruppen, die bestimmen, wer als Kandidat anerkannt wird. Im übrigen hat uns Herr Leibholz nur das Wahlrecht und das Parlament analysiert, das zurzeit durch das Anwachsen der beiden parlamentsfeindlichen Flügelparteien gelähmt ist. Ihm hat die Weimarer Verfassung noch andere Organe zur Seite und gegenübergestellt, und man kann sehr wohl sagen, daß sich das durchdachte und elastische Gesamtsystem unserer Verfassung in der gegenwärtigen Krisis bewährt. Ich möchte nicht einmal zugeben, daß das auf der Verhältniswahl und dem Vertrauensgrundsatz (Art. 54) beruhende parlamentarische Regierungssystem irgendwelches Unheil verschuldet habe. Die nahezu verzweifelte Lage, in der das deutsche Volk in diesen Winter geht, entspringt nicht daraus, daß am parlamentarischen System oder seiner demokratischen Basis etwas schlecht wäre, sondern unser großes Unglück ist die Summierung von Wirtschaftskrisen. Verfassungsreformen bringen uns über diese tiefen Abgründe nicht hinweg. Hier bleibt eben nur die Hoffnung auf bessere Zeiten. Man darf sich in dieser Hinsicht von den an sich wünschenswerten technischen Wahlrechtsreformen nichts versprechen; deshalb darf man auch noch nicht von Untergangsstimmung in bezug auf die Verfassungsformen reden. Sie sind schwer gefährdet, aber noch immer besteht die Möglichkeit, daß die Radikalisierung überwunden wird und Demokratie und Legalität gerettet werden. Nach der Überwindung der Gefahren wird auch das parlamentarische System wieder leidlich funktionieren, und besser als leidlich hat in der ganzen Weltgeschichte noch niemals irgendeine Herrschaftsform funktioniert, außer in kurzen, vergänglichen Episoden. Keine aber hat so viele Chancen der Regeneration, als die gesetzesachtende, gemäßigte Demokratie. Ich sah in Leibholz' Ausführungen eine klare Analyse und keinen Pessimismus. Die Parteizersplitterung — um dies noch anzufügen — war bisher nicht unser Unglück, sondern unsere Rettung. Denn in kontinentalen Verhältnissen bedeutet Zweiparteiensystem die unheilbare Klassenspaltung der Nation. Wenn aber schon mehr als zwei Parteien, dann ist in einem Vielparteiensystem (in gewissen Grenzen) die Bildung regierungsfähiger Koalitionen leichter, als wenn die vermittelnden kleineren Fraktionen fehlen.

Bilfinger-Halle: Für das eben gehörte schöne Referat, ebenso für die übrigen Referate möchte ich namens der Fakultät des Tagungsortes meinen Dank auszusprechen. — Herr Triepel hat über die Zuziehung von Sachverständigen zu Parlamentsberatungen gesprochen und ist zu dem Ergebnis gekommen, daß hierbei nicht viel herauskommen würde. Meinerseits möchte ich glauben, daß es sich vielleicht doch empfehle, wenn z. B. bei Haushaltsberatungen Sachverständige zugezogen werden könnten (in dem vom Vorredner gedachten Sinne). Dies führt mich aus Anlaß der mit dem Reichsrat zusammenhängnden Fragen und Erfahrungen zu dem Hinweis darauf, daß das Wahlrecht zum Parlament (Reichstag) schließlich in einem mittelbaren Zusammenhang mit den Fragen des Einkammersystems und Zweikammer systems steht. In diesem weiteren Zusammenhang (Reichsrat, Oberhaus, berufständische Mitglieder, Einfluß des Senats in den Ver. Staaten) könnte dann wiederum auf die Frage der Mitwirkung Sachverständiger bei den gesetzgebenden Körpern eingegangen werden. Von da gelangt man — wobei ich vom Föderalismus ausgehe — auf die Frage eines gemäßigten Staatssystems überhaupt gegenüber der Vorherrschaft eines durch allgemeines Wahlrecht gebildeten Parlaments. Diese Frage deckt sich nicht ohne weiteres mit dem eventuellen Fortbestehen beziehungsweise dem Untergang des Liberalismus.

Schlußwort Leibholz: Auf die Fülle der in der Diskussion gegebenen Anregungen und erhobenen Einwendungen zu replizieren, ist im einzelnen nicht möglich. Nur zum Grundsätzlichen einige Worte.

Ist die von mir versuchte, auf einer immanenten Bewertung beruhende, verfassungstheoretische Analyse der politisch-soziologischen Verhältnisse der Gegenwart eine im wesentlichen zutreffende gewesen, dann ist damit nichts anderes gesagt, wie daß unbeschadet der persönlich politisch wertenden Stellungnahme des Beurteilers eine Auferstehung des repräsentativen Parlamentarismus im Sinne des 19. Jahrhunderts nicht mehr möglich erscheint und damit auch der Einführung des Mehrheits- oder eines in diesem Sinne abgeschwächten Verhältniswahlsystems die ideelle Grundlage entzogen ist. Nur insoweit beruht das Referat auf einer pessimistischen Einstellung, die ich im übrigen — hierin hat Herr Thoma ganz Recht — nicht als dem Referat zugrundeliegend zugeben kann. Denn der an Stelle des repräsentativen Parlamentarismus getretene Parteienstaat ist an sich nicht funktionsunfähig. Ist er doch letzten Endes nichts anderes wie die die unmittelbare Demokratie surrogierende Form des Flächenstaates, die zwar ihre besondere und zwar größere Problematik hat wie die bisher üblicherweise allein sog. unmittelbare Demokratie, aber doch zweifelsohne eine mögliche Form politisch genossenschaftlichen Zusammenlebens der Gemeinschaft darstellt. Ich verweise beispielsweise auf die Erfahrungen des ersten Jahrzehntes unter der Weimarer Verfassung und auf die Verhältnisse in England, deren heutiger parteienstaatlicher Charakter von Herrn Koellreutter soeben herausgestellt worden ist.

In der Konsequenz des massendemokratischen Parteienstaates liegt aber die Möglichkeit einer Wahlreform allein in der angedeuteten Richtung einer Demokratisierung des Parteibetriebes. Ob die erwähnten »primary elections«, wie in der Diskussion teilweise bejaht, überwiegend aber verneint wurde, diese Wirkung heute bei uns haben würden, mag dahingestellt bleiben. Jedenfalls sollte man im Falle einer negativ-politischen Bewertung der Vorwahlen sich hüten — diese Warnung muß nochmals offen und mit Nachdruck ausgesprochen werden —, durch eine Änderung des geltenden Wahlrechtes der politischen Not der Gegenwart begegnen zu wollen, da diese in Wahrheit durch eine Wahlreform, gleichviel welcher Art, zur Zeit nur noch gesteigert werden würde.

Gewiß, auch die Lage der liberalistisch unterbauten, parteienstaatlichen Massendemokratie ist heute ebenfalls problematisch geworden, da deren Bestand von den großen, diktaturförmig strukturierten Verbandsparteien bedroht wird, die die die strukturellen Grundlagen der Verfassung bejahenden Parteien ihrerseits zwingen, auf eines ihrer Lebensprinzipien, nämlich das der parteimäßigen Rotation, zu verzichten, und diese damit veranlassen, mittelbar einen Kampf gegen sich selbst zu führen.

Nun wäre, wenn der Parteienstaat auf die Dauer sich nicht als funktionsfähig erweisen sollte, gewiß, wie Herr Triepel meint, auch eine Umbildung der Verfassung durch Stärkung der in ihr vorhandenen, moderierend wirkenden, antiparteienstaatlichen Kräfte wie etwa Ausbau der Stellung der Exekutive, d. h. vor allem der präsidialen Spitze und der Regierung, unter grundsätzlich gleichförmiger Beibehaltung der heute an der willensmäßigen Integration des Staates beteiligten Instanzen möglich und denkbar. Und man könnte sich für die Berechtigung einer solchen Annahme auf gewisse, nicht unbedeutende Ansätze der gegenwärtigen Verfassungspraxis, die in dieser Richtung liegen, berufen. Aber die große und m. E. zu verneinende Frage ist, ob ein solches Bild im Sinne unserer extremistischen Massenparteien liegen und der Entwicklung eines von diesen Parteien erstrebten, zwangsläufig sich radikalisierenden Einparteienstaates entsprechen würde.

Was weiter den von den Herren Triepel und Bilfinger ventilierten Gedanken eines Oberhauses angeht, so kann man unter einem solchen zunächst die typische Erste Kammer des 19. Jahrhunderts verstehen, die aber als politisch maßgeblich entscheidende, repräsentative Instanz heute nicht mehr denkbar ist. Soweit solche Körperschaften heute noch existieren wie etwa in England, Frankreich und Italien haben sie im wesentlichen eine nur dekorative Bedeutung. Versteht man dagegen unter einem Oberhaus eine berufsständische Körperschaft, so vermag auf eine solche die politische Einheit des Staates nicht gegründet zu werden, weil diese überhaupt nicht berufsständisch konstituiert werden kann. Es ist daher kein Zufall, daß in der Staatspraxis die berufsständischen Körperschaften bisher in dieser Richtung einheitsbildend nicht zu wirken vermochten und in der Regel unter der Hand auch zu etwas anderem umgebildet wurden. Man denke etwa an die Deputiertenkammer des faschistischen stato corporativo, die in Wirklichkeit mehr ein der Form nach plebiszitär fundiertes Oberhaus als eine berufsständische Kammer ist. Schließlich wäre noch denkbar, unter einem Oberhaus eine mäßigend wirkende, föderalistische Staatenrepräsentation zu verstehen etwa im Sinne des amerikanischen Senates, obwohl auch hier bemerkt werden muß, daß es in einem Einparteienstaat keinen Raum für einen wahren, nicht nur ideologisch gefärbten Föderalismus geben kann. Ein solcher Staat ist zwangsläufig zentralistisch und radikal unitarisch.

Herr Triepel hat sich schließlich dagegen verwahrt, gewisse Einrichtungen, wie z. B. den Rechtsstaat, als liberalistisch und damit politisch in der gegenwärtigen Situation als mit einem negativen Wert behaftet zu bezeichnen. Tatsächlich gehen ideengeschichtlich Grundrechte, Rechtsstaat usw. auf die dem Liberalismus zeitlich vorgelagerten, großen geschichtlichen Bewegungen wie die französische Revolution, die Aufklärung, das Naturrecht, die Reformation und letzten Endes die Renaissance zurück, obwohl nicht zu verkennen ist, daß die gegenwärtige hochwertige Prägung dieser Institutionen entscheidend durch den Liberalismus des letzten Jahrhunderts mitbestimmt worden ist. Insoweit hat der Liberalismus in seinem Kern, nicht in seiner Entartung, dem manchesterlichen Liberalismus, der ihn zumal in der Form eines planlosen Kapitalismus vollends kompromittiert hat, einen im übrigen auch vom Faschismus im Gegensatz zum Bolschewismus jedenfalls ideologisch anerkannten Ewigkeitsgehalt, dessen endgültige Vernichtung auch das kulturelle Ende bedeuten würde. In diesem Sinne umfaßt der Liberalismus auch die in der Staatshaltung konservativ eingestellten Parteien. Aber der wirkliche Kampf ist heute nicht mehr der traditionelle Kampf der liberal, wenn auch stark sozial, um nicht zu sagen, sozialistisch affizierten Kräfte mit den mehr oder minder auch sozial gebundenen konservativen Mächten, sondern der Kampf zwischen den im weitesten Sinne noch irgendwie massendemokratischen, den Eigenwert der Persönlichkeit bejahenden Kräfte mit den mythisch fundierten, die Freiheit des Individuums in einem mehr oder weniger radikalen Kollektivismus aufhebenden Bewegungen.

IV. Verzeichnis der Redner.

V. Verzeichnis der Mitglieder der Vereinigung der Deutschen Staatsrechtslehrer.

Gegründet am 13. Oktober 1922.

Vorstand.

1. Sartorius, Dr. Carl, ord. Professor der Rechte, Tübingen, Lustenau.
2. Kelsen, Dr. Hans, ord. Professor der Rechte, Köln, Mehlemerstr. 26.
3. Koellreutter, Dr. Otto, ord. Professor der Rechte, Oberverwaltungsgerichtsrat, Jena, Schaefferstr. 2.

Mitglieder.

1. Adamowich, Dr. Ludwig, ord. Professor der Rechte, Graz, Halbärthgasse 6 II.
2. Adler, Dr. Franz, Privatdozent der Rechte an der Deutschen Universität in Prag, Prag XI, Sudomêfská 1413.
3. Anschütz, Dr. Gerhard, ord. Professor der Rechte, Geheimer Justizrat, Heidelberg, Ziegelhäuser Landstr. 35.
4. Apelt, Dr. W., Geheimer Regierungsrat, ord. Professor der Rechte, Leipzig, Lortzingstr. 17.
5. Bilfinger, Dr. Carl, ord. Professor der Rechte, Halle a. d. S., Paulusstr. 4.
6. Bornhak, Dr. Conrad, a. o. Professor der Rechte, Geheimer Justizrat, Berlin SW 61, Blücherplatz 2.
7. Bruns, Dr. Viktor, ord. Professor der Rechte, Berlin-Zehlendorf-West, Sven-Hedin-Str. 19.
8. Bühler, Dr. Ottmar, ord. Professor der Rechte, Münster i. W., Dechaneistr. 19.
9. Calker, van, Dr. Wilhelm, ord. Professor der Rechte, Geheimer Justizrat, Freiburg i. Br., Wölflinstr. 13.
10. Dochow, Dr. Franz, a. o. Professor, Heidelberg, Leopoldstraße 37.
11. Dohna, Graf zu, ord. Professor der Rechte, Bonn, Meckenheimer Allee 32.
12. Ebers, Dr. Godehard Josef, ord. Professor der Rechte, Köln-Marienburg, Ulmenallee 124.

13. Finger, Dr. A., ord. Professor der Rechte, Geheimer Justizrat, Halle a. d. S., Reichardtstr. 2.
14. Fleiner, Dr. Fritz, ord. Professor der Rechte, Zürich, Mythenkai 4.
15. Fleischmann, Dr. Max, ord. Professor der Rechte, Halle a. d. S., Kaiserplatz 14.
16. Forsthoff, Dr. Ernst, Privatdozent an der Universität, Freiburg i. B., Thurnseestr. 67.
17. Frisch, Dr. Hans v., früher ord. Professor an der Universität Czernowitz, jetzt Privatdozent an der Universität, Wien VIII, Josefstädter Str. 17.
18. Genzmer, Dr. jur., Dr. phil. h. c. Felix, ord. Professor der Rechte, Ministerialrat a. D., Marburg a. d. L., Wilhelmstraße 52.
19. Gerber, Dr. Hans, o. Professor der Rechte, Tübingen, Brunsstr. 30.
20. Giese, Dr. Friedrich, ord. Professor der Rechte, Frankfurt a. M.-Süd, Waidmannstr. 20.
21. Gmelin, Dr. Hans, ord. Professor der Rechte, Gießen, Nahrungsberg 51.
22. Glum, Dr. H. Friedrich, Professor an der Universität Berlin, Berlin-Dahlem, Ihnestr. 14.
23. Heckel, Dr., ord. Professor der Rechte, Bonn, Buschstr. 58.
24. Helfritz, Dr. jur. et phil., Hans, ord. Professor der Rechte, Geheimer Regierungsrat, Breslau 18, Kleinburgstr. 15 a.
25. Heller, Dr. Hermann, a. o. Professor an der Universität Berlin, Berlin-Schlachtensee, Adalbertstr. 41.
26. Henrich, Walter, Dr. phil. et rer. pol., a. o. Professor für Rechtswissenschaft an der Deutschen Technischen Hochschule in Brünn, Brünn, Jadokstr. 10.
27. Hensel, Dr. Albert, ord. Professor der Rechte, Königsberg i. Pr., Oberteichufer 10 a.
28. Herrfahrdt, Dr. Heinrich, Privatdozent an der Universität, Greifswald, Karlplatz 18.
29. Hettlage, Dr. Karl Maria, Privatdozent, Köln-Klettenberg, Brubergstr. 2.
30. Heyer, Dr. F., ord. Professor der Rechte, Bonn, Humboldtstraße 35.
31. Heyland, Dr., a. o. Professor an der Universität Gießen, Rechtsanwalt, Adresse: Frankfurt a. Main-Süd, Gartenstraße 36.
32. Hippel, Dr. Ernst v., ord. Professor der Rechte, Königsberg, Kastanienallee 41.
33. Huber, Dr. Ernst Rudolf, Privatdozent an der Universität, Bonn, Godesberger Str. 6 II.

34. Hübner, Dr. Rudolf, ord. Professor der Rechte, Geheimer Justizrat, Jena, Beethovenstr. 6.
35. Hugelmann, Dr. Karl, a. o. Professor an der Universität Wien, Klosterneuburg, Lessingstr. 5.
36. Isay, Dr. Ernst, Oberverwaltungsgerichtsrat in Berlin, Privatdozent an der Universität Münster i. W., Berlin-Grunewald, Egerstr. 12.
37. Jacobi, Dr. Erwin, ord. Professor der Rechte, Leipzig C 1, Straße des 18. Oktober 17.
38. Jahrreiß, Dr. Hermann, a. o. Professor an der Universität, Leipzig N 22, Landsberger Str. 1 (jetzt ord. Professor an der Universität Greifswald).
39. Jellinek, Dr. Walter, ord. Professor der Rechte, Heidelberg, Moltkestr. 10.
40. Jerusalem, Dr. Franz W., ord. Professor der Rechte, Jena, Beethovenstr. 15.
41. Kahl, D. Dr. Wilhelm, ord. Professor der Rechte, Geheimer Justizrat, M. d. R., Berlin-Wilmersdorf, Kaiserallee 23.
42. Kaufmann, Dr. Erich, ord. Professor der Rechte in Bonn, Berlin-Nikolassee, Sudetenstr. 54 a.
43. Kelsen, Dr. Hans, ord. Professor der Rechte, Köln, Mehlemerstr. 26.
44. Koellreutter, Dr. Otto, ord. Professor der Rechte, Oberverwaltungsgerichtsrat, Jena, Schaefferstr. 2.
45. Köhler, Dr. Ludwig v., ord. Professor der Rechte, Staatsminister a. D., Tübingen, Hirschauer Str. 6.
46. Köttgen, Dr. Arnold, ord. Professor der Rechte, Greifswald, Steinstr. 44.
47. Kraus, Dr. Herbert, ord. Professor der Rechte, Göttingen, Merkelstr. 11.
48. Kulisch, Dr. Max, ord. Professor der Rechte, Innsbruck, Adolf-Pichler-Str. 8.
49. Laforet, Dr. W., ord. Professor der Rechte, Würzburg, Theaterstr. 2 II.
50. Langer, Dr. Gottfried, a. o. Professor an der Universität Leipzig, o. Professor an der privaten deutschen Hochschule (Herderinstitut) in Riga, Regierungsrat, Leipzig, Sophienplatz 6 III.
51. Lassar, Dr. Gerhard, a. o. Professor der Rechte, Hamburg 37, Werderstr. 19.
52. Laun, Dr. Rudolf, ord. Professor der Rechte, Hamburg 37, Isestr. 123 I.
53. Layer, Dr. Max, ord. Professor der Rechte, Mitglied des Verfassungsgerichtshofs, Wien I, Schellinggasse 5.
54. Leibholz, Dr. Gerhard, ord. Professor der Rechte, Göttingen, Dahlmannstr. 13.

55. Liermann, Dr. Hans, ord. Professor der Rechte, Erlangen, Loewenichstr. 24.
56. Loewenstein, Dr. Karl, Privatdozent an der Universität München, München, Liebigstr. 3.
57. Marschall von Bieberstein, Freiherr, Dr. F., ord. Professor der Rechte, Freiburg i. Br., Dreisamstr. 11.
58. Menzel, Dr. Adolf, Honorarprofessor der Rechte, Vizepräsident des österreichischen Verfassungsgerichtshofes, Wien 19, Windhabergasse 2 A.
59. Merk, Dr. Ludwig, Privatdozent an der Universität, Tübingen, Kaiserstr. 22.
60. Merkl, Dr. Adolf, a. o. Professor der Rechts- und Staatswissenschaften, Wien XIX, Grinzinger Allee 43 a.
61. Mirbt, Dr. H., a. o. Professor an der Universität, Göttingen, Düsterer Eichenweg 22.
62. Nawiasky, Dr. Hans, ord. Professor der Rechte, München, Kaulbachstr. 11.
63. Neuwiem, Dr. E., ord. Professor der Rechte, Münster i. W., Studtstr. 17.
64. Oeschey, Dr. Rudolf, a. o. Professor an der Universität, Leipzig C 1, Grassistr. 44 III. Ferienanschrift: München, Schellingstr. 1.
65. Perels, Dr. Kurt, ord. Professor der Rechte, Mitglied des Oberverwaltungsgerichts, Hamburg, Gustav-Freytag-Str. 7.
66. Peters, Dr. Hans, a. o. Professor, Berlin W 15, Ludwigkirchplatz 11.
67. Redlich, Dr. Josef, früher ord. Universitätsprofessor, Minister a. D., Wien XIX, Armbrustergasse 15.
68. Richter, Dr. Lutz, a. o. Professor an der Universität, Leipzig W 31, Rochlitzstr. 1.
69. Ritterbusch, Dr. Paul, Privatdozent, Leipzig S 3, Südstraße 36.
70. Rothenbücher, Dr. Karl, ord. Professor der Rechte, München, Kaiserplatz 12.
71. Ruck, Dr. Erwin, ord. Professor der Rechte, Geheimer Justizrat, Basel-Bottmingen, Neuenruck.
72. Sander, Dr. Fritz, o. ö. Professor des öffentlichen Rechtes an der Deutschen Universität Prag, Prag VII Vinarskà 15.
73. Sartorius, Dr. Carl, ord. Professor der Rechte, Tübingen, Lustenau.
74. Scheuner, Dr. Ulrich, Privatdozent, Berlin-Steglitz, Johanna-Stegenstr. 17.
75. Schindler, Dr. Dietrich, a. o. Professor an der Universität Zürich, Zürich — Zollikon.

76. Schmidt, Dr. Richard, ord. Professor der Rechte, Geheimer Hofrat, Leipzig, Plagwitzer Str. 49 I.
77. Schmitt, Dr. Carl, ord. Professor der Rechte an der Handelshochschule Berlin, Berlin NW. Flotowstr. 5.
78. Schoen, D. Dr. Paul, ord. Professor der Rechte, Geheimer Justizrat, Göttingen, Merkelstr. 5.
79. Schoenborn, Dr. W., ord. Professor der Rechte, Kiel, Bartelsallee 6.
80. Schranil, Dr. Rudolf, ord. Professor an der Universität Prag, Prag VII, 1303.
81. Schüle, Dr. Adolf, Privatdozent, Berlin-Lichterfelde-West, Hortensienplatz 3 II.
82. Smend, Dr. Rudolf, ord. Professor der Rechte, Berlin-Nikolassee, Teutonenstr. 1.
83. Stier-Somlo, Dr. Fritz, ord. Professor des öffentlichen Rechts und der Politik, Köln-Marienburg, Marienburger Straße 31.
84. Strupp, Dr. Karl, a. o. Professor an der Universität, Frankfurt a. M., Kettenhofweg 139.
85. Tatarin-Tarnheyden, Dr. Edgar, ord. Professor der Rechte, Rostock i. M., Moltkestr. 18.
86. Thoma, Dr. Richard, ord. Professor der Rechte, Geheimer Hofrat, Bonn, Koblenzer Str. 121.
87. Triepel, Dr. Heinrich, ord. Professor der Rechte, Geheimer Justizrat, Berlin-Charlottenburg, Neue Kantstr. 22.
88. Vervier, Heinrich, Dr. jur. und rer. pol., Regierungsrat I. Kl., Privatdozent an der Universität Würzburg, Theresienstr. 13.
89. Waldecker, Dr. Ludwig, ord. Professor der Rechte, Breslau 18, Scharnhorststr. 16.
90. Walz, Dr., Oberbürgermeister, ord. Honorarprofessor an der Universität Heidelberg.
91. Walz, Dr. Gustav Adolf, Privatdozent an der Universität, Marburg, Universitätsstr. 31 I.
92. Wenzel, Dr. Max, ord. Professor der Rechte, Erlangen, Hindenburgstr. 14.
93. Wittmayer, Dr. Leo, Tit. a. o. Professor, Ministerialrat, Wien III, Salesianergasse 1 b.
94. Wolff, Dr. Hans, Reg.-Assessor, Privatdozent, Frankfurt a. M.-Höchst, Gerlachstr. 20.
95. Wolgast, Dr. Ernst, ord. Professor der Rechte, Rostock, Alexandrinenstr. 9 a.
96. Wurmbrand, Dr. Norbert, a. o. Professor, Graz, Glacisstraße 57.

VI. Satzung[1].

§ 1.

Die Vereinigung der deutschen Staatsrechtslehrer stellt sich die Aufgabe:

1. wissenschaftliche und Gesetzgebungsfragen aus dem Gebiete des öffentlichen Rechts durch Aussprache in Versammlungen der Mitglieder zu klären;
2. auf die ausreichende Berücksichtigung des öffentlichen Rechts im Universitätsunterricht und bei staatlichen und akademischen Prüfungen hinzuwirken;
3. in wichtigen Fällen zu Fragen des öffentlichen Rechts durch Eingaben an Regierungen oder Volksvertretungen oder durch öffentliche Kundgebungen Stellung zu nehmen.

§ 2.

Zum Eintritt in die Vereinigung ist aufzufordern, wer an einer deutschen Universität als Lehrer des Staats- und Verwaltungsrechts tätig ist oder gewesen ist und sich der wissenschaftlichen Forschung auf dem Gesamtgebiete dieser Wissenschaften gewidmet hat.

Die Aufforderung geschieht auf Vorschlag eines Mitglieds durch den Vorstand. Ist dieser nicht einmütig der Überzeugung, daß der Vorgeschlagene die Voraussetzungen für den Erwerb der Mitgliedschaft erfüllt, so entscheidet die Mitgliederversammlung.

Als deutsche Universitäten im Sinne des Absatz 1 gelten die Universitäten des Deutschen Reichs, Österreichs und die deutsche Universität zu Prag.

Staats- und Verwaltungsrechtslehrer an anderen deutschen Universitäten außerhalb des Deutschen Reiches können auf ihren Antrag als Mitglieder aufgenommen werden.

Für Lehrer des Staats- und Verwaltungsrechts, die früher an einer deutschen Universität im Sinne des Absatz 3 tätig gewesen sind, aber jetzt bei einer ausländischen Universität tätig sind, gilt Absatz 3 und 4.

---

[1]) Beschlossen am 13. Oktober 1922.

§ 3.

Eine Mitgliederversammlung soll regelmäßig einmal in jedem Jahre an einem vom Vorstande zu bestimmenden Orte stattfinden. In dringenden Fällen können außerordentliche Versammlungen einberufen werden. Die Tagesordnung wird durch den Vorstand bestimmt.

Auf jeder ordentlichen Mitgliederversammlung muß mindestens ein wissenschaftlicher Vortrag mit anschließender Aussprache gehalten werden.

§ 4.

Der Vorstand der Vereinigung besteht aus einem Vorsitzenden, seinem Stellvertreter und einem Schriftführer, der auch die Kasse führt. Der Vorstand wird am Schlusse jeder ordentlichen Mitgliederversammlung neu gewählt[1]).

Zur Vorbereitung der Mitgliederversammlung kann sich der Vorstand durch Zuwahl anderer Mitglieder verstärken. Auch ist Selbstergänzung zulässig, wenn ein Mitglied des Vorstandes in der Zeit zwischen zwei Mitgliederversammlungen ausscheidet.

§ 5.

Zur Vorbereitung ihrer Beratungen kann die Mitgliederversammlung, in eiligen Fällen auch der Vorstand, besondere Ausschüsse bestellen.

§ 6.

Über Aufnahme neuer Mitglieder im Falle des § 2 Abs. 2 sowie über Eingaben in den Fällen des § 1 Ziffer 2 und 3 und über öffentliche Kundgebungen kann nach Vorbereitung durch den Vorstand oder einen Ausschuß im Wege schriftlicher Abstimmung der Mitglieder beschlossen werden. Mit Ausnahme der Entscheidung über die Aufnahme neuer Mitglieder bedarf ein solcher Beschluß der Zustimmung von zwei Dritteln der Mitgliederzahl, und es müssen die Namen der Zustimmenden unter das Schriftstück gesetzt werden.

§ 7.

Der Mitgliedsbeitrag beträgt fünf[2]) Mark für das Kalenderjahr.

---

[1]) Durch Beschluß vom 10. März 1924 fiel der bisherige Satz: „Der Vorsitzende und sein Stellvertreter dürfen innerhalb eines Zeitraums von sieben Jahren nur einmal wiedergewählt werden“ fort.

[2]) Beschlossen am 12. April 1924.

Bei Fragen zur Produktsicherheit wenden Sie sich bitte an:
If you have any questions regarding product safety,
please contact:

Walter de Gruyter GmbH
Genthiner Straße 13
10785 Berlin
productsafety@degruyterbrill.com